坚定理想信念　放飞青春梦想

——大学生党的教育读本

主　编　易志军　王立智
副主编　茹立军　赵多生　孔祥波
罗　刚　张国礼　党　坤

西南交通大学出版社
·成　都·

图书在版编目（CIP）数据

坚定理想信念　放飞青春梦想：大学生党的教育读本 / 易志军，王立智主编. 一成都：西南交通大学出版社，2019.3
ISBN 978-7-5643-6792-3

Ⅰ. ①坚… Ⅱ. ①易… ②王… Ⅲ. ①中国共产党 - 基本知识 - 高等职业教育 - 教材 Ⅳ. ①D219

中国版本图书馆 CIP 数据核字（2019）第 047842 号

坚定理想信念　放飞青春梦想
——大学生党的教育读本

主编　易志军　王立智

责任编辑　郭发仔
助理编辑　何　俊
封面设计　严春艳

出版发行　西南交通大学出版社
（四川省成都市金牛区二环路北一段 111 号
西南交通大学创新大厦 21 楼）
邮政编码　610031
发行部电话　028-87600564　　028-87600533
网址　http://www.xnjdcbs.com
印刷　四川森林印务有限责任公司

成品尺寸　185 mm × 260 mm
印张　14
字数　330 千
版次　2019 年 3 月第 1 版
印次　2019 年 3 月第 1 次
书号　ISBN 978-7-5643-6792-3
定价　35.00 元

课件咨询电话：028-87600533
图书如有印装质量问题　本社负责退换

前 言

为贯彻落实中共中央、国务院《关于加强和改进新形势下高校思想政治工作的意见》和全国高校思想政治工作会议精神，进一步加强和改进高校思想政治工作，强化大学生党的教育，酒泉职业技术学院长期从事高校党建和思想政治教育工作的专家和一线教师，在多年的研究与实践基础上，编写了《坚定理想信念 放飞青春梦想——大学生党的教育读本》。

本书坚持了以学生为中心、以实践为中心、以体验为中心的“三中心”教育理念；坚持了贴近实际、贴近生活、贴近学生的“三贴近”原则；坚持了传授知识与思想教育相结合，系统教育与专题教育相结合，理论武装与实践育人相结合，教育与自我教育相结合，党的教育与品德养成相结合的“五结合”要求。

本书采用专题编排方式，每个专题设计了问题聚焦、学习指南、实践探究、活动链接四个板块，在不同的专题中分别设计了资料链接、点评、心灵导航等栏目，每个专题构成一个相对完整的学习单元。

本书采用了探究式教育和学习方法，便于学生在教师的指导下带着问题走向社会，去调研、感受、体验、分析、交流，通过亲身的实践及研讨加深对党的认识。改变由教师单纯传授知识的方法，充分发挥学生学习的主体作用。

本书设计了九个专题：① 开天辟地 中国共产党的诞生；② 建国伟业 中国人民站起来；③ 探索与改革 中国人民富起来；④ 民族复兴 中华民族强起来；⑤ 不忘初心 牢记使命；⑥ 与时俱进 马克思主义中国化的理论成果；⑦ 时代先锋 永葆党员先进本色；⑧ 时代骄子 让青春在追求中闪光；⑨ 坚定信念 点亮理想之光。这九个专题体现了对大学生进行中国共产党的历史、基本理论、基本路线、基本纲领、基本经验、基本知识、优良传统、优良作风以及党的先进性教育，力求构建符合当代大学生成长、成才、成人规律的新的关于党的教育的体系。

我们编写的《坚定理想信念 放飞青春梦想——大学生党的教育读本》，适合作为对大学生进行党的教育的教材，适合作为高职院校党校、团校教材，适合作为大学生思想政治教育和党建研究的自学读本。同时，也可作为县级以上党校对党员干部进行基本教育的补充教材。

在本书编写过程中，编写组参考了大量相关专著、论文及其他资料，在此一并表示感谢。由于编写水平有限，难免有错漏之处，敬请广大读者批评指正。

编 者

2019年1月15日

目　录

专题一　开天辟地　中国共产党的诞生

引　航

从 1840 年鸦片战争开始，中国逐渐沦为半殖民地半封建社会，受尽了西方帝国主义列强的侵略和凌辱。中国的近代史是中华民族的辛酸史，也是中华民族的抗争史。为了中华民族的独立和解放，中国的农民阶级、地主阶级、民族资产阶级纷纷起来抗争，然而都以失败而告终。民族危亡，谁主沉浮？

※ 问题聚焦 ※

近代史是中国发展的“清醒剂”

习近平总书记在庆祝中国共产党成立 95 周年大会上，以强烈的历史责任感和使命感呼吁：“一切向前走，都不能忘记走过的路；走得再远、走到再光辉的未来，也不能忘记走过的过去，不能忘记为什么出发。”并且指出，近代中国遭受了前所未有的苦难，但中国人民奋起抗争，谱写了一曲曲可歌可泣的史诗。

屈辱沉沦：近代中国遭受了前所未有的苦难

习近平总书记在庆祝中国共产党成立 95 周年大会的讲话中，把近代中国的国情概括为“内忧外患、社会危机空前严重”。他明确指出：“近代以后，由于西方列强的入侵，由于封建统治的腐败，中国逐渐成为半殖民地半封建社会，山河破碎，生灵涂炭，中华民族遭受了前所未有的苦难。”在 2014 年 5 月 4 日与北京大学师生的座谈会上，他还曾指出：“尤其是鸦片战争之后，中华民族更是陷入了积贫积弱、任人宰割的悲惨状况。这段历史悲剧决不能重演！”

1840 年，鸦片战争失败，中国被迫与英国签订了历史上第一个不平等条约，即《南京条约》，从此开始沦为半殖民地半封建社会。甲午战败，清政府被迫与日本签订了丧权辱国的《马关条约》。根据条约规定，把“台湾全岛及所有附属各岛屿”大片领土割让给日本，进一步破坏了中国主权的完整，而且还造成了台湾和大陆难以弥补的隔阂，遗患至今。它大大刺激了列强瓜分中国的野心，随后列强掀起了瓜分中国的狂潮，从而使中华民族危机空前严重，半殖民地化程度大大加深。

1900 年，英、美、日、俄、法、德、意、奥八国组织联军侵入中国，8 月攻入北京。1901

年，清政府被迫签订不平等条约《辛丑条约》。条约规定：中国政府赔偿 4.5 亿白银，分 39 年还清，本息共计约 9.8 亿两；划定北京东交民巷为使馆界，允许各国驻兵保护，不准中国人在界内居住，这实际上就成为“国中之国”，成为帝国主义策划侵略中国的大本营；“大清国国家应允将大沽炮台及有碍京师至海通道之各炮台一律削平”，允许列强各国派兵驻扎北京到山海关铁路沿线要地。这是中国近代史上赔款数目最庞大、主权丧失最严重的不平等条约，它严重侵犯了中国的主权，进一步加强了帝国主义对中国的全面控制和掠夺。

中国人民在遭受屈辱的同时，中国也一步步沉沦为半殖民地半封建社会。一部落后挨打的近代历史，也是一部屈辱史。每一个爱国的中国人每每想起，都会痛彻肺腑。在近代中国走向衰落，沦为半殖民地半封建社会的同时，解决民族独立的问题成为中华民族的首要任务，一部中华民族抗争史也由之而起。

顽强抗争：中国人民争取民族独立和人民解放

中国近代历史的主要特征之一，就是“从闭关发展到争取独立”，这是历史大势的变化。习近平总书记在庆祝中国共产党成立 95 周年大会上的讲话中指出：“95 年前，中国人民对争取民族独立和人民解放、实现国家富强和人民幸福的渴望是多么强烈，但前途又是多么渺茫。”近代以来，中华儿女为之奋斗的目标，就是“把民族命运掌握在自己手中，做一个走到哪里都受到尊敬的堂堂中国人”。面对苦难，中国人民没有屈服，而是挺起脊梁、奋起抗争，以百折不挠的精神，进行了气壮山河的斗争，谱写了可歌可泣的壮丽史诗。从太平天国运动到戊戌变法、义和团运动，再到辛亥革命，中国人民进行了不屈不挠的斗争，无数仁人志士苦苦探索着救国救民的道路。

但是，农民阶级、地主阶级、民族资产阶级的斗争均未能改变中国半殖民地半封建的社会性质以及人民的悲惨命运，真正能担负起民族独立和人民解放历史使命的是中国共产党。习近平总书记指出，“中国共产党的历史是中国近现代以来历史最为可歌可泣的篇章，学习中国近现代史要特别注意学习中国共产党的历史。”中国共产党的诞生是近代以来中国历史上“开天辟地”的重大事件。不了解近代历史走过的风风雨雨，就不可能了解中国共产党应运而生的时代背景和奋斗目标。

中国共产党自成立之日起，在 97 年波澜壮阔的历史进程中，它紧紧依靠人民，跨过一道又一道沟坎，取得一个又一个胜利，为中华民族做出了伟大的历史贡献。中国共产党取得的历史性贡献，是一代又一代中国共产党人同中国人民连续奋斗的结果。只有充分了解中国近代以来的历史，才能深知中国共产党紧紧依靠人民，不可逆转地结束了近代以后中国内忧外患、积贫积弱的悲惨命运，不可逆转地开启了中华民族不断发展壮大、走向伟大复兴的历程。

习近平总书记站在中华民族统一的高度指出：“实现中华民族伟大复兴，实现国家富强、民族振兴、人民幸福，是孙中山先生的夙愿，是中国共产党人的夙愿，也是近代以来中国人的夙愿。”他强调指出，推进祖国和平统一进程、完成祖国统一大业，是实现中华民族伟大复兴的必然要求。这就深化了我们对“不了解近代以来的历史和文化，就不能全面把握当代中国人民的抱负和梦想”的认识。

（内容来源：高中华，《近代史是中国发展的清醒剂》，人民网-人民论坛，2016 年 08 月 17 日）

【思考园地】

1. 从 1840 年至 1921 年，是中华民族屈辱的 80 年，是前仆后继与西方列强进行不屈抗争的 80 年，可是顽强的中华民族为什么老是抗而不胜呢？

2. 中国的农民阶级、地主阶级、民族资产阶级为什么没有能够完成民族独立和民族解放的任务？

3. 历史不会因忘记而驻足，也不会因假设而改变，更不会因觉醒而重演。当旧中国的天空已是电闪雷鸣、身边已是虎豹四伏的时候，谁可以救中国？为什么？

※ 学习指南 ※

在风雨如磐的中国近代，西方列强在我中华沃土上疯狂掠夺，致使我中华儿女备受欺凌，伟大的中华民族各个阶级纷纷寻求救亡图存之路，结果屡战屡败。自从有了共产党，中国革命的面貌焕然一新，原因何在？对此，我们可以划分学习小组，分工协作，多途径、宽领域地共同探索。

1. 探究思路

通过网络查询、文献查询，以我们“中华民族为什么在近代备受欺凌，我们是怎样抗争的”为主线，学习中国近代史的史料，搜索关于中国近代史研究的理论观点，在此基础上进行探究学习。

2. 参考文献

阅读《中国近代史文献汇编》《中国近代史》《中国近现代史纲要》《中国革命史》，鲁迅的《药》《阿 Q 正传》等图书，撰写心得体会进行交流。

3. 成果交流

形成一定的成果，通过论文展、马列主义研究学会活动等途径进行研究成果交流。

4. 影视欣赏

观看影视作品《百日维新》《辛亥革命》《走向共和》《建党伟业》《开天辟地》《筑梦路上》，对中国近代史有一个更加感性、深入、清晰的认识。

※ 实践探究 ※

17 世纪到 19 世纪上半叶，当我们还沉浸在封建帝国的繁华梦中时，英、法、德、美等国都已先后成为资本主义国家。英国是当时世界上第一号资本主义强国，它从 18 世纪 60 年代开始到 19 世纪 30 年代基本完成了工业革命，生产力快速发展，最早确立和巩固了资本主义的统治。英国殖民主义者倚仗他们的坚船利炮，到处横行霸道，它的侵略魔爪开始伸向地大物博的中国。

一、风雨如磐——建党前的 80 年

中国共产党成立之前，帝国主义列强的疯狂掠夺造成的民族压迫，使得中国社会矛盾变得日趋复杂，地主阶级与农民阶级的矛盾，帝国主义与中华民族的矛盾交织在一起。面对错综复杂的阶级矛盾和民族矛盾，中国的各个阶级为了改变本阶级和中华民族的历史命运，纷纷登上历史舞台，抗争、维新、革命……结果怎么样呢?

（一）奋起反抗——中国农民阶级的抗争

英国用武力叩开了中国的大门，迫使大清帝国与世界接触。面对外面的世界，清政府束手无策：在鸦片战争前的几十年间，以英国人为主的外国商人一年比一年多地向中国贩卖鸦片。从 1771 年的 200 箱到 1837 年的 3.9 万箱，在鸦片战争前的 40 年间，英国人偷运进中国的鸦片总计不下 42.7 万箱，从中国掠夺走了 3 ~ 4 亿银元。沙俄、美国商人也从中亚向中国贩运鸦片。鸦片商人从中获得高额利润，而中国人却从“天朝”变为任人宰割的“支那国”“东亚病夫”！祖国在遭受列强的欺凌，中华民族何颜以对?

1. 虎门销烟——中华民族的觉醒

【资料链接】

在内外交困之下，清政府终于决定要禁烟了。民族英雄林则徐受命于危难之际，在 1839 年 3 月 10 日到达广州，在人民群众的支持下，严厉查禁鸦片。他一面与两广总督邓廷桢、广东水师提督关天培加紧整顿海防，逮捕烟贩；一面通知外国鸦片贩子，限期将鸦片造具清册，尽数缴官。英国驻华商务监督义律抗拒禁烟，唆使英商拒交鸦片。林则徐下令封仓，停止中英贸易，派兵封锁洋馆，撤退中国官员。义律无可奈何，只得命令英商缴烟。4—5 月，林则徐率领文武官员，从趸船上收缴了英国、港脚（印度）、美国商人的鸦片 237 万余斤。从 6 月 3 日到 25 日，在虎门海滩当众销毁。

当国难当头之际，林则徐坚决反抗外敌。虎门销烟这一壮举，大长了中国人民的志气，大灭了帝国主义的威风，它伸张了中华民族的浩然正气，向全世界表明了中国人民反抗外来侵略的坚强决心，表现了中华民族不屈的气节以及强烈的爱国热情。这一伟大行动，是以林则徐为代表的中国人，第一次向世界表明了中国人民纯洁的勇气和反抗侵略的决心，一洗多年来的屈辱!

2.《南京条约》——帝国主义狮子大张口

【资料链接】

1842 年 8 月 29 日，在下关江面的英舰“康华丽”号上，清政府与英国签署了《南京条约》。条约规定：① 割香港岛给英国；② 开放广州、厦门、福州、宁波、上海为通商口岸；③ 中国向英国赔款 2100 万银元；④ 英国在中国进出口货物的税款，中国须与英国商定；⑤ 英国商

人可以自由地与中国商人交易，不受“公行”的限制。1843 年英国政府又强迫清政府订立了《五口通商章程》和《虎门条约》作为《南京条约》的附约，增加了领事裁判权、片面最惠国待遇等条款。1844 年 7 月、10 月，美国和法国先后威逼清政府签订了中美《望厦条约》和中法《黄埔条约》，获得除割地、赔款之外，与英国同样的特权。从 1845 年起，比利时、瑞典等国家也都胁迫清政府签订了类似条约，中国的主权遭到进一步破坏。

（资料来源：吕思勉，《中国近代史》，民主与建设出版社，2015）

《南京条约》是中国近代史上第一个丧权辱国的不平等条约。它是历史在今天的回响，让我们不能忘记百年前的《南京条约》，不能忘记外来侵略给我们带来的耻辱，更不能忘记国弱被人欺的事实！

——过去的沧桑，过去的艰辛给予我们的是教训，是永远的记忆。我们要为此而努力、而拼搏、而奋斗。唯有如此，我们祖国的明天才会更加强盛！

——我们对历史只有默默的怀念，我们无法去改变它，但是，我们可以去改变明天、改变未来。鸦片战争对我们来讲是一次警示，我们能做的就是现在好好学习，将来强国富民，决不让历史重演!!!

——1840 年英国发动鸦片战争，迫使中国与英国签订第一个不平等条约，是中国沦为半殖民地半封建国家的开始；中日《马关条约》的签订，又加剧了中国殖民地的程度；八国联军侵略中国，使中国彻底沦为半殖民地半封建社会。中国近代史是一部屈辱史，我们作为中华儿女，一定要好好建设我们的国家。只有国家强大了才不会受别国欺负！因为，历史告诉我们，落后就要挨打……

——提起鸦片战争不能不让每一个中华儿女感到痛心，它使一个自称是中央帝国的清政府败得无地自容，从此中国人民陷入深重的苦难当中。也就是从这里开始，中国人民开始了近百年的反帝反侵略斗争。同时，它也使中国人民开始睁眼看世界，不敢再以天朝大国自居。在这近一百年的斗争中出现了许多可歌可泣的人物，我们应该永远记住他们，因为他们是中华民族永远的骄傲。

——两次鸦片战争使中国的社会由封建社会变成半殖民地半封建社会。社会主要矛盾由地主阶级和农民阶级的矛盾转变为中华民族与外国资本主义、封建主义与人民大众的矛盾。反对本国封建统治的同时要反对外国资本主义的入侵成为中国人民的必然使命。

3. 揭竿而起——洪秀全领导太平军挥师 18 省

鸦片战争后，清政府将大笔军费和巨额赔款，全部转嫁给劳动人民，中国逐渐卷入世界资本主义市场。英、法、美等资本主义国家加剧对中国的侵略，五口通商后洋货输入量也大大增加，质高价廉的工业产品，排斥了中国传统的家庭副业和手工业，致使东南沿海地区的手工业者和农民纷纷破产，再加上天灾人祸，使得人民陷入饥饿死亡的困境，农民的出路何在？

【资料链接】

1851 年 1 月 11 日，洪秀全在广西桂平县金田村宣布起义，建号“太平天国”，起义军称“太平军”。起义农民决心推翻清政府的罪恶统治，实现“天下一家，共享太平”的愿望。金田起义后，太平军向西攻入武宣东乡。3 月，洪秀全在东乡称天王。9 月，太平军攻占永安（今广西蒙山县)。在那里，洪秀全颁布军律、历法，制定官制，分封诸王，太平天国初步建立了政权。1853 年 1 月，太平军攻克武汉三镇，声威大震。队伍迅速发展到 50 万人。他们沿途诛杀贪官污吏、地主、豪绅，焚烧官府衙门、田契、债券，把粮食和财物分给贫苦农民。1853 年春天占领南京，并把南京改名为天京。1853 年冬，制定并颁布了《天朝田亩制度》，提出了“凡天下田，天下人同耕”的原则，试图建立一个“有田同耕，有饭同食，有衣同穿，有钱同使，无处不均匀，无人不饱暖”的理想社会。它表达了广大农民要求得到土地的强烈愿望。太平天国还实行男女平等；改革考试制度；对外关系上，坚持独立自主。可是，1856 年 8 月，天京城内发生杨秀清假借“天父下凡”，杖责洪秀全，逼迫洪秀全封他为“万岁”的事件，引起内讧，天京事变成为太平天国由盛入衰的转折点。1859 年，洪仁玕提出《资政新篇》，主张：“权归于一”，反对“结党联盟”；广开言路，“上下情通”；效法西方，兴办工矿交通和金融事业；准许私人投资，雇佣劳动；奖励民间制造器皿技艺，准其专利自售，中外自由通商，平等往来，兴办学馆，建立医院，设立社会福利机构。《资政新篇》作为太平天国后期的政治纲领，具有明显的资本主义倾向。第二次鸦片战争后，外国侵略者同清政府互相勾结，共同镇压太平天国。太平天国坚决地同侵略者进行英勇斗争，先后重创“常胜军”“常安军”“常捷军”，并将洋枪队统领华尔击毙，给侵略者以沉重打击。1864 年 6 月 1 日，洪秀全病逝。7 月 19 日，湘军挖掘地道，用火药轰塌城墙，经过激烈巷战，天京陷落。大部分太平军将士壮烈牺牲，少数人突围。幼天王和洪仁玕在江西被俘，英勇就义。李秀成在天京突围时被俘，被曾国藩杀死。太平军余部转战大江南北，一直奋战到 1868 年。

中国历史上这场空前规模的太平天国农民战争，前后奋战 14 年，纵横 18 省，威震全中国，最终在清政府和外国侵略势力的联合绞杀下失败了。洪秀全既是天国的开基之主，又是天国的亡国之君。农民领袖这样急遽的命运变迁，留给我们沉重的思索：由于当时历史条件下，没有新的生产力、新的生产关系、新的阶级和先进思想，洪秀全不可避免地重蹈历史上农民运动领袖的覆辙，犯了不少严重的错误。他的第一个错误是建都天京后，不思进取，日益封建化，过早称王，大过享乐腐化的皇帝瘾，成了天国最大的皇权主义者，终于导致 1856 年秋为争帝位的“天京王杀王”的大悲剧——天京内讧。内讧等于自杀，几乎葬送了革命。其次，天京事变后，洪秀全任人唯亲，信天不信人，又成了一个日益迷信的宗教狂，试图用“天父天兄”的精神鸦片来治理天国，结果则加速了天国的覆亡。他的第三个错误是紊乱朝纲，治国无方，效法封建帝王众建诸侯而削其力的方法，滥封王爵达 2700 人之多，几同儿戏，结果使革命内部更加分裂，终于被中外反动联军各个击破，使太平天国于 1864 年天京失守而失败。

4. 扶清灭洋——义和团要赶走洋鬼子

中日甲午战争后，帝国主义争相掠夺中国路矿、金融等权利，并强占“租借地”、划分“势力范围”，教会活动猖狂，与地方封建势力相互勾结，欺压人民，进一步激化了社会矛盾。中国的民族危机空前深重，激起了中国人民的反抗。义和团运动就是在这一复杂的社会矛盾中催生的。

【资料链接】

1898 年，山东省冠县赵三多竖起“扶清灭洋”大旗，攻打当地教堂，揭开了义和团反帝爱国运动的序幕。义和团以贫苦的农民为主体，是群众性的反对帝国主义侵略的爱国运动，斗争矛头指向外国教会势力。义和团迅速地席卷了中国北方的河北、天津、北京地区。义和团的口号是“反教”“灭洋”。“神助拳，义和团，只因鬼子闹中原”“最恨和约，误国殃民，上行下效，民冤不伸”“还我江山还我权，刀山火海爷敢钻，哪怕皇上服了外，不杀洋人誓不完”。义和团势力发展迅速，3月进入天津，4月进入北京，5月大批义和团团民进入北京，年轻妇女也加入了义和团，组成“红灯照”，全部团民不下10万人。他们四处张贴宣传标语，揭露帝国主义侵略的罪恶。随着义和团运动在直隶和京津地区的迅猛发展，作为侵略者的西方列强十分恐慌，清政府竟然也日夜不安。1900年4月，义和团刚在北京近郊发展起来，列强们就提出镇压，联合照会清政府“剿除义和团”，并将舰队聚集大沽口进行威胁。5月间，义和团在京津一带迅速发展，越来越多的清军士兵参加义和团，以端王载漪为首的排外势力在清政府内占据上风，各国公使便策划直接出兵干涉。5月28日，英、法、德、奥、意、日、俄、美八国在各国驻华公使会议上正式决定联合出兵镇压义和团，以“保护使馆”的名义，调兵入北京。6月6日前后，八国联合侵华政策相继得到各自政府的批准，八国联军侵华战争爆发了。天津失守后，八国联军进犯北京，很快就攻到了北京城下。慈禧太后吓得魂不附体，连忙换上便衣，拉着光绪皇帝和一些亲信大臣逃往西安。在逃跑的途中，她正式下令屠杀义和团，要清军对义和团斩草除根。义和团两面受敌，很快被镇压下去了。

（资料来源：凤凰网，2018年7月30日）

义和团起初为了同清政府共同对付民族的敌人，目标为“扶清灭洋”。义和团从一开始就是一个政治组织，并且是因为民族危亡而愤然揭竿的起义组织。义和团运动虽然失败了，但是义和团敢于斗争的精神并没有消亡。他们在斗争中也提高了对清政府的认识，举起了“扫清灭洋”的旗帜，继续同清政府、帝国主义进行着不屈不挠的斗争。侵华八国联军总司令、德国陆军元帅瓦德西说：“吾人对于中国群众，不能视为已成衰弱或已失德行之人……至于中国所有好战精神尚未完全丧失，可于此拳民运动中见之。‘中国人’尚含有无限蓬勃之生气。”正如赫德所说“外国人早晚有一天要离开中国”，帝国主义也认识到“任何一个国家都无此脑力与体力，瓜分天下生灵之四分之一”，“故瓜分一事，实为下策”。

鸦片战争以后，中国进入半殖民地半封建社会，在帝国主义和封建主义双重压迫下，灾难深重的中华民族面临着两大历史任务：“一个是求得民族独立和人民的解放，一个是求得国家繁荣富强和人民共同富裕。”战后10年兴起的太平天国运动，就是我国农民阶级探索解决近代民族民主革命与近代化两大历史任务的一次伟大实践。太平天国起义是在腐败的清王朝拒绝进行自上而下的变革的情况下，由农民阶级自发组织的自下而上的革命行动，是被逼上历史舞台的。在14年武装反抗清王朝、西方列强的过程中，以洪秀全为代表的农民曾经提出过中国农业社会的产物——《天朝田亩制度》和“欧风美雨东而渐”的结晶——《资政新篇》两个纲领，把旧式农民战争推向高峰，并深刻地影响了中国近现代社会发展进程。后来义和团运动是将其正义的行动通过落后的愚昧的方式表现出来的，这使其带有很强的封建迷信色彩。但除去披在义和团身上的封建迷信色彩的外套，我们看到，义和团运动的本质是中华民族精神的觉醒运动，它粉碎了帝国主义瓜分中国的图谋。

（二）洋务运动——地主阶级的“现代化”梦想

中国闭关锁国的大门被英国打开后，在清朝统治阶级中出现了一批“睁眼看世界的人”。

一批官僚知识分子，针对时局提出了以下主张：一是“师夷长技以制夷”；二是“中学为体，西学为用”，也就是学习西方之长技为我所用以图强。他们主张学习西方科学技术，办工厂、兴学堂，用新式武器装备陆军、海军以达到富国强兵的目的，历史上称这批人为洋务派，这一运动称为“洋务运动”。

【资料链接】

从 19 世纪 60 年代到 90 年代，国内掀起了一场试图解救民族危机、振兴民族的“师夷长技”的封建统治者自救运动。洋务派以“自强”“求富”为旗号创建近代军事工业，不但搬来了西方的枪炮、轮船、弹丸，而且使外国制器之器（机器）也由此运入中国，中国社会因而出现了一些大规模机器生产的场所。洋务派还兴办涉及采矿、冶炼、纺织等工矿业和航运等交通运输业的民用工业，初步建成中国近代海军并创办了新式学堂。

1865 年 9 月 20 日，曾国藩、李鸿章在上海设立江南机器制造总局。这是清政府洋务派开设的规模最大的近代军事企业，又称江南制造总局、江南制造局、上海机器局、上海制造局。1865 年李鸿章以 4 万两银子在虹口买下美商的旗记铁厂，并将苏州洋炮局的部分机器和曾国藩派人从美国买回的机器并入铁厂，成立江南制造总局。造办经费 54 万余两，以后屡加扩充，由清政府指拨上海海关税收的两成作为常年经费。雇用工人两千多人。1867 年搬到高昌庙镇，扩充设备，建有机器厂、洋枪楼、汽炉（锅炉）厂、铸造厂、轮船厂等，占地 70 余亩。到 80 年代又相继建成炮弹厂、水雷厂、炼钢厂、栗色火药厂、无烟火药厂等。他们以生产枪炮子弹为主，辅之以修造船舰，并附设翻译馆、机械学校，培养技术人员，翻译与军事、工程有关的书籍。

封建统治阶级中的某些有识之士为了“求强”“求富”而发起的“洋务运动”使中国真正迈出了面向近代化的步伐，他们以极大的热情致力于引进西方科学技术、兴办工矿企业、修筑铁路、开办学堂、派遣留学生等活动。他们的努力，为中国社会催生了资本主义经济因素和注入了资产阶级的社会观念。但是，他们决不允许“洋务运动”越封建专制主义统治秩序的雷池一步，这就使得他们的现代化努力受到极大的制约，步履维艰、蹒跚行进。“洋务运动”实际上是清朝封建统治集团中一部分大官僚、大地主，为适应帝国主义和镇压农民革命的需要而推行的一场利用西方生产技术以挽救清朝封建统治的运动。洋务运动进行了 30 年，没有使中国走上富强的道路。但是，它引进了西方资本主义国家的一些近代科学生产技术，培养了一批科技人员和技术工人，在客观上刺激了中国资本主义的发展。有一批官僚、地主、商人直接投资于近代民用工业，促进了民族资本主义的产生，也促进了民族资产阶级的出现和无产阶级队伍的壮大。另外，洋务派兴办的民用工业，对外国势力的扩张，也起到了一些抵制的作用。洋务运动在客观上刺激了中国资本主义的发展，使中国迈出了走向近代化的第一步，同时又为戊戌变法运动开辟了道路。

（三）从维新到革命到中国民族资产阶级的求索

1894 年的中日甲午战争中，中国败给了岛国日本，被迫签订了丧权辱国的《马关条约》。

这激起了中国人的“普天共愤”，也引起了中国人的普遍反思，人们几乎得出相同的结论：中国人必须发奋图强。一部分知识分子在思考这样一个问题；为什么搞洋务、学西方、买兵器、练海军，这么多年，还是经不起日本人一击？我们的出路在哪里？

1. 戊戌变法——中国资产阶级领导近代化的首次尝试

【资料链接】

资产阶级改良主义的戊戌维新运动以康有为、梁启超等维新志士独领风骚，决心要改良强国，1895年4月，日本逼签《马关条约》的消息传到北京，康有为发动在北京应试的1300多名举人联名上书光绪皇帝，痛陈民族危亡的严峻形势，提出拒和、迁都、练兵、变法的主张。“公车上书”揭开了维新变法的序幕，他们大声疾呼“优胜劣败”，力主中国应该“尽革旧俗，一意维新”，“若决欲变法，势当全变”，提出要“富国”“养民”“教民”。

在维新人士和进步官员的积极推动下，1898年6月21日，光绪皇帝颁布“明定国是”诏书，宣布变法。在此期间，光绪皇帝根据康有为等人的建议，颁布了一系列变法诏书和谕令。主要内容有：经济上，设立农工商局、路矿总局，提倡开办实业；修筑铁路，开采矿藏；组织商会；改革财政。政治上，广开言路，允许士民上书言事；裁汰绿营，编练新军。文化上，废八股，兴西学；创办京师大学堂；设译书局，派留学生；奖励科学著作和发明。这些革新政令，目的在于学习西方文化、科学技术和经营管理制度，发展资本主义，建立君主立宪政体，使国家富强。

1898年9月21日慈禧太后发动政变，下令捕杀在逃的康有为、梁启超；逮捕谭嗣同、杨深秀、林旭、杨锐、刘光第、康广仁、徐致靖、张荫桓等人。9月28日，在北京菜市口将谭嗣同等六人杀害；徐致靖处以永远监禁；张荫桓被遣戍新疆。所有新政措施，除7月开办的京师大学堂外，全部都被废止。从6月11日至9月21日，进行了103天的变法维新，以戊戌政变宣告失败。

（资料来源：陈士军，《沉沦与复兴》，科学出版社，2018年）

“公车上书”是资产阶级改良思想转变为实际的变法维新运动的重要标志，为人们指出了一条维新改革、救国强国之路，掀起了戊戌维新运动，这是中国近代史上第一次思想解放的潮流，宣告了近代中国民族的觉醒。戊戌变法作为资产阶级改良运动，符合中国历史发展趋势，具有进步意义；作为爱国救亡运动，激发了人民的爱国思想和民族意识；作为近代中国第一次思想解放的潮流，在社会上起了思想启蒙作用，促进了中国人民的觉醒。它从一开始就吸取洋务运动的教训，要求从根本上改变旧制旧法。在社会上起了思想启蒙作用，有利于资本主义思想文化的传播。它提出的一系列的改革蓝图，是中国资产阶级领导近代化的首次尝试。戊戌变法加速中国人的思想解放，为辛亥革命奠定了思想基础。但是由于资产阶级维新派的软弱性和妥协性，缺乏反帝反封建的勇气，只采取改良办法，并对封建反动势力和列强寄予幻想，远离了民众，又害怕民众，因而也就得不到人民群众的支持，归于失败。

2. 辛亥革命——中国民族资产阶级“振兴中华”的呐喊

义和团运动失败以后，旧式的农民革命退出了历史的舞台，同时由于顽固派非常强大，以及西方资本主义国家不希望中国走上独立发展资本主义的道路，中外反动势力共同绞杀了维新运动，中国资产阶级领导的民主革命在维新的绝望中兴起。

辛亥革命是由伟大的革命先行者孙中山先生领导的。早在 1894 年（光绪二十年），他就在檀香山建立了反清的兴中会。1904 年，华兴会、光复会相继组成。1905 年，这些革命团体联合组成同盟会，以“驱除鞑虏，恢复中华，建立民国，平均地权”为纲领，在各省和海内外建立革命组织，多次发动武装起义，为辛亥革命准备了条件。1911 年，清政府出卖铁路修筑权，激起了全国人民的反对。10 月 10 日武昌起义爆发，各省纷纷响应，两个月内鄂、湘、陕、赣、晋、黔、浙、桂、皖、粤、闽、川等省先后宣布独立。清政府迅速解体。孙中山先生于 12 月回国，经 17 省代表会议推举为临时大总统。1912 年 1 月 1 日，中华民国临时政府在南京宣告成立。2 月 12 日，清帝被迫退位，中国最后一个封建王朝被推翻了。

辛亥革命及其以后的讨袁战争、护国战争、护法战争相继失败，孙中山先生和一切仍然忠于中国革命事业的人们，都陷入了一种怀疑和苦闷的状态，在黑暗中摸索而找不到真正的出路，帝国主义的侵略打破了中国人学西方的迷梦。很奇怪，为什么先生老是侵略学生呢？中国人向西方学得不少，但是行不通，理想总是不能实现。多次奋斗，包括辛亥革命那样全国规模的运动，都失败了。国家的情况一天一天变坏，环境迫使人们活不下去。

【影视评析】

《阿 Q 正传》观后感：阿 Q 是个农村的雇农，经济上一无所有，政治上又深受压迫，思想上深中封建思想之毒。由于他的不觉悟，“假洋鬼子”才得以以一点外形的变化而攫取了未庄“革命”的领导权，赵太爷才得以保持着自己固有的社会地位。他虽然如此落后，但他的政治经济地位却决定了他富有革命激情，他做梦都想要做革命党。因为他毕竟是个受压迫者，有潜在的革命要求，真心实意向往革命，希望通过革命改变他的被压迫状态。但他的“革命思想”却是愚昧的，他提出我要什么就有什么，我要是谁就是谁（他参加革命是为了“威福”——有权势；“子女”——有老婆；“玉帛”——有钱）。而且敌我不分，杀赵老爷也要杀小 D。他自发的“革命行动”则是公开调戏尼姑，盗窃尼姑庵的香炉、菜蔬，这说明阿 Q 本质上代表着一大批农村流氓无产者，他的“革命理想”绝不是中国民主革命的真正目标，他们所能起到的作用也仅仅是改朝换代而已（推翻旧的封建政权，以自己为核心建立新的封建政权）。

为什么时至民主革命时代的中国还存在着人数如此众多的阿 Q？根本原因就在于中国的资产阶级革命缺乏一个深入、广泛的思想启蒙运动，辛亥革命的领导者无视农民的革命要求，不注意发动农民群众，使广大农民始终处于愚昧落后状态。革命党人的主张并不为农民所理解和支持，说明了辛亥革命同农民的关系：革命不关心农民，农民不理解革命。通过《阿 Q 正传》，鲁迅提出了启发农民觉悟的问题，同时也客观上批判了辛亥革命的错误即脱离人民群众。列宁也曾指出孙中山领导的辛亥革命没有充分吸引广大群众的缺点。

【资料链接】

1911 年 10 月 10 日，武昌起义的枪声，宣告了清王朝统治的灭亡，并且从此永远结束了延续两千多年的封建帝制，古老的中国开始了历史的新纪元。这次由资产阶级领导的民主革命，是中国历史上划时代的大变革，它再不是以往那种循环式的封建王朝的改朝换代，而是在世界的东方，在中国大地上升起了第一面民主共和国的旗帜。然而，辛亥革命犹如风驰电掣般地胜利了，又昙花一现似的失败了。毛泽东同志在总结辛亥革命失败的历史教训时，指出："国民革命需要一个大的农村变动。辛亥革命没有这个变动，所以失败了。"(《湖南农民运动考察报告》)这个总结是符合历史实际而极为深刻的。说辛亥革命没有一个大的农村变动，实质上就是说在农村并没有发生真正的革命。除了地方政权形式上的变换之外，农村的社会经济结构、社会秩序都原封未动。但这并不是说辛亥革命对农村没有任何影响，更不是说在农村不存在革命的形势和农民没有革命的要求，而是说领导这次革命的资产阶级及其革命党人，无论在理论上和实践上都没有认识农村和农民问题的重要性，实际上他们也不可能去真正解决中国的农村问题和农民问题。

（资料来源：《辛亥革命失败的教训　毛泽东称没有农村的大变动》，《人民日报》，1981年9月25日）

中国在君主专制政体统治下经历过几千年的漫长岁月。这是一个沉重得可怕的因袭重担！多少年来，至高无上的君权一直是封建主义的集中象征。人们从幼年起，头脑中就不断被灌输"三纲五常"这一套封建伦理观念，把它看成万古不变的天经地义。"国不可一日无君"，君主成了代表天意、站在封建等级制度顶巅的最高代表。每个人在这种制度面前，必须诚惶诚恐地遵守"名分"，不容许有丝毫逾越。这就是所谓"父子君臣，天下之定理，无所逃于天地之间"(《河南程氏遗书》卷五)。谁要是敢有一点怀疑，轻则叫做"离经叛道"、"非圣无法"，重则成了"乱臣贼子，人人得而诛之"。《红楼梦》里的王熙凤有一句名言："舍得一身剐，敢把皇帝拉下马。"可见在那个时候，谁要是想"把皇帝拉下马"，那就得有"舍得一身剐"的大无畏气概，一般人是连想都不敢想的……孙中山为首的资产阶级革命派正是在这样的历史条件下，破天荒地在中国历史上第一次提出了推翻君主专制制度、建立民主共和国的主张。……辛亥革命果真把"皇帝拉下马"了，把统治中国几千年的君主专制制度推倒了。这一下，真是"把天捅了个大窟窿"，它带来的直接后果，至少有两条。第一，使中国反动统治者在政治上乱了阵脚。中国封建社会本来有个头，那就是皇帝。它是大权独揽的绝对权威，是反动统治秩序赖以保持稳定的重心所在。辛亥革命突然把这个头砍掉了，整个反动统治就乱了套了。这以后，从袁世凯到蒋介石，像走马灯似的一个接着一个登场，却始终建立不起一个统一的稳定的统治秩序来。不用说人民革命的浪潮一浪接着一浪，就是反动阵营内部也无法再保持统一。这自然有很多原因，而辛亥革命在这里所起的巨大作用是无法抹煞的，它为中国人民革命的胜利开辟了道路。第二，使中国人民在思想上得到了一次大解放。皇帝，该算是至高无上、神圣不可侵犯的了。如今都可以被打倒，那么，还有什么陈腐的东西不可以怀疑、不可以打破？陈独秀在五四运动前夜写过一篇《偶像破坏论》，说道："君主也是一种偶像，他本身并没有什么神圣出奇的作用；全靠众人迷信他、尊崇他，才能够号令全国，称做元首，一旦亡了国，像此时清朝皇帝溥仪、俄罗斯皇帝尼古拉斯二世，比寻常人还要可怜。这等亡国的君主，好像一座泥塑木雕的偶像抛在粪缸里，看他到底有什么神奇出众的地方呢？但是这等偶像，未经破坏以前，却很有些作怪；请看中外史书，这等偶像害人的事还算少么？"思想的闸门一经打开，这股思想解放的洪流就奔腾向前，不可阻挡了。尽管辛亥革命后，一时看来政治形势还十分险恶，但人们又大胆地寻求新的救中国的出路了，再加上十月革命炮声一响和中国工人阶级力量的发展，不久便迎来了五四运动，开始了中国历史的新纪元。从这个意义上可以说：没有辛亥革命，就没有五四运动。

（资料来源：金冲及，《辛亥革命的历史评价》，《人民日报》，1981 年 4 月 13 日）

在中国共产党诞生之前，由于外国列强的侵略，也由于清王朝和北洋军阀政府专制腐败的统治，中国已沦落为一个半殖民地半封建的国家。从鸦片战争失败到八国联军攻占北京，从中英《南京条约》的签订到被迫接受卖国的“二十一条”，大片的领土被占领，大量的财富被掠夺，国家的主权遭到严重践踏。面对日益严重的民族危机和越来越衰弱的国势，几乎从历史进入近代的第一天起，对我们国家极端贫弱、民族备受凌辱有着切肤之痛的志士仁人，就热切期盼着国家的富强和民族的振兴，他们向往有一天我们苦难的祖国能够同欧美国家“并驾而齐驱”。但是，不论是封建统治阶级的洋务运动，还是近代农民的革命运动，不论是资产阶级改良派的维新变法运动，还是资产阶级革命派的辛亥革命，都未能改变中国贫穷苦难、落后挨打的悲惨局面，中国仍一步步滑向半殖民地半封建社会的灾难深渊。这也表明，中国农民阶级和资产阶级由于自身的局限性，不可能完成民族独立、人民解放和国家富强的历史使命。中国人民进行的反帝反封建斗争和变革社会的实践活动，呼唤着新的阶级及其政党的领导，迫切需要以新的科学理论进行指导。

二、曙光初现——中国共产党诞生

太平天国失败了，义和团失败了，孙中山领导的辛亥革命只是推翻了皇帝，也没有达到彻底拯救中国的目的。中国仍是风雨如磐。在 1921 年之前 80 年中，封建统治者丧权辱国，社会战乱不断，国家积贫积弱，人民饥寒交迫，中华民族在黑夜中煎熬挣扎，人民从这惨淡的境遇里看不到一点希望。这 80 年，是近代中国屈辱的 80 年，求索的 80 年，也是失败的 80 年。谁能拯救中国？谁是中国人民解放的领路人？历史在呼唤，人民在呼唤……

（一）十月革命——中国革命的灯塔

正当中国的有识之士为了中国革命之路何去何从而上下求索之时，俄国以马克思主义为指导，成立了劳动人民的党——布尔什维克党，它领导着俄国人民进行了一场翻天覆地的革命——十月革命。

【资料链接】

1917 年 10 月，列宁秘密来到彼得堡，着手领导、组织武装起义，不幸泄露了机密，于是资产阶级临时政府先发制人，迫使武装起义的准备一度陷于被动。在这危急关头，列宁沉着冷静，迅速采取相应措施，从而使形势产生了逆转。

11 月 7 日（俄历十月二十五日），布尔什维克党在军事上取得了绝对优势，向资产阶级的堡垒冬宫发动了最后的攻击。

冬宫是资产阶级临时政府的老巢，墙垣又高又厚，要攻进去相当艰难。

列宁亲自指挥了这场战斗，他首先命令“阿芙乐尔”号巡洋舰驶进涅瓦河逼近冬宫待命，然后向这次战斗的军事首领安东诺夫交待，要他在深夜发起冲锋，黎明前务必攻克冬宫。

深夜，“阿芙乐尔”号巡洋舰的炮声划破了黑暗，霎时，四周的大炮跟着一起怒吼，一颗颗炮弹在夜空中呼啸，冬宫立刻成了一片火海。安东诺夫身先士卒，带领战士冲进广场。堡垒里的敌人发现后院起火，早已无心恋战，逃的逃，投降的投降，溃不成军。

“冲啊”，安东诺夫振臂高呼，带领战士冲进冬宫，把临时政府的在场官员全部抓获。

十月革命终于取得了最后的胜利。

（资料来源：中共中央编译局，《列宁全集》（第二卷），人民出版社，1959 年）

在第一次世界大战中，沙皇的军队屡遭惨败，许多地区被德军占领，生灵涂炭，人民强烈要求改变现状。于是，布尔什维克党发出了推翻沙皇的号召，并组织了二月革命。资产阶级临时政府窃取了二月革命的胜利成果，还制造了“七月流血事件”，大肆迫害布尔什维克党。为了夺回革命的胜利成果，列宁领导人民进行十月革命，在世界上建立了第一个社会主义国家。俄国十月革命惊醒了处于迷茫之中的中国仁人志士，正如毛泽东在《论人民民主专政》中所总结的：“十月革命一声炮响，给我们送来了马克思列宁主义。十月革命帮助了全世界的也帮助了中国的先进分子，用无产阶级的宇宙观作为观察国家命运的工具，重新考虑自己的问题。走俄国人的路——这就是结论。”

（二）新文化运动——前所未有的启蒙运动

辛亥革命后，政坛上演出了一幕由共和走向专制甚至沦为帝制的怪剧。中国向何处去？这是先进的中国人都在深刻思考的问题。一些目光敏锐、思想激进的知识分子开始了新的探索。

【资料链接】

当历史的车轮驶入 20 世纪 20 年代中期的时候，勤劳勇敢的中国人面临的仍然是破败的山河、颓败的经济、失败的革命、衰败的文化……西学东渐过程，由器物而及于制度。然而，在西方卓有成效的东西，到了中国却全然不成模样。当革命派效法孟德斯鸠、卢梭、华盛顿的思想被军阀统治的丑恶现实撕成碎片，向西方寻求真理的人们开始由器物和制度层面深入到文化心理层面，最终形成近代百年的继甲午战争之后的第二次民族反思。

1915 年 9 月，陈独秀在上海创办《青年杂志》（第二年改为《新青年》），并在《青年杂志》创刊号上发表了《敬告青年》一文，文中提出了“民主”和“科学”两大口号。这标志着新文化运动开始，其主要代表人物是陈独秀、李大钊、鲁迅，另外还有胡适等。

新文化运动提倡民主，反对专制；提倡科学，反对愚昧；提倡新道德，反对旧道德；提倡新文学，反对旧文学。

关于“民主”。陈独秀在《敬告青年》一文中提出的“民主”，就是主张中国学习和效法西方资本主义政治制度。尤其是要效法法国资产阶级革命，推翻君主专制政体，建立共和制度，以实现中国的共和。

关于“科学”。陈独秀在《敬告青年》一文中提出的“科学”，包括西方的自然科学和社会科学理论。

关于“旧道德”。旧道德是指以三纲五常（即君为臣纲、父为子纲、夫为妻纲和仁、义、礼、智、信）为核心的儒家伦理学说。中国先进的知识分子在批判旧道德的同时，大力宣传新道德。例如提倡男女平等、个性解放等。

关于新文学。新文化运动提倡革命内容与白话文结合起来的文学。鲁迅是新文化运动的主将。1918 年 5 月，他在《新青年》上发表了第一篇用白话创作的小说《狂人日记》，他又发表了一些杂文，出色地把反对封建礼教的革命内容与白话文的形式结合起来，树立了新文学的典范。

（资料来源：陈士军，《沉沦与复兴》，科学出版社，2018 年）

由辛亥革命所唤起的对中国社会的美好希望，同民国初年中国社会的黑暗现实之间形成一种巨大的落差，巨大的落差导致了巨大的浪潮。新文化运动是辛亥革命在思想文化领域的进一步发展，是一次前所未有的思想解放和启蒙运动，它以磅礴的气势给了封建的专制主义、封建的伦理道德、封建的迷信和愚昧以前所未有的沉重打击，大力宣传了民主和科学，在思想界特别是青年知识分子中极大地破除了封建主义的束缚，这是我国历史上一次空前的思想大解放。这个思想解放的潮流，促使人们加紧追求救国救民的真理，从而为中国的先进分子迅速接受十月革命的影响，为马克思列宁主义在中国的传播，创造了条件。新文化运动动摇了封建思想的统治地位，民主和科学的思想得到了弘扬，为五四运动的爆发做了思想准备。后期传播的社会主义思想，启发了中国先进的知识分子，使他们选择和接受了马克思主义，作为拯救国家、改造社会和推动革命的思想武器。这是新文化运动的最重要成果。

【资料链接】

1840 年鸦片战争后，中国封建社会自给自足的自然经济开始瓦解：1843 年，上海开埠，外国近代企业陆续建立，上海产生了第一批产业工人。至 19 世纪 60 年代，洋务运动应时而起，以军事工业为核心的近代工业大兴，上海产业工人数量大增。同世纪 70 年代，民族资本亦于上海投入近代企业，促成了近代工人数量的上升。据 1919 年统计，上海工人总数达 513 768 人，其中产业工人 181 485 人，60%在 500 人以上的大厂做工。到 20 世纪一二十年代，中国的资本主义有了一定程度的发展；在此基础上，作为近代社会新兴阶级的资产阶级和无产阶级也都有了一定程度的发展。特别是由于近代中国半殖民地半封建社会的特殊国情，中国无产阶级的出现早于中国的资产阶级，到 1919 年五四运动前夕，中国近代产业工人的人数已达 200 多万。尽管这个数字在全国人口总数中的比例不大，甚至可以说还很小，但中国近代产业工人毕竟代表了新的生产力，代表着中国社会的未来走向。工人阶级队伍的壮大，促进了工人运动的发展。1911 年辛亥革命到 1919 年五四运动的几年间，中国工人运动出现了一些新的动向，中国工人阶级处在由自在的阶级向自为的阶级的发展变化之中。正如列宁在 1912 年指出的："由于在中国将出现更多的上海，中国无产阶级也将日益成长起来。它一定会建立这样和那样的中国的社会民主工党。"也就是说，中国近代资本主义经济的发展和中国工人运动的发展，为马克思主义在中国的广泛传播创造了必需的经济与政治条件。到五四运动时期，中国已具备了接受马克思主义的阶级基础。

（三）五四运动——中国无产阶级登上历史舞台

第一次世界大战结束后，1919 年 1 月，美、英、法、意、日等帝国主义国家在巴黎召开分赃会议——“和平会议”。中国作为战胜国派出代表团参加，向“和会”提出废弃势力范围等七项条件。由于留欧中国学生的要求，又提出取消“二十一条”和要求收回大战时被日本乘机夺去的德国在山东的权力的陈述书。会上，帝国主义根本不理睬中国人民的正当要求，反而把德国在山东的各种特权，全部让给日本；对于日本强加在中国人民头上的“二十一条”，又借口不在会议的讨论范围之内而置之不理。巴黎和会彻底打破了中国人民对帝国主义的幻想。先进的知识分子认清了这个真理：只有依靠自己才能主宰自己的命运。

【资料链接】

5月3日，中国外交失败的消息在报上发表，全国群情激昂，人们的悲愤再也不能抑制，一个声势浩大、规模壮阔的爱国运动终于爆发。晚上，北大法科大礼堂挤满了学生。听到演讲者讲述中国在和会上外交失败的情形，都捶胸顿足，愤慨万分。有一个北大学生，当场咬破中指，撕破衣襟，血书“还我青岛”四个大字，悬挂在会场的台前，表示爱国的决心。在五四爱国运动中，陈独秀、李大钊始终同进步社团和青年保持密切联系，并在报刊上发表文章，及时指导和推动运动的发展。

5月4日下午1时，北京大学、高等师范（北京师大的前身）、工业专门学校、农业专门学校、朝阳大学、汇文大学等14个学校的学生3000多人纷纷来到了天安门广场。他们手拿各色各样的旗子、标语牌，上面写着“取消二十一条”“还我青岛”“宁肯玉碎，勿为瓦全”等字样，有的还绘着山东的地图和各种讽刺画。

5月7日，北京、天津、上海、南京、武汉、长沙、广州、重庆等地学生都在这一天举行了大规模的集会和游行示威，运动在全国范围内迅速传播开来。北京学生们对反动政府传讯学生、追究5月4日行动主使人这种反人民的措施愤怒之极，5月19日，北京各校学生同时宣告罢课，并向各省的省议会、教育会、工会、商会、农会、学校、报馆发出罢课宣言。要求严惩曹、章、陆三贼；取消诬蔑学生的反动命令。天津、上海、南京、杭州、重庆、南昌、武汉、长沙、厦门、济南、开封、太原等地学生，在北京各校学生罢课以后，先后宣告罢课，支持北京学生的斗争。

反动政府的镇压，皮鞭和警棍，刺刀和监牢没有使爱国学生屈服，反而更增强了他们反帝爱国的斗志。6月3日军阀政府大肆逮捕爱国学生的消息，迅速传到全国。从广东到黑龙江，爱国运动的浪潮在二十多个省份的150多个大中小城市掀起。从此，五四运动转入了一个新的阶段，运动的中心从北京移到上海。运动的主力，也由青年知识分子扩大到工人阶级。

首先发动罢工的是中国产业工人最集中的地区——上海。6月5日，上海日商的内外棉第三、第四、第五纱厂、日华纱厂、上海纱厂和商务印书馆的工人全体罢工，参加罢工的有两万人以上。6月6日、7日和9日，上海的电车工人、船坞工人、清洁工人、轮船水手，也相继罢工。罢工工人总数前后约有六七万人之多。上海工人阶级的罢工风潮，迅速波及各地。京汉铁路长辛店工人，京奉铁路工人及九江工人都举行罢工和示威游行。

在工人罢工、学生罢课的推动下，工商业资本家也加入了斗争的行列，举行罢市，他们不敢对帝国主义和封建势力作坚决的斗争，主张“文明抵制”，张贴“幸勿暴动”的标语，甚至还对帝国主义提出“秩序井然”的保证。

五四运动发展成为全国范围的革命运动后，北洋军阀政府大为震骇。工人罢工，商人罢市，使经济生活几乎陷于停顿，对军阀政府的反动统治更是意味着致命的严重威胁。上海的工商学各界联合会也于6月6日打电报给北洋军阀政府，要求严惩卖国贼，反对在和约上签字。

爱国运动汹涌澎湃地发展着，一个浪头比一个浪头猛烈，一天比一天高涨。军阀政府眼看“自身难保”，不得不于6月9日和10日批准曹汝霖、章宗祥和陆宗舆三贼辞职。这是五四运动的初步胜利，但拒绝和约问题还没有解决。

6月11日，北京大学教授陈独秀、高一涵等人到北京前门外闹市区散发《北京市民宣言》，声明如政府不接受市民要求，“我等学生商人劳工军人等，惟有直接行动以图根本之改造”。陈独秀因此被捕。各地学生团体和社会知名人士纷纷发出通电，抗议军阀政府的这一暴行。17日，北京政府违背全国人民的意愿，企图在凡尔赛和约上签字。北京学联立即号召学生投入拒签和约的斗争。18日，山东派出各界代表80多人进京请愿。北京、上海等地学生、工人纷纷响应。在巴黎的华工和中国留学生也强烈要求拒绝签约。

6月28日是和约签字的最后一天，中国的留法学生和工人包围了中国代表的寓所，代表被迫拒绝在和约上签字。这个消息传遍全世界，帝国主义国家大为震动。至此，五四运动所提出的直接目标基本得到了实现。

五四运动促进了马克思主义在中国的传播，促进了马克思主义与工人运动的结合，为中国共产党的成立在思想上、人员上准备了条件，为20世纪历史的发展开辟了新的道路。五四运动使人们受到了一次生动的教育，西方列强的弱肉强食，俄国十月革命的影响，迫使人们不得不对自己的追求做出新的反省。五四运动使中国先进知识分子找到了一条与工农群众相结合的成长道路。鸦片战争以来，中国的知识分子在救亡图存、振兴中华的斗争中扮演了一个非常重要的角色。但是，他们也有一个致命弱点，即脱离广大的工农群众，未能真正认识到蕴藏在群众之中的创造历史、扭转乾坤的伟大力量。这也是造成旧民主主义革命失败的一个重要原因。五四运动使先进的知识分子领略到了劳动群众的威力，开始放弃了“英雄创造历史”的唯心史观，逐渐转变了立场。

（四）喷薄日出——中国共产党的诞生

中国共产党的诞生，犹如一轮红日跃出东方，照亮了黑暗的中国，指明了中国革命的方向。正如党的“一大”代表、中国共产党多年的领袖毛泽东曾经指出的：“中国产生了共产党，这是开天辟地大事变……从此以后，中国改换了方向。”

【资料链接】

1920年2月中旬，在北京通往天津的土路上，缓缓行驶着一辆带篷的马车。车上坐着两位乘客，一位约30岁模样，戴一副金丝边眼镜，身材魁梧，一身皮袍，手提包里装着账本，看上去很像年前去收债的账房先生。另一位靠里坐着的，约40岁，袍子外套着一件棉背心，一顶毡帽低低地压在头上，看上去像个土财主。

普通的马车，在偏僻荒凉的土地上走着，显得那么不起眼。车里坐着的，却是中国共产党初创时期的两位重要人物，被人们称为“北李南陈，两大星辰”的李大钊和陈独秀。为了摆脱警察的追捕，李大钊正亲自送陈独秀到天津，然后坐船赴上海。

十月革命的一声炮响，给中国送来了马克思列宁主义。陈独秀创办的《新青年》成为宣传马克思列宁主义的阵地，李大钊则成为宣传马克思列宁主义的先驱者。五四运动有力地促进了马克思主义同中国工人运动的相结合，建立一个工人阶级的马克思主义政党的需要也就摆在了中国先进知识分子的面前。作为先进知识分子旗手和主帅的李大钊和陈独秀，自然担当起了这一历史的重任。

一个月前，李大钊著文公开呼吁创建工人阶级政党。他指出："中国现在自己无一个真能表现民众势力的团体。C派（指共产主义派）朋友若能成立一个强固的精密的组织，并注意促进其分子之团体的训练，那么中国彻底的大革命，或者有所依托！"今天，他和陈独秀在马车上酝酿着中国共产党建立的重大问题。"我着手在北京作建党的准备，你在上海作建党的准备。"李大钊说话满口京腔，沉稳有力。陈独秀深表赞同地点了点头。接着，他俩深入地探讨着中国共产党的性质、任务，研究着党纲该怎么写，包括些什么内容，商量着今后如何联系、如何行动等。

在共产国际代表马林的建议下，早已秘密酝酿成立共产党组织的中国早期共产主义者于1921年6月，由上海共产主义小组函约到上海成立党组织。1921年7月23日晚8时，李达、董必武、毛泽东等13人，代表全国50多名党员，在上海法租界望志路106号（时名贝勒路树德里）正式召开中国共产党成立代表大会。大会讨论了政治形势、党的基本任务、党的组织原则和组织机构等问题，通过了《中国共产党纲领》和《关于当前实际工作的决议》，选举了中央领导机构，由此标志着中国共产党的正式成立。

中国共产党是马克思主义与中国工人运动相结合的产物。她的诞生，标志着马克思列宁主义这一科学理论开始与中国革命实际相结合，开辟了一条马克思主义中国化的道路。中国共产党的成立，给灾难深重的中国人民带来了光明和希望。它像光芒四射的灯塔，指明了中国人民的斗争道路。中国革命要取得胜利，首先需要有一个工人阶级的革命政党。自从有了中国共产党，中国革命的面目就为之一新。

（资料来源：人民网，2015年4月16日）

自从1840年鸦片战争以来，灾难深重的中国人民为争取民族解放和实现国家振兴进行过长期的多方面的努力，但这些英勇的斗争成效甚少，屡遭失败。而中国共产党的诞生，使灾难深重的中国人民有了一个可以信赖的组织者和领导者，中国工人阶级有了自己的先锋队和坚强的战斗司令部，中国新的革命运动有了发动者和领导核心。从此，中国革命进入了一个新的历史时期。

【心灵导航】

鸦片战争的刀光火影，使古老的中国逐步陷入半殖民地、半封建社会的如磐风雨之中。山河破碎，国已不国。深重的民族灾难，重重的封建压迫，激起人们一次又一次奋起反抗。太平军挥师南北，义和团庚子喋血，屡败屡战，前仆后继。在吸取洋务运动、戊戌变法的教训中，孙中山创立了同盟会，提出了革命纲领，开展了武装斗争。革命志士起事连绵，愈挫愈奋，秋风秋雨，碧血黄花……一幅幅历史画面，勾起我们对中国近代农民起义、地主阶级改革以及资产阶级革命的深刻反思，中国近代史上中华民族为争取独立自主、繁荣昌盛而进行了不懈奋斗，为什么都没能救中国？中国共产党诞生后中国革命的面貌为什么就焕然一新？确实值得我们深入探究。

※ 活动链接 ※

活动理念和指导思想

1. 通过专题活动，对中国近代史上农民起义为什么失败，封建地主、新兴资产阶级为什么无法承担解放民族的历史重任有一个理性的判断，深化对中国近代史中各阶级的抗争、改良与革命的认识，把握中国共产党产生的历史必然性。

2. 学习活动可以采取以下形式：① 根据学习主题，收集、分析历史资料，在此基础上举办读书报告会、知识竞赛等；② 结合学习主题，观看历史题材的影视作品，参观历史博物馆、纪念馆，考察相关的历史遗址、遗迹，增加对中国近代史的感性认识和体验；③ 阅读文学作品，在欣赏历史文学作品的过程中感悟历史规律；④ 开展社会调查和访谈，在社会实践活动的过程中不断提高对社会历史问题的认识。

活动方案

活动一：不忘国耻，振兴中华

1. *活动目的*

（1）掌握中国近代史发展的基本线索，加深对重要历史事件的理解。

（2）通过学习选择和整理历史信息的方法分析历史资料，对中国近代史有一个客观、清晰、全面、深刻的了解，从而认识到中国共产党产生的历史必然性。

（3）激发学生不忘国耻、振兴中华的责任感和使命感。

2. *活动实施*

（1）观看电影《鸦片战争》《甲午风云》等，分小组进行观看体会和感受的交流。

（2）在学习文献的基础上，总结中国近代落后的原因，各阶级抗争、改革和革命失败的原因，写成文稿。

（3）全班交流。

3. *活动成果*

设立“最精彩的视角”“最有深度的观点”等奖项，全班同学共同推选奖项得主。

活动二：我眼中的中国近代各阶级的抗争之路

1. *活动目的*

通过相互合作，整理资料编辑小报，掌握中国近代史的发展脉络，形成对中国近代农民起义、地主阶级的改革探索以及资产阶级改良与革命之路的客观认识。

2. 活动实施

（1）全班同学分为若干小组，以文献查询和网络查询搜集到的中国近代史中的重大历史事件为线索，每一小组从中选择五大事件，作为自己小组历史小报的主题。

（2）小组成员按照各自的兴趣或特长，进行适当分工。然后按照各自的分工，收集历史资料和设计报纸版面。

（3）对资料的收集不求完备，对资料的编写不限文体，关键是要有具体事实。每一篇文字后应署上编写者姓名，并注明资料来源。

（4）小报的呈现形式应丰富多彩，可以是一个或几个版面，报头可以是“号外”“快讯”等。在编排形式上，鼓励图文并茂，自由发挥。

（5）在课堂展示时，每组推举一人，在班上简要介绍本组编辑思路、报纸特色以及在资料收集过程中发现的问题等。

3. 活动成果

（1）各小组互相观摩，交流心得体会。

（2）设立“最受欢迎的报纸”“最有创意的报纸”等奖项，全班同学共同推选奖项得主。

活动三：如何实现“中国梦”

1. 活动目的

通过演讲竞赛，调动大家学习、了解 1840 年之后 80 年这段历史，并且思考中华民族在与西方列强进行不屈抗争的 80 年中抗而不胜的原因，分析如何才能强国富民。

2. 活动实施

（1）查阅资料，设计演讲，组织演讲会。

（2）开展“如何实现中国梦”的主题演讲比赛。

（3）全班投票选举本班演讲最出色的三位同学。

3. 活动成果

组织大学生“实现中国梦”优秀演讲稿展评。

活动四：共产党诞生的历史必然性

1. 活动目的

通过微信推文设计活动，使学生在搜寻信息资源、编辑推文的过程中，在图、文、声、像等信息的刺激下充分感知和掌握历史资料，对中国共产党产生的思想理论基础、干部准备以及阶级基础有一个全面而清晰的认识，进而对中国共产党产生的历史必然性有一个全面了解。

2. 活动实施

（1）设计与创设推文页面的结构，教师审核。

网页主要内容参考：

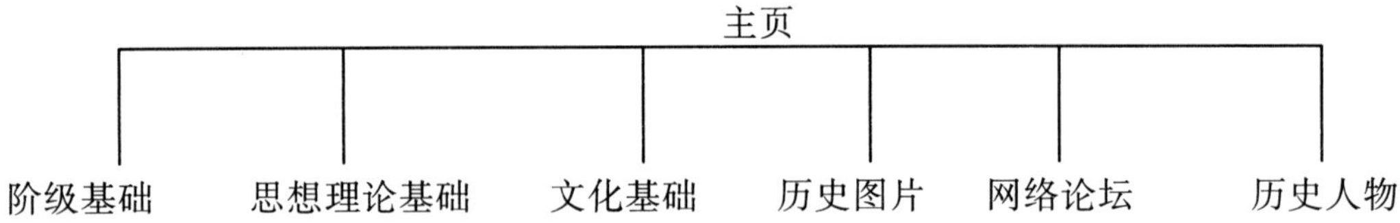

（2）按照微信推文所需要的知识清单获取有关信息与资料。

（3）把学习感受的经典名言、文献等信息，通过链接展示。

3. 活动成果

微信平台交流，公开投票选优。

专题二　建国伟业　中国人民站起来

引　航

伟大的中国共产党，在嘉兴南湖畔的一艘“红船”上诞生了。在南湖“红船”上，13名中共一大代表在这里宣告中国共产党成立，通过了中国共产党第一个纲领、第一个决议，选举了党的中央领导机构。从此，这一艘小小的游船，却承载了“开天辟地”的沉甸甸重任!由她孕育的中国共产党，引领工农大众，前仆后继，排山倒海，承担起“由劳动阶级重建国家”的历史重任，确立了红旗飘扬的社会主义制度。

※ 问题聚焦 ※

中国人民站起来了!

1949年10月1日，一面鲜艳的五星红旗，从天安门广场上冉冉升起，如一轮红日穿过漫漫长夜，喷薄而出，放出万道光芒。

为了这一刻，中国人民期盼了多少年！天安门，作为这段历史的见证人，她在时间的洗刷下越发显得巍峨壮丽，生机勃勃。

毛泽东主席站在天安门城楼上向世界庄严宣布：“中国人民站起来了!”54门礼炮齐鸣28响，象征着中国革命在中国共产党诞生以来走过了28年的艰难历程。在这28年中，中国共产党领导全国人民从血与火中冲杀出来，无数英雄儿女用他们的血肉之躯铺就了共和国的诞生之路！广场和城楼上爆发出如雷如潮的掌声和欢呼声。人们驻足眺望城楼上的毛主席，禁不住齐声高呼：“毛主席万岁!”毛主席挥动双手，回道：“人民万岁!”

中华人民共和国从此屹立在世界东方。

中华人民共和国的成立，实现了中国从两千多年封建专制政治向人民民主政治的伟大飞跃，宣告中国人民当家作主的时代已经到来，具有五千多年文明历史的中华民族从此进入了发展进步的历史新纪元。

第一，帝国主义列强压迫中国、奴役中国人民的历史从此结束，中华民族一洗一百多年来蒙受的屈辱，开始以崭新的姿态自立于世界民族之林。占人类总数四分之一的中国人从此站立起来了。

第二，本国封建主义、官僚资本主义统治的历史从此结束，长期以来受尽压迫和欺凌的广大中国人民在政治上翻了身，第一次成为新社会、新国家的主人。一个真正属于人民的共和国建立起来了。

第三，军阀割据、战乱频仍、匪患不断的历史从此结束，国家基本统一，民族团结，社会政治局面趋向稳定，各族人民开始过上安居乐业的生活。人民可以集中力量从事经济、政治、文化、社会等方面建设的时期到来了。

第四，为实现由新民主主义向社会主义的过渡，并在社会主义道路上实现中华民族的伟大复兴，创造了政治前提。

第五，中国共产党成为全国范围内的执政党。它可以运用国家政权凝聚和调集全国力量，巩固民族独立和人民解放的成果，解放并发展社会生产力，以造福于各族人民，造福于整个中华民族。

总之，中华人民共和国的成立，标志着中国的新民主主义革命取得了基本的胜利，标志着半殖民地半封建社会的结束和新民主主义社会在全国范围内的建立。这是马克思主义同中国实际相结合的伟大胜利。近代以来中国面临的第一项历史任务，即求得民族独立和人民解放的任务基本上完成了。这就为实现第二项历史任务，即实现国家的繁荣富强和人民的共同富裕，创造了前提，开辟了道路。

【思考园地】

1. 中国共产党自诞生后，勇敢地承担起民族独立和民族解放的重任，站在反帝反封建斗争的最前列。今天站在21世纪的青年大学生回望历史，中国共产党在中华民族历史发展中起了哪些重要的作用呢？

2. 从“八七”会议到遵义会议，从井冈山的烽火到全民族抗日的硝烟，中国共产党不断总结经验教训，找到了农村包围城市、武装夺取政权的道路。那么，中国特色的新民主主义革命的道路是如何找到的？

3. 中华人民共和国成立后，中国共产党人面临怎样的历史重任？他们又是如何巩固政权，发展经济的？面对今天中国的繁荣、富强，我们应该如何正确评价中国共产党创立社会主义制度的丰功伟绩？

※ 学习指南 ※

中国共产党领导中国人民经过28年浴血奋战，建立了伟大的中华人民共和国，再经过7年艰苦奋斗创立了彪炳中华民族史册的社会主义制度，使中国人民从此站起来了。我们应如何认识中国共产党的伟大功绩？我们可以划分学习小组，分工协作，多途径、宽领域地搜集资料，共同探索，了解历史。

1. 探究思路

中国共产党诞生后，在中国革命的伟大实践中找到了一条带领人民实现民族独立与解放的道路。围绕“为什么没有共产党就没有新中国，为什么只有社会主义才能救中国”这一主题开展探究活动。

2. 查询文献

《毛泽东选集》《中国共产党党史》《回忆长征》《中国抗日战争史》《汉江雪》《日出日落三八线》《支援抗美援朝纪实——亲历、亲见、亲闻》《聚焦主席台——问鼎天下（1921—1949）》《聚焦主席台——指点江山（1949—1976）》《历史巨变（1949—1956）》。

3. 网络搜索

中共党史网 http://www.zgdsw.com.

中国共产党新闻网 http:// cpc.people.com.cn.

人民网 http://www.people.com.cn.

新华网 http://news.xinhuanet.com.

中华网 http://news.china.com.

共产党员网 http://www.12371.cn.

4. 影视欣赏

通过观看影视作品《红色的起点》《八路军》《新四军》《在太行山上》《开国大典》《建国大业》《换了人间》，对中华人民共和国的成立、社会主义改造和建设有一个更加感性、深入、清晰的认识。

※ 实践探究 ※

从鸦片战争到中国共产党成立，封建统治丧权辱国，社会战乱不断，国家积贫积弱，人民饥寒交迫。中国共产党诞生后，中国人民和中华民族的一切爱国力量深深认识到，中国能从最悲惨的境遇向着光明的前途实现伟大的历史转变，就是因为有了中国共产党的领导。没有共产党，就没有新中国。

一、没有共产党就没有新中国

中国共产党的诞生，开辟了中国历史的新纪元，具有5000年灿烂文明史的中华民族走上了发展、振兴的道路。这在中华民族发展史上是前所未有的。我们应该如何认识这段历史？

（一）红船起航闹革命

“怅寥廓，问苍茫大地，谁主沉浮？”（《沁园春·长沙》）在中华民族的危难时刻，共产党人勇敢地挑起了历史的重担。1921年7月23日，中国共产党第一次全国代表大会在上海举行。由于受到法租界巡捕的搜捕，大会转移到嘉兴南湖一艘游船上顺利举行。党的纲领和中央领导机构的产生，标志着中国共产党正式诞生，中国革命的航船从此扬帆起航。从南湖红船到井冈山的烽火，中国历史的航船开始驶向新的目标，中国人民所有的奋斗和牺牲开始有了全新的意义。

1. 铁拳重击——中国工人运动的第一次高潮

中国共产党成立后，领导的革命是什么革命？怎样革命？由于当时对这个问题没有完全搞清楚，因此初步决定把领导工人运动作为主要工作。

【资料链接】

1921 年 8 月在上海成立了领导全国工人运动的公开机构——中国劳动组合书记部，并在北京、武汉、长沙、广州、济南建立了分部。中国劳动组合书记部还创办刊物，开办补习学校，派党员深入到工人群众当中去，宣传马克思主义，启发工人觉悟。在它的领导下，1922 年 1 月至 1923 年 2 月，全国兴起了第一次工人运动高潮。1922 年 1 月，香港海员为增加工资举行大罢工，前后持续时间约四个月，迫使港英当局屈服。它是中国工人阶级第一次直接与帝国主义势力进行有组织的较量，罢工的胜利增强了工人阶级斗争的勇气，推动了全国工人运动的发展。1922 年 9 月，安源路矿 1.7 万工人，在刘少奇、李立三的直接领导下，喊出了“从前是牛马，现在要做人!”的口号。这个口号集中反映了当时中国工人阶级悲惨的生活境遇，表明了他们要求做“人”、做“主人”的强烈愿望，赢得了社会各界的同情与支持。罢工最终取得胜利。1923 年 2 月 4 日，京汉铁路 2 万多名工人举行总罢工，遭到帝国主义和反动军阀的残酷镇压，工人运动由此转入低潮。

第一次工人运动高潮是在中国共产党的领导下进行的，它显示了党的组织发动能力，显示了中国工人阶级的斗争力量。但是，它也清楚地告诉中国共产党人，不进行革命的武装斗争、不进行工农联盟是不可能取得最终成功的。因此，罢工虽然失败了，但共产党人并没有消沉，中国共产党人正是带着这些经验教训，进入以国共合作为基础的大革命时期。毛泽东在《中国社会各阶级的分析》中明确提出：“谁是我们的敌人？谁是我们的朋友？这个问题是革命的首要问题。中国过去一切革命斗争成效甚少，其基本原因就是因为不能团结真正的朋友，以攻击真正的敌人。革命党是群众的向导，在革命中未有革命党领错了路而革命不失败的。我们的革命要有不领错路和一定成功的把握，不可不注意团结我们的真正的朋友，以攻击我们的真正的敌人。我们要分辨真正的敌友。”这个理论的提出，为如何正确地争取各种革命力量提供了指引。

2. 手足盟缘——国共第一次合作

1924—1927 年，在中国大地上爆发了轰轰烈烈的反帝国主义反军阀的革命运动，这是中国共产党成立以后国共合作的第一个杰作。

【资料链接】

1926—1927 年间，中国人民在中国共产党和国民党的共同组织领导下进行了反对帝国主义和北洋军阀的革命战争。为了彻底推翻北洋军阀的反动统治，1926 年 7 月，国民革命军约

10 万人从广东分三路正式出师北伐，蒋介石任总司令。以共产党员和共青团员为骨干的第四军叶挺独立团，担任北伐先遣队，他们英勇善战，获得了“铁军”的光荣称号。在我党的领导下，广大工农群众对北伐战争给予了强有力的支援，使国民革命军迅速地向前推进。西路军解放了湖南，攻克了湖北武汉；中路军解放了江西；东路军解放了福建。1927 年初，北伐军先后击溃北洋军阀吴佩孚、孙传芳等军队的主力，占领了半个中国，取得了伟大的胜利。

北伐战争是一场规模空前的反帝反封建的革命战争。这次战争沉重打击了北洋军阀的统治，产生了深远的影响。由于蒋介石、汪精卫背叛革命，发动“四一二”“七一五”反革命政变，大肆屠杀共产党人，统一战线破裂，北伐战争最后以失败而告终。

3. 枪杆子里面出政权——“八七会议”

为了总结第一次国共合作失败的经验教训，1927 年 8 月 7 日，中共中央在汉口召开紧急会议，会上毛泽东提出：“以后要非常注意军事，须知政权是由枪杆子中取得的。”中国共产党善于进行历史的总结，为今后的革命指明了方向。

【资料链接】

1927 年 8 月上旬，汉口闷热得像个蒸笼，国共刚破裂后的政治气氛更令人几乎窒息。此刻，中共中央原总书记陈独秀辞职躲进秘密寓所不肯出头，周恩来、李立三等人已到南昌组织暴动，已转入地下的中央机关由瞿秋白、李维汉等人主持，共产国际新派来的代表担任指导。面对国民党开始“清共”屠杀，此前习惯于国共合作的一些共产党组织和党员显得有些不知所措。为统一全党思想，中央决定召开一次会议确定新方针，但是在警探到处抓捕“赤化分子”的白色恐怖中，选一处能安全开会的地方都极其困难。

8 月 7 日，最终决定在苏联已交还中国的旧俄租界三教街 41 号召开会议。由于代表不齐，不能称之为“中共中央全会”，也不能称之为“中共中央政治局会议”，历史上便称“中共中央紧急会议”。

这次“八七会议”由临时中央常委李维汉主持，国际代表做报告。报告后，毛泽东首先发言，慷慨陈词地批评了过去的中央在对待国民党和工农运动等问题上的错误。他还就最紧迫的军事问题说了一段令后人赞叹的真知灼见：“可说完全由于书生主观的错误。以后要非常注意军事，须知政权是由枪杆子中取得的。”

毛泽东的这个重要论断，是从大革命时期党未重视建立军队而招致失败的血的教训中取得的。这次会议又提出要进行土地革命，从此在历史上揭开了“打土豪、分田地”的篇章。

会议开了一天便匆匆闭幕。仓促举行的“八七会议”虽有局限和不足，却向共产党人指明了进行武装斗争和土地革命的大方向。

会后，毛泽东秘密回长沙，以中央特派员的身份传达“八七会议”精神，改组省委并领导秋收起义，9 月上旬湘赣边境便出现了“霹雳一声暴动”的场面。张太雷则赶往广东领导暴动，王荷波、蔡和森等则去北方组织暴动……一时间，中华大地上燎原星火在各地点燃。虽然此时距到达胜利的目标还很远，然而在“枪杆子里面出政权”这一全党达成共识的观念指引下，“八七会议”后的中国共产党人已经走上了夺取全国政权的正途，只是通向北京城的道路还要经过井冈山这种农村根据地的曲折大迂回……

轰轰烈烈的国民革命，在中国历史上写下了光辉的篇章。但这场大革命却在蓬勃发展的高潮中迅速走向失败。失败有多方面的原因，但它给中国共产党人提供了极其宝贵的经验和教训。“八七会议”正是年轻的中国共产党在遭受第一次重大挫折后召开的。会议表明，中国共产党是马克思主义理论武装的无产阶级政党，它敢于承认自己的错误，能自觉地从失败中吸取教训，变错误为正确的先导；能够依靠自我革新的力量扭转危局，开创革命发展的新局面。

（二）点燃革命燎原之火

大革命失败后，国内政治形势发生了巨大的逆转，革命暂时转入低潮。国民党政府集中一切反革命势力进攻中国共产党，对中国共产党人和革命群众实行血腥的大逮捕、大屠杀。立志为中国人民的解放和共产主义事业而奋斗的中国共产党人“并没有被吓倒，被征服，被杀绝。他们从地下爬起来，揩干身上的血迹，掩埋好同伴的尸首，他们又继续战斗了”。他们以“头可断，肢可折，革命精神不可灭”的豪迈气概和献身精神捍卫共产主义信念，迎着狂风巨浪坚持斗争。新的革命高潮不可避免地将重新到来。

1. 开辟新天地——毛泽东上井冈山

1927 年，毛泽东在率领秋收起义队伍奉命攻打长沙不利的情况下，毅然撤往井冈山，走出了创建农村革命根据地的第一步。

【资料链接】

访问人：1927 年正当北伐战争向前发展的时候，蒋介石突然向共产党发起进攻，昨天的同盟者，今天成了敌人，全国一片白色恐怖。在此情况下，人们忧虑、彷徨，更有甚者脱党、投敌。毛泽东做出了上山的选择。请您谈谈毛泽东是怎么想到上山的？

盖军（中共中央党校教授）：可以说是“逼上梁山”，谁逼的？就是不知感人民之恩的蒋介石。1945 年 8 月毛泽东在谈到这段情况时说过：“此人历来是不知感恩的。蒋介石是怎样上台的？是靠北伐战争，靠第一次国共合作，靠那时候人民还没有摸清他的底细，还拥护他。他上了台，非但不感谢人民，还把人民一个巴掌打了下去，把人民推入了十年内战的血海。”是蒋介石把我们逼到农村去的。

1938 年 5 月 4 日，毛泽东在中国人民抗日军政大学一次讲演中说：“为什么我们上井冈山呢？因为下面住不得，所以才上山去，有什么法子不上井冈山，打游击战。因为要实行半殖民地半封建国家的资产阶级民主革命的任务，便是反帝反封建，我们就举起了反帝反封建的大旗，这旗帜不准我们在城里插，就到山顶上去插，永不放下。”

…………

访问人：当时决定武装反抗国民党的屠杀政策，举行武装起义，是没有不同认识的。但用什么办法，具体怎么干，我觉得还是有分歧的。

盖军：是的。要建立自己的武装，举行武装起义，搞土地革命，“八七会议”是明确的。一句话，要不要掌握枪杆子问题已经基本解决了，总结了大革命失败的经验教训，在认识上可以说是一致的。

…………

访问人：上面您讲了毛泽东上山前的一段，上山后毛泽东是如何开创和巩固井冈山根据地的？上了山就标志着我们党已经开辟了胜利的道路吗？

盖军：上了井冈山可以说是一个从城市到乡村的转折起点，有重要意义。但上山后，能不能站住脚是首要问题。工农革命军上了山，但群众并不知道你是什么队伍，还要看你的行动。老百姓是最讲实际的。当时毛泽东就规定了三大纪律六项注意。这对于红军能不能受到群众的拥护，能不能站住脚是很重要的，它是区别人民军队和任何剥削阶级军队的本质所在。它直到今天还具有现实意义。这些规定一贯彻，群众心里就很清楚了，毛泽东带领的军队是爱护人民利益的子弟兵，与已经看见过的军队不同，很自然地会受到群众的喜欢和拥护。他们会像看见一件新鲜事一样，奔走相告。所以，这是上山后能否站住脚的首要问题。

第二是提出工农革命军的三大任务："打仗、筹款、做群众工作。"这和北伐时期的国民革命军不一样，和苏联红军也不一样。当时我们没有经济来源，当了兵不仅要打仗，还要筹款，做群众工作，到古田会议明确规定为要宣传群众、组织群众。红军如果离开了群众，像鱼离开水一样，就不能生存。那时的环境是多么艰苦，斗争多么残酷啊!可是群众不仅不疏远你、躲着你，而且把你当成亲人，掩护你，保护你，送茶送饭送水，这就赢得了群众，赢得了民心。

第三是党的建设。在半殖民地半封建的农民占人口大多数的国家里，走农村包围城市道路，如何建设马克思主义政党的问题。毛泽东考虑的是从中国条件出发，如何在大多数是农民出身的党员的情况下，建设成无产阶级先锋队。主要是三条，首要一条是加强思想教育和改造，第二条是长期实际斗争的考验和改造，第三条是民主主义制度的实行。

第四是根据地的建设。根据地的建设有两个内容，一是政权，一是地方武装的建设。毛泽东主张，除了搞好正规军以外，还要帮助地方武装发展。因为正规军的任务是流动作战，一旦部队有任务开走了，这里的地方武装没有发展起来，根据地就有失掉的危险。

这时已有了人民战争的思想。人民战争是毛泽东军事思想的重要组成部分，是在长期的革命战争中形成和发展起来的，在党史上是有过争论而经过革命战争实验的检验，是中国人民革命战争取得胜利的指南。

（资料来源：节选自《说不尽的毛泽东》，中央文献出版社，1995 年）

农村包围城市，最后夺取全国性胜利的革命道路，是以毛泽东为代表的中国共产党人在领导中国革命的实践中逐步摸索出来的一条具有中国特色的发展道路和总战略。从 1927 年 10 月毛泽东率领部队进入井冈山创建中国共产党领导的第一个农村革命根据地起，在中国共产党的领导下，革命根据地波澜壮阔地发展起来。这些根据地和解放区的建立与发展，逐步扩大了农村包围城市的战略态势，对最后夺取全国胜利起了决定性的战略作用。以毛泽东为代表的中国共产党人创立的这条革命道路，是世界无产阶级革命战争史上仅有的，发展了马克思列宁主义的革命学说。

2. "雄关漫道真如铁，而今迈步从头越"——遵义会议

1934 年 1 月中共六届五中全会以后，在党和根据地的各项工作中，王明"左"倾冒险主义被变本加厉地推行。在这种错误领导下，第五次反"围剿"失败了，迫使红军放弃革命根据地，开始长征。长征初期，"左"倾教条主义者从进攻中的冒险主义变成退却中的逃跑主义，

并且把战略转移变成搬家式的行动，使部队的行军速度非常缓慢，致使敌人有充分的时间调集兵力，对红军实行围追堵截，红军在突围过程中损失惨重。

【资料链接】

1935 年 1 月 15—17 日，中共中央在遵义召开了政治局扩大会议。参加会议的中央政治局委员有毛泽东、张闻天（洛甫）、周恩来、陈云、朱德、秦邦宪（博古），政治局候补委员有王稼祥、刘少奇、凯丰（何克全）、邓发；扩大参加者有红军总部和各军团负责人李富春、刘伯承、林彪、聂荣臻、彭德怀、杨尚昆、李卓然；出席会议的还有《红星报》主编邓小平（会议中被选为党中央秘书长）、共产国际驻中国的军事顾问李德及其翻译伍修权。会议的主要议题是总结第五次反“围剿”的经验教训。首先，由博古作关于第五次反“围剿”的总结报告，他在报告中极力为“左”倾冒险主义错误辩护。接着，周恩来作了副报告，主要分析了第五次反“围剿”和长征中战略战术及军事指挥上的错误，并作了自我批评，主动承担了责任。毛泽东在会上作了重要发言，着重批判了第五次反“围剿”和长征以来博古、李德在军事指挥上的错误，以及博古在总结报告中为第五次反“围剿”失败辩护的错误观点。张闻天、王稼祥、朱德、刘少奇等多数同志在会上发言，支持毛泽东的正确意见。会议经过激烈的争论，在统一思想的基础上，委托张闻天起草了《中共中央关于反对敌人五次“围剿”的总结决议》，并由常委审查通过。决议肯定了毛泽东关于红军作战的基本原则，否定了博古关于第五次反“围剿”的总结报告，提出了党的中心任务是战胜川、滇、黔的敌军，在那里建立新的革命根据地。会议决定改组中央领导机构，增选毛泽东为政治局常委，取消博古、李德的最高军事指挥权，仍由中央军委主要负责人周恩来、朱德指挥军事。会后，常委进行分工：由张闻天代替博古负总责，毛泽东、周恩来负责军事。在行军途中，又成立了由毛泽东、周恩来、王稼祥组成的三人军事指挥小组，负责长征中的军事指挥工作。

（资料来源：陈士军，《沉沦与复兴：中国近现代史基本问题》，科学出版社，2018 年）

遵义会议结束了王明“左”倾冒险主义在党中央的统治，确立了以毛泽东为核心的新的党中央的正确领导和毛泽东在红军与党中央的领导地位；把党的路线转变到了马克思列宁主义的正确轨道上来，在党生死攸关的危急关头挽救了党，挽救了红军，挽救了中国革命，成为中国革命从挫折走向胜利的一个伟大转折点；使红军在极端危险的境地得以保存下来，胜利地完成长征，开创了中国革命的新局面。它证明中国共产党完全具有独立自主解决自己内部复杂问题的能力，是中国共产党从幼年走向成熟的标志。

3. 危难之际担重任——八一宣言

1931 年 9 月 18 日，日军的铁蹄野蛮地践踏在中华的大地上，无数的生灵倒在了屠杀下、刺刀尖。烈火浓烟中，城市在涂炭，主权被践踏……中华民族到了最危险的时候。政府当局的不抵抗政策，助长了日本帝国主义的嚣张气焰，同时也使一些人难以看清日本侵略者的野心，抱有退让求安的幻想。中国共产党在江西革命根据地反“围剿”斗争极端艰苦的条件下，挺身而出，代表全民族发出了武装抗日的第一声怒吼。1934 年 7 月，中央红军发表了《为中国工农红军北上抗日宣言》，号召停止内战，一致对外，将日本帝国主义逐出中国。

【资料链接】

1935 年 8 月 1 日，中国共产党驻共产国际代表团根据国内外政治形势的变化和共产国际第七次代表大会关于建立世界反法西斯统一战线的政策，以中共中央和中华苏维埃中央政府的名义发表了《为抗日救国告全体同胞书》，通常称为“八一宣言”。

宣言指出，在日本帝国主义疯狂侵略和国民党政府加紧卖国的情况下，亡国灭族的大祸迫在眉睫，中国共产党再一次向全体同胞呼吁：无论各党派部间过去和现在有任何政见和利害的不同，无论各界同胞有任何意见上或利益上的差异，无论各军队间过去和现在有任何敌对行动，都应该团结起来，停止内战，一致抗日。

宣言倡议成立国防政府，作为救亡图存的临时领导机关；一切愿意抗日的军队共同组成统一的抗日联军，实行宣言中提出的抗日救国十大纲领。宣言号召全体同胞总动员，集中人力、物力、财力，为抗日救国的神圣事业而奋斗。并表示中国共产党愿意作为成立国防政府的发起人，中国工农红军愿意在国防政府的领导下，尽抗日救国的天职。

（资料来源：陈士军，《沉沦与复兴：中国近现代史基本问题》，科学出版社，2018 年）

这一宣言在巴黎出版的中文《救国报》和莫斯科出版的英文版《共产国际通讯》上刊登，后辗转传入国内北平、上海等地，对全国抗日民族救亡运动的新高涨产生了极大的影响。历史告诉我们，是中国共产党第一次深刻揭露了日本帝国主义把中国变为其殖民地的野心，警醒了那些尚在沉睡和被蒙蔽的国人；第一次喊出中华民族的共同心声，唤起了中华儿女的爱国热情，一起谱写壮烈不朽的英雄史诗；第一次庄严宣告了中国人民与日本帝国主义血战到底的坚强决心，开启了武装反抗日本侵略者的伟大斗争。

（三）全民抗日砥中流

日本自 19 世纪下半叶明治维新开始，逐渐走上了富国强兵之路，成为当时亚洲第一强国。但随着民族尊严的重新确立和国家实力的提高，日本开始由自尊走向自负，由自强走向贪婪，摇身一变成为中华民族最为凶恶的敌人，对中国发动了一次又一次的武装侵略。1874 年进犯台湾，1894 年挑起甲午战争并侵占台湾，1904 年发动日俄战争侵犯中国东北领土和主权，1931 年策动“九一八”事变并占领中国东北三省，1935 年制造华北事变，1937 年 7 月 7 日制造卢沟桥事变，发动全面侵华战争。

【资料链接】

九一八事变

1931 年 9 月 18 日夜，在日本关东军安排下，铁道“守备队”炸毁沈阳柳条湖附近的南满铁路路轨（沙俄修建，后被日本所占），并栽赃嫁祸于中国军队。日军以此为借口，炮轰沈阳北大营，是为“九一八事变”。次日，日军侵占沈阳，又陆续侵占了东北三省。1932 年 2 月，东北全境沦陷。此后，日本在中国东北建立了伪满洲国傀儡政权，开始了对东北人民长达 14 年之久的奴役和殖民统治。

华北事变

1935 年 1 月中旬，日军首先制造了“察东事件”，迫使南京政府承认察哈尔沽源以东地区为“非武装区”。5 至 7 月，其华北驻屯军司令官梅津美治郎和关东军奉天（今沈阳）特务机关长土肥原贤二又借口“河北事件”和“张北事件”，胁迫南京政府批准北平（今北京）军分会代理委员长何应钦与梅津达成的条件，即世人所称的“何梅协定”，及察哈尔代理主席秦德纯与土肥原签定的“秦土协定”，接受日军所提取消冀、察两省境内的国民党党部等多项要求，使河北、察哈尔两省的主权大部丧失。

10 月 20 日，日军继“丰台夺城事件”后，再次收买汉奸、流氓发动“香河暴动事件”，并同时加紧进行以平津卫戍司令宋哲元为重点对象的上层策变活动。

11 月 11 日，土肥原贤二向宋提出《华北高度自治方案》，诱其出任华北共同防赤委员会委员长，限 20 日前宣布。25 日，土肥原见宋哲元未如期宣布“自治”，转而先策动滦榆区兼蓟密区行政督察专员殷汝耕在通县成立脱离南京中央政府的冀东防共自治委员会（一月后改称冀东防共自治政府），同时继续对宋及南京政府施加压力。经过日军、宋哲元、南京政府之间一系列的讨价还价，12 月 18 日，终于在北平正式成立了既保存南京中央政府和宋的体面，又有一定“自治”之实的冀察政务委员会，在日本侵略者的压力下，南京国民政府特派宋哲元为委员长，王揖唐、王克敏等为委员。

七七事变

1937 年 7 月 7 日夜，日军在北平西南卢沟桥附近演习时，借口一名士兵“失踪”，要求进入宛平县城搜查，遭到中国守军第 29 军严辞拒绝。日军遂向中国守军开枪射击，又炮轰宛平城。第 29 军奋起抗战。这就是震惊中外的“七七事变”，又称卢沟桥事变。“七七事变”是日本帝国主义全面侵华战争的开始，也是中华民族进行全面抗战的起点。

南京大屠杀

1931 至 1945 年中国抗日战争期间，中华民国在南京保卫战中失利、首都南京于 1937 年 12 月 13 日沦陷后，在华中派遣军司令松井石根和第 6 师团长谷寿夫指挥下，侵华日军于南京及附近地区进行长达 6 周的有组织、有计划、有预谋的大屠杀和奸淫、放火、抢劫等血腥暴行。在南京大屠杀中，大量平民及战俘被日军杀害，无数家庭支离破碎，南京大屠杀的遇难人数超过 30 万。

日本侵略者先后践踏了中国大片土地，侵占了中国大部分重要城市，企图把中国变为日本的殖民地，进而吞并亚洲、称霸世界。日本侵略者肆意践踏中国的大好河山，屠杀中国军民，强行掠取劳工，蹂躏和摧残妇女，进行细菌战和化学战，制造了南京大屠杀等一系列灭绝人性的惨案，犯下了令人发指的罪行，从“万人坑”“无人区”，到“灭绝营”“焚尸炉”……法西斯分子的罪恶，已非“兽行”两个字所能形容。源远流长的中华文明遭到了惨重破坏，中华民族蒙受了巨大损失。据不完全统计，战争期间，中国军民伤亡 3500 多万人。按 1937 年的比值折算，中国直接经济损失 1000 多亿美元，间接经济损失 5000 多亿美元。

1. 万众一心　全民抗战

抗日战争开始后，中国面临的中心任务，就是如何坚持抗战和争取抗战胜利的问题。中国共产党不但率先举起了民族救亡图存的抗日旗帜，而且制定了全民族的抗战路线，在波澜壮阔的全民族抗战中，全体中华儿女万众一心，各团体众志成城，各党派、各民族、各阶级、各阶层、各团体同仇敌忾，共赴国难。长城内外，大江南北，处处燃起了抗日的烽火。

【资料链接】

百战百胜的抗日回民支队

84 岁的回民支队的老战士刘世昌老人回忆说："打平原游击战，我们回民支队有两大创举，一是改造地形，二是打狗运动。在广大平原上挖掘了四通八达的交通沟，沿沟上做了掩体，可以随时和敌人战斗。我军多在夜间活动，偷袭敌人据点，犬吠会给敌人报警，我们就动员群众打狗。我们还根据冀中的地形，创造出'磨盘战术''牛刀子钻心战术'等有效打击敌人的战术"。"1940 年秋收前，日军强迫老百姓在衡水到康庄的公路两边修建壕沟。我们悄悄动员老百姓把沟多挖深了三五尺。看着老百姓干得十分卖力，日本人很高头。可日本人没有想到，自己就栽在了这多挖的三五尺上"。"5 月 30 日拂晓，安家村据点的敌人被枪声惊醒，以为是回民支队主力杀到，急忙打电话向衡水求援，衡水据点派一个日军小队和一个伪军中队火速增援。在接近康庄时，日伪军打了一阵炮后见无动静，就放心地把部队变成六路纵队跑步前进"。"我们的主力就埋伏在道旁的麦地里。伏击的枪声一响，日伪军急忙跳到壕沟里躲避子弹。跳进沟里他们才发现，在沟里就是踮起脚也无法看到沟外。他们只能盲目地举着枪向外乱射，完全无法组织火力还击。我们只用了 40 分钟，就歼灭日伪军 80 余人。随后，我们穿上缴获的日军军装，装扮成日军，袭击了榆科据点"。

这支回民支队在抗日战争中共参加大小战斗 870 次，击毙击伤日军 1.3 万人、伪军 2 万人，俘日军数十人，攻克敌据点堡垒 50 处，从而赢得了"拖不烂、打不垮的铁军"称号，被毛主席称为"百战百胜的回民支队"。在中国，农民占全国人口的 80%以上，他们是人民群众的主体部分。进行人民战争，首先和主要的，就是要把广大农民发动和组织起来。中国共产党派遣自己的党员、干部和人民军队的指挥员深入敌后农村，开展游击战争和群众工作，创建抗日民主政权。正是在党的领导下，广大农民踊跃参军参战，支援前线，日本侵略者陷入了包括广大农民在内的人民战争的包围之中。中国共产党在全民族抗日动员中，主张："动员蒙民、回民以及其他少数民族，在民族自决和自治的原则下，共同抗日。"后来，中国共产党直接领导的八路军、新四军和其他革命武装，成了坚持抗战、争取抗战胜利的中坚力量。

2. 独立自主　所向披靡

在抗日战争的实践中，毛泽东对中日两国的国情进行了深刻的对比分析后，强调指出：中国必须实行持久战的战略。抗日军民在中国共产党领导下独立自主地开展了敌后游击战争。

【资料链接】

平型关大捷

1937 年 9 月 22 日，日军第五师团第二十一旅团一部，由灵丘向平型关进犯，并占领东跑池地区。23 日，115 师决心抓住日军骄横、疏于戒备的弱点，利用平型关东北的有利地形，以伏击手段歼敌。24 日深夜，115 师利用暗夜和暴雨，秘密进入白崖台等预置好的战斗阵地。25 日拂晓，日军第五师团第 21 旅后续部队乘汽车 100 余辆，附辎重大车 200 余辆，沿灵丘—平型关公路由东向西开进。7 时许，该部全部进入 115 师预伏阵地。115 师抓住战机，立即命令全线开火，并乘敌陷于混乱之际，适时发起冲击。115 师一部歼敌先头，阻其沿公路南窜之路；一部分割包围日军后尾部队，断其退路；一部冲过公路迅速抢占老爷庙及其以北高地；一部阻断先期占领东跑池的日军回援；一部阻断日军第五师团派出的增援部队。经过激烈战斗，全歼被围日军，大获全胜。此战取得重大战果。八路军 115 师共击毙日军 1000 余人，击毁汽车 100 余辆，马车 200 余辆，缴获步枪 1000 余支，机枪 20 余挺，火炮一门，以及大批军用物资，取得了全国抗战开始以来中国军队的第一个大胜利。

抗日战争开始后，中国共产党领导的人民军队所采取的作战形式，是基本的游击战，不放松有利条件下的运动战。人民军队首战平型关，进行的就是运动战。平型关大捷是中国共产党领导的八路军第 115 师打的一个漂亮歼灭战，打破了日军不可战胜的神话，给日军最精锐的部队坂垣第五师团第 21 旅团一部歼灭性打击，取得了全国抗战开始以来中国军队的第一个大胜利，因而大长了中华民族的志气，打击了日军的侵略气焰。此后的大部分时间里，人民军队主要进行的是游击战。敌后游击战的发展，对于阻止敌人的进攻、使战争转入相持阶段起到了关键性的作用。在战略相持阶段游击战上升到主要地位。

3. 游而又击 砥柱中流

中国共产党把坚持、巩固、发展抗日民族统一战线，视为坚持抗战并取得最后胜利的一个基本条件，并以之作为自己的重大责任。在抗日民族统一战线中采取了发展进步势力（工人、农民和城市小资产阶级）、争取中间势力（民族资产阶级、开明绅士和地方实力派）、孤立顽固派势力（大地主、大资产阶级的抗日派）的策略总方针。

【资料链接】

百团大战

1940 年夏秋，日本法西斯在中国战场加紧对国民党政府进行政治诱降活动，同时以主要力量继续进攻抗日根据地，推行以“铁路为柱，公路为链，碉堡为锁”的“囚笼政策”，企图摧毁华北各抗日根据地，巩固其占领区，使中国成为其“南进”的后方基地。为粉碎日本侵略者的“囚笼政策”，1940 年 8 月 20 日至 12 月 15 日，中国共产党领导的八路军集中了 105 个团约 30 万的兵力，在华北地区对日军进行了一场大规模的全面出击，摧毁了敌人许多铁路、公路和据点，沉重打击了日本侵略者的嚣张气焰。这次作战计划在 7 月下旬着手制定，在八路军总司令朱德、副总司令彭德怀的组织下，各个师及各个军区从各个方面做好了各项准备。

历时三个半月的百团大战，八路军在地方武装和广大人民群众的紧密配合下，共作战 1824 次，毙伤日军 2 万人、伪军 5000 余人，俘日军 280 余人、伪军 1.8 万人，拔除据点 2993 个，破毁铁路 474 公里、公路 1502 公里，缴获各种炮 50 余门、各种枪 5800 支（挺）。八路军也付出了伤亡 1.7 万余人的代价。日军在遭受打击后惊呼“对华北应有再认识”，并从华中正面战场抽调两个师加强华北方面军，对华北各抗日根据地进行更大规模的报复作战。百团大战，是抗日战争中八路军在华北地区发动的一次规模最大、持续时间最长的带战略性的进攻战役。在这次战役中，中国共产党领导的华北敌后抗日军民齐心协力、前仆后继，同日本侵略者浴血奋战，充分表现了中华民族不屈不挠的战斗精神。百团大战严重地破坏了日军在华北的主要交通线，收复了被日军占领的部分地区，给了侵华日军强有力的打击。百团大战遏制了当时国民党妥协投降暗流、用事实驳斥了国民党顽固派对共产党、八路军“游而不击”的诬蔑，对时局好转起了积极作用，进一步鼓舞了全国人民夺取抗战胜利的信心，提高了中国共产党和八路军的声威。它在中国抗日战争史上写下了光辉的一页。

中国共产党领导的抗日军队，担负着敌后战场的作战任务；中国共产党领导的敌后战场，广泛发动群众，开展游击战争，八路军、新四军、华南游击队、东北抗日联军和其他人民抗日武装力量奋勇作战 12.5 万余次。敌后战场钳制和歼灭日军大量兵力，歼灭大部分伪军，逐渐成为中国人民抗日战争的主战场。在空前惨烈的抗日战争中，中国军民前仆后继、浴血奋战，面对敌人的炮火勇往直前，面对死亡的威胁义无反顾，以血肉之躯筑起了捍卫祖国的钢铁长城，用气吞山河的英雄气概谱写了惊天地、泣鬼神的壮丽史诗，消灭日、伪军 170 余万人。经过艰苦卓绝的长期抗战，中国人民从战略防御到战略相持，进而发展到战略反攻，终于在世界反法西斯战争走向胜利的进程中彻底打败了日本侵略者。

1945 年 9 月 2 日，日本政府正式签署投降书，宣告了日本侵略者的彻底失败和世界反法西斯的最后胜利。中国共产党以自己坚定意志和模范行动，在全民族抗战中发挥了中流砥柱的作用。以毛泽东同志为杰出代表的中国共产党人，把马克思列宁主义同中国革命具体实际相结合而创立发展的毛泽东思想，在抗日战争中发挥了重要的思想和战略指导作用。中国共产党坚持抗战、反对妥协，坚持团结、反对分裂，坚持进步、反对倒退，成为全民族抗战走向胜利的一面旗帜。中国共产党积极倡导、促成、维护抗日民族统一战线，最大限度地动员了全国军民共同抗战，成为凝聚全民族力量的杰出组织者和鼓舞者。中国共产党坚持全面抗战路线，制定正确的战略策略，实施动员人民、依靠人民的路线政策，提出持久战的战略总方针和一整套人民战争的战略战术，开辟广大的敌后战场，成为坚持抗战的中坚力量。中国共产党人以自己最富于牺牲精神的爱国主义、不怕流血牺牲的模范行动，支撑起全民族救亡图存的希望，成为夺取抗战胜利的民族先锋。中国人民抗日战争的胜利，彻底打败了日本侵略者，捍卫了中国的国家主权和领土完整，使中华民族避免了遭受殖民奴役的厄运；促进了中华民族的觉醒，为中国共产党带领中国人民实现彻底的民族独立和人民解放奠定了重要基础；促进了中华民族的大团结，弘扬了中华民族的伟大精神。经过抗日战争，中国共产党领导的人民革命力量不仅空前壮大，她在人民中的政治威信也得到了极大提高。越来越多的中国人把实现民族独立、人民民主和国家富强的希望，寄托在中国共产党的身上。

（四）力挽巨澜定乾坤

抗日战争刚一结束，人们还沉浸在胜利欢乐中的时候，中国上空却已笼罩着一片阴云：

一直在保存实力、坐待胜利、准备内战的蒋介石，迫不及待地动手争夺抗战胜利的果实，把刀锋指向了中国共产党。

1. 重庆谈判——主张和平得民心

在 1945 年 8 月 14 日、20 日、23 日，国民党一连三次电邀毛泽东到重庆举行和平谈判，“共同商讨国家大计”。中国共产党为了尽一切可能争取和平，揭露美帝国主义和国民党反动派假和平的真面目，为有利于团结和教育人民，决定派毛泽东等代表前往重庆，同国民政府进行谈判。

【资料链接】

1945 年 8 月 28 日，毛泽东不顾个人安危、亲赴重庆谈判，成为轰动中外的大事。人们称颂毛泽东的行动是“弥天大勇”，是“一身系天下之安危”；赞誉他的到来犹如“霖雨苍生”。

毛泽东从重庆回到延安以后在延安干部会上的报告这样分析：一讲目前的时局问题。这是同志们所关心的问题。这一次，国共两党在重庆谈判，谈了 43 天。谈判的结果，已经在报上公布了。现在两党的代表，还在继续谈判。这次谈判是有收获的。国民党承认了和平团结的方针和人民的某些民主权利，承认了避免内战，两党和平合作建设新中国。这是达成了协议的，还有没有达成协议的。解放区的问题没有解决，军队的问题实际上也没有解决。已经达成的协议，还只是纸上的东西。纸上的东西并不等于现实的东西。事实证明，要把它变成现实的东西，还要经过很大的努力。

国民党一方面同我们谈判，另一方面又在积极进攻解放区。包围陕甘宁边区的军队不算，直接进攻解放区的国民党军队已经有 80 万人。现在一切有解放区的地方，都在打仗，或者在准备打仗。《双十协定》上第一条就是“和平建国”，写在纸上的话和事实岂不矛盾？是的，是矛盾的。所以说，要把纸上的东西变成实际，还要靠我们的努力。为什么国民党要动员那么多的军队向我们进攻呢？因为它的主意老早定了，就是要消灭人民的力量，消灭我们。

我这次在重庆，就深深地感到广大的人民热烈地支持我们，他们不满意国民党政府，把希望寄托在我们方面。我又看到许多外国人，其中也有美国人，对我们很同情。广大的外国人民不满意中国的反动势力，同情中国人民的力量。他们也不赞成蒋介石的政策。我们在全国、全世界有很多朋友，我们不是孤立的。反对中国内战，主张和平、民主的，不只是我们解放区的人民，还有大后方的广大人民和全世界的广大人民。

29 日晚上，我向国民党的代表说：从“九一八”事变以后，就产生了和平团结的需要。我们要求了，但是没有实现。到“西安事变”以后、“七七”抗战以前，才实现了。抗战八年，大家一致打日本。但是内战是没有断的，不断的大大小小的摩擦。要说没有内战，是欺骗，是不符合实际的。八年中，我们一再表示愿意谈判。我们在党的七次代表大会上也这样声明：只要国民党当局“一旦愿意放弃其错误的现行政策，同意民主改革，我们是愿意和他们恢复谈判的”。在谈判中间，我们提出，第一条中国要和平，第二条中国要民主，蒋介石没有理由反对，只好赞成。《会谈纪要》上所发表的和平方针和若干民主协议，一方面是写在纸上的，还不是现实的东西；另一方面也是由各方面力量决定的。解放区人民的力量，大后方人民的力量，国际形势，大势所趋，使得国民党不得不承认这些东西。

“针锋相对”，要看形势。有时候不去谈，是针锋相对；有时候去谈，也是针锋相对。从前不去是对的，这次去也是对的，都是针锋相对。这一次我们去得好，击破了国民党说共产党不要和平、不要团结的谣言，他们连发三封电报邀请我们，我们去了，可是他们毫无准备，一切提案都要由我们提出。谈判的结果，国民党承认了和平团结的方针。如果他们要打，就把他们彻底消灭。人家打来了，我们就打，打是为了争取和平。不给敢于进攻解放区的反动派很大的打击，和平是不会来的。

（资料来源：《毛泽东选集》第四卷，人民出版社，1991 年）

重庆谈判前，毛泽东在机场向新闻界发表谈话，指出目前最迫切的任务，是保证国家和平，实现民主政治，巩固国内团结，以期实现全国统一，建立独立与富强的新中国。10 月 10 日，国共双方代表共同签署了《政府与中共代表会谈纪要》，即《双十协定》。《纪要》就和平建国的基本方针、政治民主化、国民大会、党派合作、军队国家化、解放区地方政府等 12 个问题阐明了国共双方的见解。其中有的达成了协议，有的未取得一致意见。国民党方面接受了中共提出的和平建国的基本方针，承认要坚决避免内战。中国共产党争取和平、民主、团结的诚意受到全国人民的热烈欢迎和拥护。但 1946 年 6 月，蒋介石撕毁《双十协定》，全面内战爆发，和平建国的愿望破灭。

2. 三大战役——替民行道转乾坤

民众的呼声及新闻舆论虽然给国民党集团以巨大的压力，但迷信武力解决一切的蒋介石国民党却一意孤行，使抗战胜利后中国民众对胜利的欢呼和对和平的祈祷，瞬间化为乌有。国民党逆民意、悖民心，于 1946 年 6 月，挑起中国内战。

从 1948 年 9 月 12 日开始至 1949 年 1 月 31 日，以毛泽东为首的中共中央科学地分析了战争形势，及时抓住战略决战的有利时机，连续组织了辽沈、淮海、平津三大战役，同蒋介石集团进行了空前的战略大决战，取得了伟大的胜利。从 1948 年 9 月 12 日开始，东北解放军集中主力 70 万人，发动了辽沈战役，解放了东北全境，中国革命形势由此进入新的转折点。1948 年 11 月 6 日，华东野战军、中原野战军以及部分地方武装共 60 万人，发起淮海战役，解放了长江中下游以北的广大地区。1948 年 11 月 23 日，东北野战军和华北军区第二、第三兵团共 100 万人，联合发动了平津战役，基本解放华北全境。

解放战争是中国战争史上最伟大、最让人刻骨铭心的战争，大决战、大转折、大进军，直到解放军百万雄师渡长江，解放上海，解放福州，解放甘肃……解放全中国。全国人民的自由解放与稳定和平，是人民解放军用枪杆子打出来的。没有解放战争的胜利，就没有新中国，也就没有今天的稳定与繁荣。

二、中华人民共和国成立——赢民心者得天下

1949 年 3 月，中国共产党在河北平山县西柏坡召开了党的七届二中全会，为中国共产党夺取全国胜利做了政治上和思想上的准备，为新中国的成立做了理论路线和方针的准备。广大人民群众和各民主党派，迫切希望在中国共产党的领导之下，建立一个崭新的国家。因此，

在中国共产党的号召之下，各民主党派和人民团体的代表云集北京，为建立新中国做了准备工作。

【资料链接】

1949 年 10 月 1 日，北京 30 万群众齐集天安门广场，隆重举行开国大典。今年 86 岁高龄的著名记者、新华社原副社长李普说："那是一个难忘的时刻!"李普在开国大典的报道中这样描写：当毛泽东主席在主席台上出现时，全场沸腾着欢呼和掌声。毛泽东主席宣布说："中华人民共和国中央人民政府已于本日成立了!"毛主席亲自开动广场中央国旗旗杆的电钮，使第一面新国旗在新中国首都徐徐上升……当人民群众经主席台附近走出会场时，"人民共和国万岁""毛主席万岁"的口号声响入云霄"。李普说："1949 年 10 月 1 日，新民主主义联合政府组成，这是中国人民革命的胜利，我有幸采访和报道了这个联合政府的建立和开国大典。那时，全国人民欢欣鼓舞，到处喜气洋洋。新中国的诞生，虽然历经艰险，几代人流血牺牲，但这个联合政府的成立，表明我们的新中国有着多么祥和与辉煌的开始。"

（资料来源：《新华社原副社长李普：开国大典我至今历历在目》，搜狐网，2004 年 10 月 1 日，有删改）

1840 年鸦片战争以来，中国人民饱受屈辱，国家任人宰割，生灵惨遭涂炭。中国人民遭受了帝国主义一百多年的奴役，一百多年直不起腰杆，这都是因为我们贫穷，我们落后。中国共产党领导中国人民经过 28 年艰苦卓绝的斗争取得了新民主主义革命的胜利，中国人民从此站了起来，成为新社会的主人，中国历史从此揭开了新的篇章。

中国共产党成立后，提出了彻底反帝反封建的民族民主革命纲领，并帮助孙中山改组了国民党。在国民革命的旗帜下，国共两党努力奋斗，掀起了新民主主义革命史上第一次大革命高潮。第一次大革命惨痛失败，无数共产党员和革命群众惨遭杀害。中国共产党人并没有倒下，中国共产党领导的武装斗争，建立了新型人民军队，发动农民开展土地革命，建立和发展农村革命根据地，使中国革命走上了适合中国国情的"农村包围城市"的道路。革命力量如星星之火渐呈燎原之势。虽然革命的道路走得依然曲折，但经过两次失败和两次胜利的历练，十四年抗战中，中国共产党领导的人民军队成为全民抗战的中流砥柱，打败了日本侵略者。这是中国近代史上反抗外国侵略战争的第一次完全胜利，是中国由衰败到振兴的重大转折点。经过十四年抗战，中国人民革命力量空前壮大起来。经过 20 多年革命斗争的磨炼，中国共产党已经变得日益成熟。抗战胜利后，人民盼望和平，蒋介石集团倒行逆施，挑起内战。中国共产党替民行道，如秋风扫落叶般地消灭了反动派，推翻了三座大山。中国共产党经过 28 年的奋斗，建立了人民当家作主的新中国。

（一）指点江山——敢教日月换新天

中华人民共和国成立后，中国共产党成为执政党。新生的人民民主政权面临严峻复杂的政治经济形势：在国内，国民党残敌负隅顽抗，大批土匪特务疯狂破坏，国民经济处于崩溃状态；国际上，美国为首的帝国主义企图扼杀新政权，采取政治上不承认，经济上封锁，军事上包围威胁的政策。依靠各族人民，发扬独立自主、自力更生、艰苦奋斗的精神，医治战争创伤，恢复国民经济，建立社会主义制度，进行大规模的经济建设，成了中国共产党的首要任务。

抗美援朝——保家卫国。

年轻的人民共和国刚刚成立，美帝国主义就发动了侵朝战争，中国人民坚决支持朝鲜人民抗美救国的正义斗争，并警告美帝国主义不得侵犯中国主权。但是，美帝国主义置若罔闻，疯狂地进攻朝鲜北部，并把战火烧到我国东北边境，严重地威胁我国安全。在这个关键时刻，中共中央作出了“抗美援朝，保家卫国”的战略决策。

【资料链接】

1950 年 9 月 15 日，以美国为首的“联合国军”出兵朝鲜，在仁川登陆，直逼朝鲜北方。美国空军还侵入中国领空，轰炸中国东北边境地区。对美国的侵略行径，中国政府提出强烈抗议，政务院总理兼外交部长周恩来严正警告说：“中国人民热爱和平，但是为了保卫和平，从来也不害怕反抗侵略战争。中国人民决不能容忍外国的侵略，也不能听任帝国主义者对自己的邻人肆意侵略而置之不理。”美帝国主义过分低估了刚刚站起来的中国人民的决心和力量，悍然越过“三八线”，迅速向中朝边境进犯。在严重形势下，朝鲜民主主义人民共和国请求中国出兵援助。新中国敢不敢迎战当时世界上最强大的帝国主义美国？这是个非同小可的问题。朝鲜的存亡与中国的安危紧密关联。中国毅然决定出兵朝鲜，抗美援朝。为了抗美援朝，保家卫国，1950 年 10 月，以彭德怀为司令员的中国人民志愿军雄赳赳气昂昂地跨过鸭绿江，开赴朝鲜，同朝鲜军民一起，抗击美国侵略者。骄横的美帝国主义根本没料到中国会出兵参战。“联合国军”总司令麦克阿瑟扬言要在两个星期内结束朝鲜战争，梦想回美国去过圣诞节。然而，事与愿违。中国人民志愿军入朝后迅速捕捉战机，给敌人以出其不意的打击。初战告捷，到 1951 年夏，中国人民志愿军在朝鲜人民军配合下，五战五捷，把美国侵略军从鸭绿江边赶回到“三八线”附近，朝鲜局势得到好转。美帝国主义不甘心失败，先后把它全部陆军的 1/3、空军的 1/5 和海军的近半数投入朝鲜战场，使用了除原子弹以外当时所有的现代化武器。中国人民志愿军不畏强敌，克服重重困难，英勇作战，终于取得了抗美援朝战争的胜利。在三年战争中，中朝人民军队共歼灭敌人 109 万余人，击落击伤敌机 1.2 万多架，击毁击伤敌人坦克 2690 多辆，击毁敌人其他各种武器以及缴获其他作战物资无数。

（资料来源：中国人民抗美援朝总会编，《伟大的抗美援朝运动》，人民出版社，1954 年）

抗美援朝战争的胜利，打击了美帝国主义的侵略政策和战争政策，战争的胜利雄辩地证明：“西方侵略者几百年来只要在东方一个海岸上架起几尊大炮就可霸占一个国家的时代是一去不复返了。”全世界对中国刮目相看，中国的国际威望空前提高。这一胜利，极大地鼓舞了全世界人民保卫和平、反对侵略的勇气和信心，对国际局势产生了深远的影响，巩固了人民民主专政政权，促进了国民经济的恢复和发展，为我国革命和建设事业创造了一个相对和平的环境，提高了全国人民的觉悟，极大地激发了全国人民的爱国热情和国际主义精神。

（二）三大改造——确立社会主义制度

中华人民共和国成立之初，我们从旧中国接收的是一个烂摊子。刚刚执掌全国政权的中国共产党面临着严峻考验。1952 年 9 月，毛泽东在一次中央会议上提出：我们现在就要开始用 10 年到 15 年的时间，基本上完成到社会主义的过渡。

【资料链接】

一化三改

全国大陆的解放，土地改革的完成，各地各级人民政府的建立，抗美援朝的胜利有利于人民政权的巩固，为新中国的经济建设和向社会主义的过渡奠定了政治基础。1953 年 9 月，中共中央公布了过渡时期总路线，就是“要在一个相当长的时期内，逐步实现国家的社会主义工业化，并逐步实现国家对农业、手工业和资本主义工商业的社会主义改造”，简单概括就是“一化三改”。

农业的社会主义改造又叫农业合作化运动。从 1951 年 12 月开始，党中央颁发了一系列的决议，规定了我国的农业社会主义改造的路线、方针和政策，到 1956 年底，农业社会主义改造在经历了互助组、初级社、高级社三阶段后基本完成，全国加入合作社的农户达 96.3%。手工业的社会主义改造从 1953 年 11 月开始至 1956 年底结束，全国 90%以上的手工业者加入了合作社。资本主义工商业的社会主义改造，从 1954 年至 1956 年底全面进行。党对之采取了“和平赎买”的政策，通过国家资本主义形式，逐步将其改造成社会主义公有制企业，而且将所有制改造与人的改造相结合，努力使剥削者成为自食其力的劳动者。我国对农业、手工业和资本主义工商业生产资料私有制的社会主义改造，在理论上和实践上丰富和发展了马克思列宁主义的科学社会主义理论，极大地促进了工、农、商业的社会变革和整个国民经济的发展。

三大改造的基本完成，是继土地改革消灭了封建剥削制度后，用和平的方式顺利完成了生产资料私有制向公有制的社会主义改造，消灭了资本主义剥削制度，建立了社会主义的基本制度，使我国进入社会主义阶段。社会主义制度的建立，有利于我国有计划地集中国家的力量，调控国家经济建设，建设现代化的工业和国防。三大改造是我国走上社会主义道路的探索，其结果是顺利完成了对生产资料私有制的社会主义改造，在我国建立了社会主义制度。因此是成功的。当然，在这个探索中由于没有经验，受各种因素的影响，并且在理论的认识和对国情的分析上出现失误，也遗留下了一些问题。这也是我国后来为什么要实行改革开放，完善社会主义制度的重要原因。正如刘少奇所说：“剥削是历史发展过程中的必然产物，不是可有可无，随人的意志就能铲除的。违背规律人为去消灭它，必然还产生新的剥削，甚至自身也将变成新的剥削者”“过早地消灭资本主义和资产阶级，要犯错误，消灭了以后，你还要把他请回来的”。（摘自《你所不知道的刘少奇》，河南人民出版社，2000 年）

【资料链接】

1949 年 5 月，陈云奉命到北平（今北京）参加筹组并主持中央财政经济委员会工作。

10 月 1 日，中华人民共和国开国大典在北京天安门隆重举行。陈云担任了政务院财政经济委员会主任。然而，仅仅过了半个月，开国大典的礼炮余音犹在人们的耳畔回响，一场巨大的经济风暴就向年轻的共和国猛烈袭来！

年轻的共和国能不能顶住这次风暴的冲击？人们的目光投向了北京，投向了新中国财经工作最高负责人——陈云。百废待举，千头万绪，重点抓什么？怎么个抓法？陈云同志经过多方面调查研究，反复深入思考，首先抓了统一管理全国财经工作和稳定物价的斗争。他说："老百姓对我们是拥护的，对打倒国民党反动派，实行土地改革，是赞成的。但老百姓不仅在军事上、政治上看我们，他们还透过经济看我们，看物价能不能稳定，还饿死不饿死人。这些问题是老百姓关心的，也是对我们的考验。"

事实确实如此。解放初期不少中外人士对我们能否管好经济抱有疑问。从国外看，以美国为首的帝国主义不甘心他们在中国大地上的失败，说什么共产党能够打天下，不能治天下，算定我们解决不了自己的经济问题，并对我们实行封锁、禁运、制裁，妄图把新中国扼杀在摇篮里。从国内方面说，上海的资本家就不相信我们有能力管好财经工作，要在经济上同我们较量。1949 年下半年到 1950 年初这一期间，上海出现的金融风暴（倒卖银元、黄金、美钞，抵制人民币流通等）和几次物价波动、暴涨，就是这种较量的表现，只不过失败的不是人民政府，而是投机资本家自己。在活生生的事实面前，他们不得不竖起大拇指，说共产党是人才济济，称赞陈云是了不起的人。

中华人民共和国建立后短短半年的时间，即 1949 年 10 月到 1950 年 3 月，就实现了财政收支基本平衡，做到了使延续多年的不断上涨的物价稳定下来，这不能不说是一个奇迹。毛泽东主席曾高度评价这一胜利，说它的意义不下于淮海战役。

国民经济恢复任务的胜利完成，为我国开始有计划地大规模经济建设提供了前提条件。这时，陈云同志又按照中央的要求，把工作重点转到拟订国民经济发展计划方面。他和周恩来总理、李富春等同志一起，主持了第一个五年计划的编制工作。

1954 年 6 月 30 日陈云同志向中央做了《关于第一个五年计划的几点说明》的汇报。汇报提出，要从我国的实际出发做好计划工作，要注意处理好"农业与工业的比例""轻重工业之间的比例""重工业各部门之间的比例""工业发展与铁路运输之间的比例"等。

第一个五年计划确定的国民经济发展速度，主要工农业产品产量的增长幅度，以及各项重要建设指标等，都是稳妥可靠、留有余地的。加上在实施过程中采取了一系列具体有效的措施，计划的执行是相当顺利的，有些指标在 1956 年就提前实现了。实事求是地说，这时的整个经济形势是很好的。各方面的发展基本上是快速的、健康的。

在党中央、毛主席的正确领导下，在周总理和陈云等同志的具体组织指挥下，经过全国各族人民的共同努力，我国有史以来的第一个五年建设计划，于 1957 年全面超额胜利完成了。（资料来源：摘自《新中国经济战的奠基人——缅怀陈云同志对我国经济建设的巨大贡献》，人民网，2007 年 5 月 17 日，有删减）

中国人民一旦掌握了自己的命运，就如一轮红日升起在世界的东方，以它辉煌的光芒普照大地。中华人民共和国成立前，"火、油、钉、布"等一些普通的名词的前面都冠上了一个"洋"字，只因这些东西都是洋人制造的。成渝铁路通车，"解放"牌汽车开出厂房，第一架国产飞机冲向蓝天，武汉长江大桥建成通车，荡气回肠的历史画面，使人们感受到中国走上了工业化之路。

以毛泽东同志为代表的中国共产党人，坚持把马克思列宁主义的普遍真理同中国的具体实际相结合，明确了推翻帝国主义、封建主义、官僚资本主义“三座大山”的革命任务，开辟了通过农村包围城市，武装夺取全国政权的革命道路，形成了新民主主义革命理论。经过28年艰苦卓绝的斗争，终于在1949年取得新民主主义革命的伟大胜利。新中国的成立，结束了中华民族百年屈辱的历史。中国人民从此站起来了！新中国成立后的头几年，方针正确，决策果断，恢复经济的工作进展顺利，文化、教育、科技等事业有了初步发展，特别是在短短时间里，完成了农业、手工业、资本主义工商业的社会主义改造，建立了社会主义的基本制度，使一个生机勃勃的社会主义新中国出现在全世界面前。

【心灵导航】

中国共产党领导人民站起来了，可是站起来的中国人民面临着国民党政府留下的一个千疮百孔的烂摊子，面对着一个前无古人的社会主义事业，帝国主义企图将新生的中华人民共和国扼杀在摇篮之中，我们虽然粉碎了他们的阴谋，可是经济被封锁却不可避免。所以，要承担起让中国人民富起来的历史责任，前面的路并非坦途，正如毛泽东同志所言：我们是进京赶考！历史在等待着中国共产党的答卷。

※ 活动链接 ※

活动理念和指导思想

为了深刻认识中国共产党诞生后所创立的丰功伟绩，自觉把老一辈革命家所开创的伟大事业继承下来，传播下去，发扬光大，树立中国特色社会主义理想信念，使伟大的革命精神代代相传，可以通过重温我们党波澜壮阔的革命史、艰苦卓绝的奋斗史、可歌可泣的光荣史的方法开展活动。

活动方案

活动一：追随革命踪迹 感悟峥嵘岁月

1. *活动目的*

组织和参加红色旅游活动，在红色旅游中深刻体验中国革命历史、革命传统和革命精神。通过活动获得知识，感悟心灵的震撼、精神的激励和思想的启迪，体验中国共产党的丰功伟绩，从而明确奋斗目标，能对我国的发展有一个客观公正的认识，能更加满怀信心地投入到建设中国特色社会主义事业之中。

2. *活动实施*

（1）利用假期，在学校所在城市以及回家往返途中精选旅游景点，确定旅游路线，积攒旅游经费，组织旅游团队。

（2）旅游归来，整理旅游笔记，撰写旅游体会，进行集体交流。可把丰富而生动的革命传统教育与同学分享，使他们也能真切感受到共和国来之不易，人民当家作主的政权来之不易!中华人民共和国的建立有无数的热血儿女铺路，从而共同珍惜今天的幸福，为实现中华民族的伟大复兴而不懈地奋斗!

3. 活动成果

“革命圣地”红色旅游体会和摄影作品展。

活动二：艰苦卓绝的 28 年

1. 活动目的

通过观看爱国主义教育影片，在缅怀先烈、继承优良传统的同时，增强时代责任感和历史使命感。

2. 活动实施

（1）成立小组负责电影展的宣传组织工作。

（2）搜集观看影片:《恰同学少年》《建党伟业》《大浪淘沙》《秋收起义》《开国大典》《开天辟地》《南京！南京!》《大决战》《长征》《西安事变》《重庆谈判》《建国大业》等爱国主义教育影片。

（3）撰写观后感。

（4）请专家、老师对历史影片进行点评。

3. 活动成果

在校内做一次大型“观后感”展评。

活动三：坚持抗战　砥柱中流

1. 活动目的

认识日本帝国主义的罪恶，了解抗日战争中中国共产党所发挥的历史作用，正确认识当前的中日关系，树立强烈的爱国主义情感。

2. 活动实施

（1）可分组进行，各小组选择确定一个创作主题。以抗日战争时期“日本帝国主义的侵华罪行”“中国共产党在抗日战争中的功绩”“当前的中日关系”为主题搜集日本对中国人民犯的滔天罪行的证据文献资料、抗日战争图片资料、抗日战争的影像资料、有关抗日战争的各类普及读物、网络资料等，进行图画展。

（2）依据创作主题，把资料分类，分工协作，编写与抗日战争史实有关的故事大纲。设计“评说抗日战争”有关主题的各个画面，撰写画面解说词。

（3）对各小组创作的“评说抗日战争”的作品，在全校布展。各小组派讲解员为参观的同学进行解说。

3. 活动成果

评选优秀成果并表彰奖励。

活动四：总结经验 继往开来

1. 活动目的

进一步认识社会主义建设与中国新民主主义革命是一个持续探索的艰难过程，通过历史研究，结合中国国情不断总结经验教训，从而客观、公正地认识中国共产党，坚定走中国特色社会主义道路的信念。

2. 活动实施

（1）查阅文献，分组集体准备主题材料，提出小组观点，搜集论据，撰写交流材料。

（2）集体交流。

（3）教师、专题点评。

3. 活动成果

在教师的指导下修改，评选出有学术价值的论文，推荐发表。

专题三　探索与改革　中国人民富起来

引　航

“国强民富”是世界各民族人民的共同愿望，也是中华民族的不懈追求，是上百年来中国仁人志士不断追求的伟大目标。在现代史上，中国共产党人领导的新民主主义革命取得了民族的独立与解放，站起来的中国人民最大的心愿就是实现国家富强、民族振兴、人民幸福的中国梦。

※ 问题聚焦 ※

民不富心不安，村不富心不甘

美国前国务卿艾奇逊曾经预言：中国共产党解决不了自己的经济问题，中国将永远是天下大乱，共产党军事上 100 分，政治上 80 分，经济上 0 分。一位美国记者采访中国后惊叹：“这样的社会主义，我们也要！”同是美国人，在不同的时空里何以得出相反的结论？

1976 年中国的 GDP（国内生产总值）总量为 1539.4 亿美元（现价美元），占当年世界 GDP 总量的 2.2%；人均 GDP 仅 165.4 美元（现价美元），排在（世界）第 120 多位；国家总的外汇储备只有 12.55 亿美元，比海地、尼泊尔、巴布亚新几内亚、塞浦路斯、马耳他、摩洛哥等发展中的极小国家的外汇储备还少；当年的货物进出口总额为 134.3 亿美元，仅有美国同年货物贸易总量的 5%多一点；那时完全没有外商直接投资（FDI），更没有中国对外的直接投资（ODI）；城市人均和可支配收入分别只有 150 美元左右和 60 美元左右。当时的中国基本上就是一个农业国，农村人口占总人口的比重高达 82.6%，这些人基本上都是属于绝对贫困人口。可以毫不夸张地讲，当时的中国经济已经走到了崩溃的边缘。同时，经过十年动乱，中国正常的政治体制与制度也受到了严重冲击，处于一种混乱状态。

正是在这样一种情况下，中国人民开始冷静地思考国家的前途和命运，中国领导人开始设计新的发展战略与政策，制定新的发展规划与措施；同时，中国基层的人民为了生存的需要也开始了符合现实的种种实践探索。1978 年 12 月，中国共产党第十一届三中全会召开，开启了改革开放历史新时期，中国开始走上了一条新的发展道路。

经过 40 年的努力，到 2016 年，中国的 GDP 总量已经达到了 11.2 万亿美元（现价美元），紧随美国之后位列世界第二，占世界 GDP 总量的比重从 1976 年的 2.2%上升到了 14.8%；人均 GDP 也已经到达了 8123.18 美元（现价美元），从 40 年前排在世界 120 多位提升到了 60 多位。货物贸易总额达 3.66 万亿美元，超过美国，位居世界第一；外汇储备 3.01 万亿美元，也位居世界第一；制造业增加值也是世界第一；引进外商直接投资（FDI）1337 亿美元（实际使用），居世界第三位；中国对外直接投资（ODI）从无到有，快速增加到了 1831 亿美元，仅仅少于美国（2990 亿美元），居世界第二位。根据德勤公布的《2016 年全球制造业竞争力指数》报告，中国的制造业竞争力已居世界第一；在世界 500 种主要工业品中，中国的钢铁、煤炭、水泥、电解铝、精炼铜等 220 种产品产量都位居全球第一；而且中国的高技术产业增加值、出口额等指标都已超过美国，居世界首位，表明中国也正在向高技术制造第一大国加速前进。中国总体上也已从一个农业国转型为世界上最大的制造大国，2016 年农业增加值占 GDP 的比重只有 8.6%；同时也基本上完成了从农村社会向城市社会的转型，城镇化率已达 57.4%。中国在 40 年间发生了翻天覆地的巨大变化。

【思考园地】

1. 中国改革开放 40 年，发生了翻天覆地的变化，必然有深层次的原因，如何看待中国改革开放以来的变化？40 年的巨变靠的是什么？

2. 从中国的巨变中我们可以看到中国共产党发挥了什么作用？

3. 人民群众在改变国家面貌的过程中发挥了什么作用？作为风华正茂的大学生，我们应该为社会的变化、人民的幸福、祖国的富强、民族的复兴做点什么呢？

※ 学习指南 ※

中国共产党领导的中国社会主义建设，虽历经道路坎坷、国际风云变幻，却始终“任凭风浪起，稳坐钓鱼台”，创造了举世公认的“中国奇迹”，我们该如何认识其中的奥妙？大家可以划分学习小组，分工协作，多途径、宽领域共同探索。

1. 探究思路

围绕“十一届三中全会以来政治、经济、文化、科技、社会生活的变化”开展社会调研。

2. 网络查询

查询相关网站、收集典型案例，开一个小型报告会或演讲会，寻找中国的强国之路。

3. 查阅文献

《中国共产党 80 年历史简编》《人类的希望在中国》《中国社会主义建设史》《中国革命与中国社会主义》《邓小平战略思维研究》《中国改革开放 30 年》《改革开放三十年见证与回顾》《当代中国经济改革》《大国根基——中国农村改革 40 年》《毛泽东思想和中国特色社会主义理论体系概论》（2018 年版）等。

4. 社会调研

通过对家乡、学校、企业、社会的变化的调研，感悟变化、探寻原因，归纳总结。

※ 实践探究 ※

中国共产党的老一辈革命家，领导中国人民抛头颅洒热血，建国立业。他们盼的是什么？有的同学会说：为了实现共产主义。没错！“砍头不要紧，只要主义真”仿佛还在我们耳边回荡。但我们不能忘记革命的出发点和归宿是什么，社会主义的本质是什么。离开了为人民的共同富裕而奋斗这个目标，偏离了“坚持以人民为中心”的原则，社会主义建设就要走弯路，就会失去人民的支持，实现中华民族伟大复兴的中国梦就会让人民感到渺茫。

一、二十年的艰难探索

毛泽东主席领导中国共产党建立了中华人民共和国，顺利完成了对生产资料私有制的社会主义改造，建立了社会主义制度。探索适合中国国情的社会主义道路的任务就摆在党的面前。全面建设社会主义的十年和“文化大革命”时期是新中国社会主义建设时期的重要历史阶段。1956—1976 年，中国共产党领导中国人民开展全面建设社会主义，党为了寻找适合中国社会主义建设道路，进行了艰苦的探索，社会主义建设在曲折中前进。

（一）航标初定——走自己的路

面对一个经济文化都比较落后的大国，一项前无古人的极其光荣而又伟大的事业，既无现成的经验可资借鉴，又无成熟的理论作指导，只能靠中国共产党人的艰难探索。早在 20 世纪 50 年代中期，我国社会主义制度和体制刚刚确立不久，毛泽东同志就吸取苏联的教训，提出要“以苏为鉴”，走符合自己国情的“中国工业化道路”，提出要注意研究解决“社会主义整个经济体制问题”，在大量调查研究的基础上，发表了《论十大关系》《关于正确处理人民内部矛盾的问题》等著作，并开始提出旨在调整、完善计划经济体制的“原则和苏联相同，但方法有所不同”的中国自己的建设路线。党的八大制定了正确的路线、方针。因此，社会主义建设开局良好。

（二）不断探索——在困难中前进

在经济和社会发展形势比较好的情况下，由于对中国的国情认识不足，缺乏社会主义建设经验，急于求成，在“鼓足干劲，力争上游，多快好省地建设社会主义”总路线提出后，没有经过认真的调查研究和试点，发动了“大跃进”运动。再加上苏联政府背信弃义地撕毁合同，国民经济出现了严重的困难。由于我们党善于总结经验，勇于纠正错误，1961 年党的八届九中全会提出了“调整、巩固、充实、提高”的“八字方针”。毛泽东同志认识到“现在看来，搞社会主义建设不要那么十分急。急了办不成事，越急越办不成，不如缓点，波浪式地向前发展”。1962 年他又指出：“中国的人口多，底子薄，经济落后，要使生产力很大地发展起来，要赶上和超过世界上最先进的资本主义国家，没有一百多年的时间，我看是不行的。”所以，1956—1966 年，社会主义建设在总结经验教训的基础上取得了很大成就。1966 年，全国固定资产比 1956 年增长了 3 倍，工业总产值增长了 1.7 倍。从 1965 年起实现了石油全部自给，甩掉了“贫油国”的帽子。核工业、电子工业、石油化工业等一批新兴的工业部门建立起来。在内地兴建了一批现代化工业，改善了工业的布局。新建铁路 8000 公里。农村用电量增长 10 倍，拖拉机拥有量和化肥施用量增长 6 倍以上。1966 年钢的年产量达到 1532 万吨。粮食产量达到 2.14 亿吨，比 1945 年增长 11%。科学技术工作取得比较突出的成果。1964 年 10 月，我国成功试爆了第一颗原子弹，开创了我国科学发展的新阶段。教育事业也有很大发展，培养了大批的经济文化等各方面的建设人才。1957—1966 年，高等学校毕业生 140 万人，中等学校毕业生 210 万人，分别为新中国建立前后的 4.9 倍，教育质量也有很大提高。

（三）痛定思痛——在磨难中反思

由于社会主义运动的历史不长，社会主义国家的历史更短，社会主义社会的发展规律有些已经比较清楚，更多的还有待于继续探索。我们党过去长期处于战争和激烈阶级斗争的环境中，对于迅速到来的新生的社会主义社会和全国规模的社会主义建设事业，缺乏充分的思想准备和科学研究。马克思、恩格斯、列宁、斯大林的科学著作是我们行动的指针，但是不可能给我国社会主义事业中的各种问题提供现成答案。从领导思想上来看，由于我们党的历史特点，在社会主义改造基本完成以后，在观察和处理社会主义社会发展进程中出现的政治、经济、文化等方面的新矛盾新问题时，容易把已经不属于阶级斗争的问题仍然看作是阶级斗争，并且面对新条件下的阶级斗争，又习惯于沿用过去熟悉而这时已不能照搬的进行大规模急风暴雨式群众性斗争的旧方法和旧经验，从而导致阶级斗争的严重扩大化。同时，这种脱离现实生活的主观主义的思想和做法，由于把马克思、恩格斯、列宁、斯大林著作中的某些设想和论点加以误解或教条化，反而显得有“理论根据”，结果导致了“文化大革命”。它“是一场由领导者错误发动，被反革命集团利用，给党、国家和各族人民带来严重灾难的内乱”。《关于建国以来若干历史问题的决议》指出：“1966 年 5 月至 1976 年 10 月的‘文化大革命’，使党、国家和人民遭到建国以来最严重的挫折和损失。”在“文化大革命”时期，关于“什么是社会主义，怎样建设社会主义”我们的认识不完全清醒，由于固守“公有制、按劳分配、计划经济”三大特征论，加上以阶级斗争为纲，人民的生产积极性没有充分调动起来，出现了持续十多年的“短缺经济”现象。这 10 年在某些领域我们也取得了一定的进展，工业交通和科学技术也取得了一批重要成就，如氢弹的爆炸、人造地球卫星发射回收实验的成功、籼型杂交水稻的育成与推广、联合国恢复我国合法地位等。然而，如果不发生“文化大革命”，我们的成就会更大。正是在“文化大革命”时期，中国与发达国家的差距被进一步拉大，而亚洲“四小龙”都是在这一时期抓住发展机遇，实行正确的经济政策而崛起的。

从我国社会主义建设 20 年的艰难探索过程中我们不难看出，党的第一代领导核心毛泽东同志试图打破苏联的框框，独立自主地探索适合中国特点的社会主义发展战略，希望比苏联搞得好些、快些。《论十大关系》和《关于正确处理人民内部矛盾的问题》是这一探索的最初成果。自1957年反右运动开始后，探索逐渐离开了原来的正确方向，1958年发动“大跃进”和“人民公社化运动”的“大试验”出现了严重的挫折，说明我们对社会主义建设规律还认识不够。在探索适合中国特点的社会主义道路过程中，提出过不少独创性的见解，但“大跃进”“人民公社化运动”和“文化大革命”是我们探索社会主义道路过程中难以避免的曲折。据测算：1979年以前的29年，我国农业为工业提供了约为4500亿元的建设资金，为我国迅速摆脱经济落后的局面、建立独立完整的工业体系奠定了基础。总结正反两方面的经验教训就为我们后来建设中国特色社会主义道路的探索留下了宝贵的经验财富。

二、改革开放　中国步入快车道

1956—1976年，是社会主义建设的二十年探索时期，这是曲折发展的二十年，也是不断探索的二十年。我党以实事求是的科学态度评价、总结了过去二十年成功的经验、遭受挫折时期的教训，制定了十一届三中全会以来的思想、政治、组织路线和一系列的政策，在改革开放的摸索中使我国迅速崛起。

（一）农村改革——与时俱进走在希望的田野上

邓小平说：“我们的改革和开放是从经济方面开始的，首先又是从农村开始的。为什么要从农村开始呢？因为农村人口占我国人口的80%，农村不稳定，整个政治局势就不稳定，农民没有摆脱贫困，就是我国没有摆脱贫困。坦率地说，在没有改革以前，大多数农民是处在非常贫困的状况，衣食住行都非常困难。”（邓小平《改革的步子要加快》，1987年6月12日）

1. 包产到户：农村经济改革的第一次飞跃

民以食为天，1958—1978年，安徽省凤阳县小岗生产队没向国家交过一粒粮。每年打场的场磙子一停，社员们便拉上要饭棍儿去流浪。生产队长严宏昌给自己定下的最大目标，就是让人人都能喝上一碗稀饭，不再背井离乡。1978年，他与另外两名队干部严俊昌和严立学壮着胆子，给每户多分了一些自留地，秋后算账，每家一亩自留地的产量，竟比队里20亩地的产量还要高。于是严宏昌明白了，小岗的土地并不是不长粮，关键是体制限制了人们的积极性。他开始探索通“天”的道。1978年11月24日，小岗各家的户主在生产队西边的严立华家召开了秘密会议。20户人家除有两户仍在江西要饭，有18户到场。会上社员们一致通过了分田到户的决定，如若成功，择时向党如实汇报，如遇其他变故，全部责任由干部们承担。干部们要是为此坐牢，各家要轮流送牢饭；若被杀头，各家也要负责将其子女抚养到18岁。最后严宏昌在一张计工用的纸上写下了生死契约。18家户主分别签下了各自的名字，并按上了鲜红的手印。小岗人源于求生的本能，以原始连保契约的方式实行的“大包干”，第一年就显出了成果，全队粮食总产量已达到前5年的总和，人均收入也是上一年度的20倍。自合作化以来，他们第一次向国家交售了粮棉油，还清了20年来全部国家贷款。

党的十一届三中全会决定停止使用“以阶级斗争为纲”“无产阶级专政下继续革命”的口号，做出了“把全党工作重点和全国人民的注意力转移到社会主义现代化建设上来”的战略决策。这是中国改革开始的标志。通过“真理标准的大讨论”，彻底纠正了长期束缚我们思想的“左”倾错误，全党解放了思想；重新确立了实事求是，一切从实际出发，理论联系实际的思想路线。安徽省凤阳县小岗生产队“包产到户”使农民获得了生产和分配的自主权。过去农民生产分配听指令，干多干少一个样，如今农民生产成果直接和效益挂钩，干多干少不一样。“保证国家的，留足集体的，剩下都是自己的”，这就调动了农民生产积极性，直接促进了农业的发展。邓小平对安徽农村包产到户的肯定，明确了农村改革的方向。在家庭联产承包责任制的地位确立后，全国粮食产量稳步增长，农民收入稳步增加。国家对农村、农业的发展给予了前所未有的重视，1982—1986 年，连续五个“一号文件”加速了农村的发展。1980—1990 年，我国实现了第一步战略目标，解决了人民生活的温饱问题，人民生活水平在此基础上继续向小康迈进。

2. 体制创新：农村经济改革的新成果

随着中国市场化改革向纵深发展，农村经济发展中小农户与大市场的矛盾凸现。农民形容说：“我们种庄稼现在是种撞家，撞上适销对路赚一把，反之就亏本。”“公司+农户”模式，成功地缓解了这一矛盾。如酒泉的汉武酒业、巨龙集团、敦煌种业、大禹节水、西域阳光等一大批龙头企业在带动农民增收方面发挥了积极作用。与此同时，小农与大公司矛盾也凸现出来。多数农户与龙头企业之间主体地位不对等，农民处于无组织状态，在市场交易中处于被动不利地位，无法享受加工增值和销售利润。丰厚的利润农民不能分享。高额利润促使厂家展开原料抢购，农民则是“萝卜快了不洗泥”，甚至违约；而市场疲软时，农民则是“萝卜慢了削层皮”，极难卖出。

【资料链接】

面对新的情况我们如何解决？为此我们考察了北京市顺义区北务镇广峰奶牛合作社。这是典型的龙头企业+合作经济组织+农户的模式。考察中了解到：当地的龙头企业是上海光明乳业股份有限公司。过去奶农散养解决不了标准化问题，牛奶等级低。在当地政府的支持下徐广峰个人投资 500 万买设备，建起了养殖场，号称“奶牛长城”。当地农民自愿牵牛入股，组建起“北京市北务广峰奶牛合作社”，徐广峰任社长。实行微机化管理，每头牛的饲养投入和产出单独核算，规模达到 2000 头。由于实行八统一，即：统一品种、统一饲料、统一饲养、统一防疫、统一治疗、统一吸奶、统一配送、统一品牌（徐广峰牌），既降低了成本又提高了质量，该社产品的 1/3 是一级奶，2/3 是特级奶。农户每头牛的收入：奶款平均为 3500 元，一年产一个牛犊公母平均 2000 元。每头牛收入在 4500～5000 元左右。而徐广峰的收入是资本、饲养技术及现代管理带来的“合法的非劳动收入”，即：低质牛奶与高质量牛奶的差价，一头牛平均 500 元，一年 2000 头牛，利润 100 万。北务镇党委书记周庭钧说：“农民经济合作组织要自愿组织、平等互利，政府要引导、指导、扶导，也就是说政府搭台，农民唱戏。”

（资料来源：王学利《与时俱进，积极推进我区农业产业化经营——兼谈奶业产业化发展若干问题》，2004 年）

从北务镇广峰奶牛合作社的实践来看，徐广峰专业合作组织产生了很高的效益。一是合作社已成为奶业产业化良好的组织载体，有效地提高了规模效益。它提高了组织化程度、形成规模经济、社会化服务、提升了规模效益。二是有效地提高了质量标准。产业化离不开标准化，标准化离不开组织化。龙头企业与合作社达到双赢的目的。三是奶牛合作社的培育和发展有效地推动了产业结构的调整。四是有利于解决最需要的资金问题。新的经营机制激活了投资的积极性。可观的利润是投资的动力源。事实说明培育农民专业合作经济组织，提高农民组织化程度对增加农民收入具有重大现实意义。它向我们昭示：农业的产业发展呼唤农村生产经营体制的创新。十九大报告中指出："巩固和完善农村基本经营制度，深化农村土地制度改革，完善承包地'三权'分置制度。保持土地承包关系稳定并长久不变，第二轮土地承包到期后再延长三十年。深化农村集体产权制度改革，保障农民财产权益，壮大集体经济。确保国家粮食安全，把中国人的饭碗牢牢端在自己手中。构建现代农业产业体系、生产体系、经营体系，完善农业支持保护制度，发展多种形式适度规模经营，培育新型农业经营主体，健全农业社会化服务体系，实现小农户和现代农业发展有机衔接。"

3. 发展乡镇企业：开创以工补农的绿色通道

乡镇企业是农民自己首先搞起来的，邓小平以十分喜悦的心情予以肯定："农村改革中，我们完全没预料到的最大的收获，就是乡镇企业发展起来了""这不是我们中央的功绩。如果说在这个问题上中央有点丰功伟绩的话，就是中央制定的搞活政策是对头的"。

邓小平称之为"异军突起的乡镇企业"，一开始就没有国有企业的那种"身份"，其命运始终和市场经济联系在一起，她在适应市场的过程中不断创新，至今仍然以市场机制为基石。十多年来的发展，这部分的总量已经超过了全国经济总量的1/3。全国乡镇企业上缴税收：1990年283亿元；1995年1280亿元；2000年增加到1996亿元，占国税收入总额的15.8%，比1995年增加55.9%，10年来增加6倍，平均每年递增21.6%。全国乡镇企业总产值：1990年8462亿元，1995年68 915亿元，2000年增加到116 150亿元，比1995年增加68.5%，10年来增加12.7倍，平均每年递增29.9%。乡镇企业在经济发展中的地位越来越重要，它异军突起的星星之火点燃了农村改革的燎原之势。

【资料链接】

2017年中央农村工作会议上，习近平总书记指出，"十二五"时期，我国农业农村发展成果丰硕，为我们赢得全局工作主动发挥了重要作用。同时，必须看到，我国农业农村发展面临的难题和挑战还很多，任何时候都不能忽视和放松"三农"工作。"十三五"时期，必须坚持把解决好"三农"问题作为全党工作重中之重，牢固树立和切实贯彻创新、协调、绿色、开放、共享的发展理念，加大强农惠农富农力度，深入推进农村各项改革，破解"三农"难题、增强创新动力、厚植发展优势，积极推进农业现代化，扎实做好脱贫开发工作，提高社会主义新农村建设水平，让农业农村成为可以大有作为的广阔天地。他强调，重农固本，是安民之基，要始终重视"三农"工作，持续强化重农强农信号；要准确把握新形势下"三农"工作方向，深入推进农业供给侧结构性改革；要在确保国家粮食安全基础上，着力优化产业产品结构；要把发展农业适度规模经营同脱贫攻坚结合起来，与推进新型城镇化相适应，使强农惠农政策照顾到大多数普通农户；要协同发挥政府和市场"两只手"的作用，更好引导农业生产、优化供给结构；要尊重基层创造，营造改革良好氛围。（资料来源：习近平，《在中央农村工作会议上的讲话》，2017年12月30日）

2018 年中央一号文件公布，全面部署实施乡村振兴战略，坚持把解决好“三农”问题作为全党工作重中之重，坚持农业农村优先发展，按照产业兴旺、生态宜居、乡风文明、治理有效、生活富裕的总要求，建立健全城乡融合发展体制机制和政策体系，统筹推进农村经济建设、政治建设、文化建设、社会建设、生态文明建设和党的建设，加快推进乡村治理体系和治理能力现代化，加快推进农业农村现代化，走中国特色社会主义乡村振兴道路，让农业成为有奔头的产业，让农民成为有吸引力的职业，让农村成为安居乐业的美丽家园。(资料来源：中共中央、国务院《中共中央国务院关于实施乡村振兴战略的意见》)

（二）推行股份制——给公有制经济插上腾飞的翅膀

农村承包制的积极效应，像一股春风刮进了城市。从放权让利到承包制，国务院先后发了 13 个文件，企业改革起航了。经过 25 年的探索，最终党的十六届三中全会为我们找到了目标——股份制是公有制的主要实现形式。从特变电工的发展历程中可以看出股份制对公有制经济的推动作用。

特变电工的前身，是新疆昌吉市的一个街道办的集体所有制小厂。1988 年，时任厂技术员的张新，将父母的房产作抵押，租赁承包了这个只有几间破旧厂房和几台小机器且濒于倒闭的工厂。那时，全厂的资产总额仅为 15 万元，而负债却高达 73 万元，全厂 53 名员工。张新经过周密的市场调查，发现当时国内常规变压器市场，早就被一些老牌国有企业占领。而特种变压器，由于技术要求高，生产难度大，批量小、耗时多，是许多企业不愿干的市场空缺，就决定将企业改名为昌吉市特种变压器厂，重点生产各类特种变压器。特变电工在改革开放的大浪潮中得到锤炼，得以成长。它选择了股份制。1997 年，特变电工的“中国变压器第一股”上市，成功募集资金 1.48 亿元。仅用 10 个月的时间，完成国家“九五”重点变压器改造项目，从成功走向更大的成功。如今特变电工股份有限公司是中国变压器行业首家上市公司，国家级重点高新技术企业，拥有对外经济技术合作经营权，是中国最大的变压器、电线电缆研发、制造和出口企业，中国最大的高压电子铝箔新材料生产基地和中国最大的太阳能核心控制部件组装基地，是中国重大装备制造业首家获得中国驰名商标的生产企业。上市后经过 20 年的发展，现市值达到 240 多亿元，2017 年总营收 383 亿元，净利润 22 亿元。如今，特变电工正为“一带一路”建设提供能源装备的保障。

我国社会主义制度建立以后，股份制作为与社会主义势不两立的所有制形式遭到批判和抛弃。实行改革开放政策以后，股份制作为一种试验才在我国农村工业中悄悄出现。随后，股份制横遭指责，几经摧残。有人认为，股份制就是私有制，对国有企业进行股份制改造，吸收城乡居民的资金为企业的资本，就是私有化；而发展股份制经济，则是发展私有经济。但股份制仍以星火燎原之势不可阻挡地从农村到城市，从农业到工业迅速发展起来。江泽民同志在总结我国股份制实践的基础上，在十五大报告中指出：股份制是现代企业的一种资本组织形式，有利于所有权和经营权的分离，有利于提高企业和资本的运作效率，资本主义可以用，社会主义也可以用。实践证明，股份制是社会主义公有制的有效实现形式。习近平总书记在十八届三中全会上指出：要完善产权保护制度，积极发展混合所有制经济，加快公司制、股份制改造，推动国有企业完善现代企业制度。

（三）兴办经济特区——深圳创造世界经济奇迹

1980 年，中共中央和国务院根据中国共产党十一届三中全会精神，相继在我国东南沿海的深圳、珠海、汕头、厦门兴办经济特区。这些经济特区，划定一定的区域范围，实行特殊的政策，发展以工业为主，工贸结合的外向型经济，为中国的改革开放和现代化建设树立了一个新的行之有效的模式。

【资料链接】

敢为天下先　深圳“杀出一条血路”

“内地劳动一个月，不如香港干一天。”一河之隔，却有上百倍的悬殊差距，以至于不少人开始“逃港”，当时流传一句民谣：“十屋九空逃香港，家里只剩老和小。”这是 40 年前深圳的写照。

深圳第一任市长张勋甫曾在接受媒体采访时介绍说，他当时到深圳第一项任务是制止“逃港”。当时偷渡到香港的一天就有几百人，不仅是本地人，也有外地人，深圳可以说有劳动能力的男人基本跑光了。深圳很多村子，只有老人和孩子，看不到年轻人。

偷渡者们不惜冒着被大海吞噬、被逮捕判刑的危险，纷纷抱着轮胎或泡沫游向对岸，葬身海底的人很多。张勋甫去珠海斗门一带调研，发现那里的渔网收起来时，网到的不是鱼，而常常是人的尸体。

1978 年 7 月，时任广东省委书记的习仲勋前往“逃港”问题严重的宝安县视察。在沙头角的中英街，习仲勋看到香港那边车水马龙，深圳这边冷落萧条，心中非常难受。1979 年 4 月，中央政治局召开中央工作会议，习仲勋郑重其事地向中央领导提出：让广东能够充分利用自己的有利条件，在四个现代化中先走一步。他代表省委正式向中央提出广东要求创办贸易合作区的建议。

改革开放的总设计师邓小平十分赞同广东富有新意的设想。他对这些敢于提出创见的先行者，以一种革命家的语言鼓舞道：“中央没有钱，可以给些政策，你们自己去搞，‘杀出一条血路’来!”

“杀出一条血路”，实际上就是破除传统经济模式，破除陈旧的思想观念，就是要敢为天下先。深圳经济特区的开拓者们坚持解放思想，实事求是。深圳一开放，全国的人都涌来了，深圳是一个全开放的地方，国家画了一个圈，在这个圈里可以自由发挥。在深圳办企业、开餐厅、开商场的手续也很简单。

1979 年深圳建市时 GDP 不足 2 亿，而到了 2017 年，这一数值已经高达 2.2 万亿元，猛增了 1.1 万倍（常住人口增加近 40 倍），同一时期内，中国经济增长了约 200 倍。

今天的深圳，生产总值仅次于上海和北京，位列全国第三，在增速方面维持一线城市中的最高水平。在高新技术发展关键指标之一的 PCT（Patent Cooperation Treaty，专利合作协定）国际专利申请上，深圳遥遥领先于其他城市，以一城之力占据中国的半壁江山（2017 年占全国的 43%），同时仅次于东京位列全球第二。

（资料来源：《为什么是深渊》，搜狐网，2018 年 5 月 25 日）

中央赋予深圳的一系列优惠政策，使深圳经济特区在发展之初，最有条件进行波澜壮阔的改革，而最少条条框框的束缚。在共和国的这块改革“试验田”里，只要不违背社会主义的大方向，只要服从于“三个有利于”的标准，只要坚持一切经过试验的原则，什么都可以试，什么都可以创，就是出了一点小差错也不怕。党的第二代、第三代领导核心，为深圳经济特区提供了一个“海阔凭鱼跃，天高任鸟飞”的改革舞台。在这个舞台上，深圳的改革发端于对外开放，与现代市场经济和国际惯例接轨。率先打破曾经被视为社会主义公有制重要标志的劳动用工“铁饭碗”；率先建立与按劳分配并行不悖的多种分配方式的分配制度；率先按市场原则形成了资本、土地、劳动力、技术等生产要素市场；率先进行股份制试验并成功地创办了证券交易市场；率先进行外汇管理体制和对外商实行国民待遇；率先建立起了覆盖全社会各种所有制形式的社会保障制度；率先建立了适应市场经济要求的政府机构组织、职能、编制和工作程序。30 多年来，深圳不仅从一个边陲小镇变成了经济繁荣、体制先进、环境优美、社会文明、一定规模的现代化国际性城市，更铸造出了深圳的城市之魂——改革。中央对经济特区的优惠政策已基本普惠全国。30 多年的改革实践，深圳人并没有认为深圳作为经济体制改革“试验田”的任务已经完成，他们有着永当改革“排头兵”的雄心壮志。深圳人明白，中央让深圳先行一步，决不仅仅是为了给共和国增添一座繁荣、富裕的新城市，更是为了让深圳为建设有中国特色社会主义探索新路。

（四）和谐发展——甘南州创建“全域旅游无垃圾示范区”

中华人民共和国成立以来，中国各方面突飞猛进地发展，取得了举世瞩目的惊人成就。这一方面主要归功于在中国共产党的领导下广大人民群众独立自主、自力更生、艰苦奋斗；另一方面也依赖于世界经济、科技等领域的发展和我国采取的一系列对外开放的政策。在世界经济技术日益一体化的进程中，坚定不移地实行对外开放，是加强我国现代化进程的一条重要的强国之路，是我国的一项基本国策。

【资料链接】

一提到甘肃，人们首先想到的就是塞外边关、大漠戈壁的荒凉景色。实际上在甘肃南部有一片区域，完全可以颠覆人们对甘肃的想象。那里层峦叠嶂，林木茂盛，水丰草美，素有“九色香巴拉”的美称。但是，自然风光优美的另一面，也有很多地方，垃圾成山、污水乱排、乱砍乱挖，脏乱差不仅糟蹋了美景，破坏了生态，还影响了旅游，影响了人们增收致富。

2015 年以来，甘南州委、州政府认真贯彻落实新发展理念，立足生态功能定位，综合运用宣传、组织、统战和经济、行政、法律等多种手段，向全州发起了一场声势浩大的“环境革命”，以摧枯拉朽之势、脱胎换骨之效，大打环境“翻身仗”，彻底整治“脏乱差”，实现了 4.5 万平方公里青山绿水大草原“全域无垃圾”的预期目标，全面革新了甘南的整体形象和气质内涵，盘活了全社会自信自强的动力源泉。城乡环境综合整治作为一项发展之计、稳定之举、改革之策、民生之道，赢得了社会各界的广泛好评，造就了“甘南之外留得住声誉”的良好口碑，取得了“墙里开花、墙外芬芳”的放大效应，得到了中央和省上领导的充分肯定。

从 2015 年开始，甘南州累计投入 1.3 亿元对城乡环境进行全面综合整治。累计清理清运各类垃圾 50 余万吨，实现了“4.5 万平方公里青山绿水大草原全域无垃圾”的预期目标，走在了全国藏区前列。2017年，甘南州累计接待国内外游客1095.2万人次，同比增长15%，实现旅游综合收入49.6亿元。

（资料来源：中国甘肃网，2016年12月14日）

在和谐社会建设中，经济发展与环境保护绝不会是一对不可调和的矛盾，应坚持实现经济发展与环境保护的“双赢”，促进人与自然的和谐发展。十九大报告指出，我们要建设的现代化是人与自然和谐共生的现代化，既要创造更多物质财富和精神财富以满足人民日益增长的美好生活需要，也要提供更多优质生态产品以满足人民日益增长的优美生态环境需要。习近平总书记常说“绿水青山就是金山银山”，甘南州以推进全域无垃圾的举措贯彻了绿色发展理念，实现了发展经济与保护环境的“双赢”目标，为全国经济的发展树立了一个好榜样。

（五）打造国企航母——央企大步迈入500强

在20世纪80年代末90年代初，国际国内复杂的政治、经济形势，使中国的发展处在一个重大的历史关头。面对国际国内的各种新情况，以及一些人因国际国内政治风波所产生的种种疑虑，邓小平1992年南方谈话，可谓一石击起千重浪。通过在经济特区这个实验场对社会主义市场经济的检验，邓小平指出：不坚持社会主义，不改革开放，不发展经济，不改善人民生活，只能是死路一条。国企改革从此迈向新征程。

【资料链接】

2003年国资委成立之后，从两个方向着手推动制度建设和改革。第一个方向是着手建立国有资产管理制度和国有企业的经营责任制度。这一套制度体系包含的内容有：第一，清产核资，摸清家底；第二，明确经营目标、建立业绩考核制度，签订责任书；第三，建立年薪制，根据考核结果决定年薪；第四，职工收入总水平管理、工资总额管理；第五，国有产权转让管理，进场挂牌，进价阳光，防止国有资产流失；第六，加强外部监督，保证财务的真实性；第七，建立国有资本金预算制度。这套制度建好之后，国有企业干好干坏完全不一样了，企业经营情况良好，评价就高，获得的薪酬也相应提高，反之亦然。

第二个方向是推进改革、调整结构。一是将国企改制上市，前几年，中央企业67%的净资产已经进入上市公司，竞争性国有大企业的改革方式就是成为公众公司。这些年，我们面对的压力是要求国有企业退出竞争性领域，可是实际上诸如宝钢等大型国企如何退出？我们认为只能采取公众公司改革的办法实现混合所有制。二是国有企业的董事会建设，主要是针对一把手负责制，解决内部团队的决策问题，试点范围超过50家。三是优化资源配置，从企业功能完整性的角度加强大集团建设。四是主辅分离，争取辅业改制后退出。五是分离国有企业的办社会职能，将学校和公检法等单位分离出去。六是推进各个层面的领导人员公开招聘和竞争上岗。

2002—2012年，中央企业的营业收入从3.36万亿增加到22.5万亿，平均每年增长22.9%。净利润从1622亿增加到9247亿，平均每年增长19%。上缴税金从2927亿增加到1.9万亿，平均每年增长20.6%。2002年，中央企业交的税占我国税收总收入的16.7%，而到2012年，已占全国税收总收入的18.9%，提高2.2个百分点，说明十年来中央企业对政府、对社会、对公众贡献是比较大的。所以，这十年可以说是我国国有企业发展状态较好的时期，我认为关键在于体制，之前的三年改革脱困时期，是一套“动手术”的机制，以退为主。而国资委成立的前期实际上是优化了企业的外部环境，同时改变了部分体制和结构状态，最终实现了国有企业的良性发展。

十八大以来，国企改革红利逐渐释放，成效日趋明显。随着改革的不断深入，企业市场化运行机制更加完善，从中央企业看，集团化管控能力不断提升，企业运行质量和效率、发展活力和动力不断提升。截至2016年底，中央企业资产总额达到50.5万亿元，和前一个五年相比增加了80%；从效益来看，这五年效益是6.4万亿元，和前一个五年相比增加了30.6%，也是增加幅度比较高的。上交各种税费10.3万亿元，增加了63.5%。

2018年7月19日晚，财富中文网与全球同步发布了最新的《财富》世界500强排行榜。120家中国企业上榜，上榜企业数量接近美国的126家。《国资报告》记者统计发现，由国务院国资委监管的48个中央企业上榜，数量与2017年持平，正好相当于目前央企总数的一半，占比达到历史最高水平。2017年上榜的48家央企平均利润为14.44亿美元；2018年上榜的48家央企平均利润为15.92亿美元，盈利能力持续增强。

国有企业是中国特色社会主义的重要物质基础和政治基础，是我们党执政兴国的重要支柱和依靠力量。中华人民共和国成立以来特别是改革开放以来，国有企业发展取得巨大成就。我国国有企业为我国经济社会发展、科技进步、国防建设、民生改善做出了历史性贡献，功勋卓著，功不可没。

（六）科技体制改革——“神舟十一号”再显国威

1992年，我国载人飞船正式列入国家计划进行研制，这项工程后来被定名为“神舟”号飞船载人航天工程。“神舟”号飞船载人航天工程由“神舟”号载人飞船系统、“长征”运载火箭系统、酒泉卫星发射中心飞船发射场系统、飞船测控与通信系统、航天员系统、科学研究和技术试验系统等组成，是我国在20世纪末期至21世纪初期规模最庞大、技术最复杂的航天工程。

【资料链接】

1999年11月20日，中国第一艘无人试验飞船“神舟”一号试验飞船在酒泉起飞，21小时后在内蒙古中部回收场成功着陆，圆满完成“处女之行”。此后，又进行了三次无人飞船的飞行。通过一系列航天活动，中国建立了各类人造卫星、运载火箭、发射设备和测量控制系统的研究、设计、试验和生产的基地，建成了能发射近地卫星和对地静止轨道卫星，拥有光测、遥测和雷达等多种跟踪测量手段的酒泉和西昌航天器发射场；组成了由控制中心、地面台站和测量船构成的卫星测控网，造就了一支富有经验的航天科学技术队伍，从而有能力不断开拓航天活动。2003年10月15日，我国自行研制的“神舟”五号载人飞船成功发射，将我国航天员杨利伟同志送入太空，并于16日安全返回地面。我国首次载人航天飞行获得了圆满成功，实现了中华民族的飞天梦想。2005年10月12日，9时40分，“神舟”六号飞船发射成功。神舟六号飞船是中国第二艘搭载航天员的飞船，也是中国第一艘执行“多人飞天”任务的载人飞船。这也是世界上人类的第243次太空飞行。2008年9月25日21时10分，“神舟”七号飞船发射成功。神舟七号飞船，是中国“神舟”号飞船系列之一，中国第三个载人航天器，中国首次进行出舱作业的飞船，突破和掌握出舱活动相关技术。标志着我国航天员首次空间出舱活动取得成功。2011 年 11 月 1 日 5 时 58 分，“神舟”八号飞船发射成功。神舟八号飞船进行了较大的技术改进，它发射升空后，与天宫一号对接，成为一个小型空间站。这标志着我国已经成功突破了空间交会对接及组合体运行等一系列关键技术。2012 年 6 月 16 日 18 时 37 分，“神舟”九号飞船发射成功。这是中国第一个宇宙实验室项目 921-2 计划的组成部分，天宫与神九载人交会对接将为中国航天史上掀开极具突破性的一章，是中国实施的首次载人空间交会对接。2013 年 6 月 11 日 17 时 38 分，“神舟”十号飞船发射成功。天宫一号目标飞行器与神舟十号飞船成功实现自动交会对接。这是天宫一号自 2011 年 9 月发射入轨以来，第 3 次与神舟飞船成功实现交会对接，并首次开展中国航天员太空授课活动。2016 年 10 月 17 日 7 时 30 分，“神舟”十一号飞船发射成功。飞船入轨后经过 2 天独立飞行完成与天宫二号空间实验室自动对接形成组合体。神舟十一号是中国载人航天工程三步走中从第二步到第三步的一个过渡，为中国建造载人空间站做准备。神舟十一号飞行任务是中国第 6 次载人飞行任务，也是中国持续时间最长的一次载人飞行任务，总飞行时间长达 33 天。

经过多年的发展，能够看到我国的航天事业已经取得了举世瞩目的成就。“神舟”十一号飞船的成功发射，为我国后续建设空间站提供了重要的技术支持，也预示着我国航天进入到了一个全新的发展阶段。

（七）坚持“一国两制”，推进祖国统一

实现祖国统一是中华民族的历史夙愿，是海内外中华儿女的共同愿望，也是全党同志的共同愿望，更是我们党在新世纪的三大历史任务之一。实现祖国的完全统一，实现中华民族的伟大复兴，如今仍然是所有中国人的神圣使命和崇高目标。

【资料链接】

1982 年，英国通过坚船利炮战胜阿根廷，夺取了马岛，在国际上享有“铁娘子”美誉的女强人挟马岛余威来到中国，找邓小平谈香港的问题。她内心目的是什么？ 1997 年以后继续统治香港；纵然不能，主权换治权；再不能，第三步棋，给你制造麻烦，让中国得一个烫手的香港。撒切尔就是这样想的！谁知，在人民大会堂，邓小平却坚定而自信地坚持：1997 以后，香港绝对无条件归还中国，从此与英国一刀两断！邓小平说：如果中国在 1997 年，也就是中华人民共和国成立 48 年后还不把香港收回,任何一个中国领导人和政府还不把香港收回，都不能向中国人民交代，甚至也不能向世界人民交代。如果不收回，就是意味着中国政府是晚清政府，中国领导人是李鸿章！这一招大出撒切尔意料之外，邓小平悠悠地吸了口烟，慢慢地说出让全世界都吓了一跳的话：“中国人穷是穷点，但打起仗来是不怕死的！”掷地有声的话，让撒切尔夫人在走下人民大会堂台阶时，仍在回味，以至她心神不宁，差点摔了一跤！

1997 年 7 月 1 日——这是个不仅使中国人、亚洲人，乃至世界各国人都为之企盼的日子！在这一天，香港，这个在鸦片战争中不幸遭受英国殖民统治的“东方明珠”，将重新归还于伟大的中华人民共和国！当这划时代的辉煌时日即将到来之时，每一个有着民族自尊心的中国人，无不对香港回归祖国而感到自豪。随后，澳门也于 1999 年 12 月 20 日顺利回归。成功的谈判源于祖国实力的强大。香港、澳门的顺利回归从根本上说是祖国国力不断增强的结果，

也为推动两岸统一奠定了坚实的基础。

香港、澳门回归祖国以来，“一国两制”实践取得举世公认的成功。事实证明，“一国两制”是解决历史遗留的香港、澳门问题的最佳方案，也是香港、澳门回归后保持长期繁荣稳定的最佳制度。

党的十八大以来，以习近平同志为核心的党中央全面准确贯彻“一国两制”方针，牢牢掌握宪法和基本法赋予的中央对香港、澳门全面管治权，深化内地与港澳地区交流合作，妥善应对和处理一系列重大问题，推动“一国两制”事业开创了新局面、迈上了新台阶。当前，“一国两制”事业正站在新的历史起点上，继续推动香港、澳门各项事业向前发展，归根到底是要坚守方向、踩实步伐，全面准确理解和贯彻“一国两制”“港人治港”“澳人治澳”、高度自治的方针。

解决台湾问题、实现祖国完全统一，是全体中华儿女共同愿望，是中华民族根本利益所在。党的十八大以来，对台工作取得新进展。以习近平同志为核心的党中央坚持对台大政方针，坚持一个中国原则和“九二共识”，推动两岸关系和平发展，实现两岸领导人历史性会晤，加强两岸经济文化交流合作，妥善应对台湾局势变化，坚决反对和遏制“台独”分裂势力，有力维护了台海和平稳定。

坚持“和平统一、一国两制”方针。“和平统一、一国两制”是我们解决台湾问题的基本方针，也是实现国家统一的最佳方式。我们将以最大诚意、尽最大努力争取和平统一的前景。我们所追求的国家统一不仅是形式上的统一，更重要的是两岸同胞的心灵契合。“一国两制”在台湾的具体实现形式会充分考虑台湾现实情况，充分吸收两岸各界意见和建议，作出充分照顾台湾同胞利益的安排。

推动两岸关系和平发展。两岸关系和平发展是一条维护两岸和平、促进共同发展、造福两岸同胞的正确道路，也是通向和平统一的光明大道。实现“两个一百年”奋斗目标和中华民族伟大复兴中国梦，需要有利的台海环境，要求我们推动两岸关系和平发展。同时，推动两岸关系和平发展，也是在为最终实现祖国统一创造和积累条件，扎实推进祖国和平统一进程。

2018 年 3 月，在十三届全国人大一次会议闭幕会上，习近平强调：“维护国家主权和领土完整，实现祖国完全统一，是全体中华儿女共同愿望，是中华民族根本利益所在。在这个民族大义和历史潮流面前，一切分裂祖国的行径和伎俩都是注定要失败的，都会受到人民的谴责和历史的惩罚！中国人民有坚定的意志、充分的信心、足够的能力挫败一切分裂国家的活动！中国人民和中华民族有一个共同信念，这就是：我们伟大祖国的每一寸领土都绝对不能也绝对不可能从中国分割出去！”

（八）百川奔流——浇铸共和国的基石

为中华崛起而读书，为中华民族复兴而奋斗，这不仅是中国共产党人为之不懈奋斗的目标，也是整个中华民族的梦想。以习近平同志为核心的党中央根据新的形势和任务，明确中国特色社会主义事业总体布局是“五位一体”、战略布局是“四个全面”，强调坚定道路自信、理论自信、制度自信、文化自信；明确全面深化改革总目标是完善和发展中国特色社会主义制度、推进国家治理体系和治理能力现代化。

【资料链接】

40 年来，我国的国有经济总量不断壮大，集体经济有了长足发展，个体私营等非公有制经济从无到有，从小到大，得到了快速发展，形成了国有经济、民营经济与外资经济三足鼎立的新格局。

改革开放以来，我国非公有制经济的发展速度成倍地高于全国的经济增长速度，占 GDP 的比重已从 1979 年的不足百分之一增长到目前的 60%以上。2017 年，我国民营企业数量有 2726.3 万家，个体工商户 6579.3 万户，注册资本超过 165 万亿。非公有制经济对我们国家的经济社会发展做出了突出贡献。有个“56789”的说法：非公有制经济对国家财政收入的贡献占比超过 50%；GDP 和固定资产投资、对外直接投资占比均超过 60%；企业技术创新和新产品占比超过 70%；城镇就业占比超过了 80%，全国城镇就业数是 4.25 亿人，非公有制企业就业数 3.4 亿，这就是 80%；这两年特别是去年对新增就业的占比贡献超过 90%，所以贡献非常大。在稳定增长、促进创新、增加就业、改善民生等方面，非公有制经济都做出了突出贡献。

1982 年 12 月《中华人民共和国宪法》第十一条规定：“在法律规定范围内的城乡劳动者个体经济是社会主义公有制经济的补充。”个体经济在中国迅速发展。1993 年 3 月，全国人大九届二次会议通过了《中华人民共和国宪法修正案》，明确规定：“在法律规定范围内的个体经济、私营经济等非公有制经济，是社会主义市场经济的重要组成部分。”1997 年 9 月中共十五大确立“以公有制为主体、多种所有制经济共同发展，是我国社会主义初级阶段的一项基本经济制度”。确认了“非公有制经济是我国社会主义市场经济的重要组成部分。对个体、私营等非公有制经济要继续鼓励、引导，使之健康发展”。2003 年十六届三中全会指出，个体、私营等非公有制经济是促进我国社会生产力发展的重要力量。2016 年十八届三中全会指出，公有制为主体、多种所有制经济共同发展的基本经济制度，是中国特色社会主义制度的重要支柱，也是社会主义市场经济体制的根基。公有制经济和非公有制经济都是社会主义市场经济的重要组成部分，都是我国经济社会发展的重要基础。必须毫不动摇巩固和发展公有制经济，坚持公有制主体地位，发挥国有经济主导作用，不断增强国有经济活力、控制力、影响力。必须毫不动摇鼓励、支持、引导非公有制经济发展，激发非公有制经济活力和创造力。要完善产权保护制度，积极发展混合所有制经济，推动国有企业完善现代企业制度，支持非公有制经济健康发展。

（九）政治体制改革——为强国富民鸣锣开道

改革开放以来，中国的政治体制改革同经济体制改革一样，走过的是一条“摸着石头过河”的道路。到了中共十六大，已经对社会主义市场经济的一般规律有了初步的了解和把握，因而对推进政治体制改革的任务从整体上进行了规划和部署。特别是党的十八大以来，全面深化改革取得重大突破。蹄疾步稳推进全面深化改革，坚决破除各方面体制机制弊端。改革全面发力、多点突破、纵深推进，着力增强改革系统性、整体性、协同性，压茬拓展改革广度和深度，推出一千五百多项改革举措，重要领域和关键环节改革取得突破性进展，主要领域改革主体框架基本确立。中国特色社会主义制度更加完善，国家治理体系和治理能力现代化水平明显提高，全社会发展活力和创新活力明显增强。

【资料链接】

2013年3月14日,《国务院机构改革和职能转变方案》发布，这是改革开放以来我国推进的第七次政府机构改革。5月13日，国务院召开全国电视电话会议，动员部署国务院机构职能转变工作，新一轮转变政府职能的大幕拉开。这是短短一月内国务院第三次提及简政放权。会议提出，要处理好政府与市场、政府与社会的关系，把该放的权力放掉，把该管的事务管好。

五年来，中央政府持续扎实推进简政放权，国务院部门行政审批事项削减44%，非行政许可审批彻底终结，中央政府层面核准的企业投资项目减少90%，中央政府定价项目缩减80%，商事制度发生根本性变革。简政放权改革对解放和发展社会生产力、推动经济平稳增长、增进社会公平正义发挥了重大作用。

党的十九届三中全会审议通过的《中共中央关于深化党和国家机构改革的决定》指出，要深入推进简政放权，提高资源配置效率和公平性，大幅降低制度性交易成本，营造良好营商环境。这是在新的历史起点上，以习近平同志为核心的党中央对简政放权改革作出的重大部署，为下一步持续转变政府职能、建设人民满意的服务型政府指明了方向、提供了行动指南。

习近平总书记在十九大报告中强调，要坚持全面深化改革。只有社会主义才能救中国，只有改革开放才能发展中国、发展社会主义、发展马克思主义。必须坚持和完善中国特色社会主义制度，不断推进国家治理体系和治理能力现代化，坚决破除一切不合时宜的思想观念和体制机制弊端，突破利益固化的藩篱，吸收人类文明有益成果，构建系统完备、科学规范、运行有效的制度体系，充分发挥我国社会主义制度优越性。

【资料链接】

改革开放40年中国经济发展成就

一、中国经济持续快速发展

中国的经济奇迹是建立在中国耀眼的经济发展成就基础上的。从数量规模上看，1978年改革开放伊始，中国的经济规模仅有3679亿元人民币；而到2017年，中国国内生产总值（名义）已经高达82.71万亿元人民币（相当于12.2万亿美元），已经成为世界第二大经济体，中国经济总量占世界经济的比重由1978年的1.8%上升到2017年的16%，仅次于美国。从经济增速角度看，1978—2017年，中国国内生产总值（GDP）的年均名义增速高达14.5%，剔除年均4.8%通胀率，年均实际增速仍高达9.3%。按照经济学家林毅夫所说，“以这么高的速度持续这么长时间的增长，人类历史上不曾有过”。从经济结构的角度看，中国工业化进程加快，第一产业、第二产业、第三产业的结构日趋合理化，第三产业逐渐占据主导地位。2017年，中国三产结构的比例分别为7.9%、40.5%和51.6%。第三产业的发展增幅已经超过第一、第二产业，成为拉动中国经济增长的主要力量。

二、社会经济发展水平整体提高

从经济增长的角度看，中国近40年的经济增长确实称得上是一大奇迹。然而，经济发展并不仅仅包括经济增长的指标，还需要从社会福利的角度看中国的经济发展问题。从人均 GDP 水平的角度看，1978 年中国人均国内生产总值为 381 元人民币，仅为同期印度人均国内生产总值的三分之二，是当时世界上典型的低收入国家；而 2017 年，中国人均国内生产总值已经高达 59 660 元人民币（近 8800 美元），已经跻身中等偏上收入国家行列。显然，经济增长的背后还包括了中国经济的显著发展。改革开放 40 年来，中国前后共计有 7 亿多人脱贫。英国学者阿塔尔·侯赛因曾指出，中国农村上亿人摆脱贫困，实现粮食自给自足，这是人类发展史上一个了不起的事情，也是改善人权的巨大成就。从社会生活水平的角度看，中国经济的快速增长使得中国在能源、交通运输、邮电通信、科教文卫等基础产业、基础设施建设等领域取得诸多辉煌成就。

三、绿色发展与可持续发展

从经济增长的质量上看，中国改革开放 40 年来的经济发展同样可圈可点。在已经过去的 40 年里，中国经济快速增长的背后包括了不同阶段的发展思路。整体而言，中国的经济发展思路日趋成熟，逐渐由初始“唯 GDP”论的发展思路过渡到可持续发展思路。改革开放初始，囿于自身发展经济的困境，中国的经济发展处于粗放型发展阶段。早在 1994 年，诺贝尔奖获得者、经济学家保罗·克鲁格曼（Paul Krugman）就曾发表论文批评东亚经济体的“苏联式”粗放型增长模式。国内不少学者认可改革开放初期的中国属于“粗放型”的增长模式。随着中国经济规模的逐渐扩大，中国自身也日益意识到转变自身经济发展方式的重要性。早在 2003 年 7 月，时任中共中央总书记的胡锦涛就提出了“坚持以人为本，树立全面、协调、可持续的发展观，促进经济社会和人的全面发展”。而在 2017 年召开的中共十九大上，习近平总书记明确提出“推进经济发展转型升级，建设现代化经济体系，推动中国经济发展走上高质量、可持续的新路子”。以碳排放减少为例，据《中国应对气候变化的政策与行动 2017 年度报告》，最近十年间，中国在经济增长的同时，减少了将近 41 亿吨二氧化碳的排放。显然，中国的绿色发展、可持续发展的经济转型升级已经初显成效。

改革开放 40 年中国对世界经济的影响

一、中国对外贸易、投资对全球经济的拉动作用明显

中国改革开放 40 年来经济发展领域所取得的成就，离不开中国与世界市场之间的相互联系和相互影响。作为承载全球将近五分之一人口的大国，中国对世界经济的影响自然不容小觑。40 年来，中国始终坚持对外开放的基本政策，积极融入经济全球化的发展进程。在经济全球化日益面临重大阻力的背景下，中国始终积极推动双边及多边贸易、投资发展。1978 年，中国进出口贸易额为 355 亿元；2017 年，根据海关总署的统计，中国外贸进出口总值已经达到 27.79 万亿元，是 1978 年的 782.82 倍。其中，进口额由 1978 年的 187.4 亿元上升至 2017 年的 15.33 万亿元；出口额由 1978 年的 167.6 亿元上升至 2017 年的 12.46 万亿元。相关数据统计显示，2011—2016 年，中国进出口货物和服务总额占全球的份额由 8.4%上升至 9.7%。显然，中国对外贸易的迅速发展为国际市场和国际贸易的繁荣做出了越来越大的贡献。特别是在 2008 年全球金融危机爆发之后，受到全球经济不景气的影响，全球贸易额增长率长期处于低位。中国进出口贸易相对稳定的增长态势为全球贸易的稳定增长做出了不小贡献。2018 年

4月世界贸易组织发布的年度全球贸易报告显示，中国商品贸易出口继续位居世界第一位，占全球份额的12.8%，而中国商品贸易进口仅次于美国，位居全球第二位。与此同时，根据2017年商务部发布的《中国对外直接投资统计公报》，中国2016年对外直接投资规模达到1961.5亿美元，蝉联全球第二大投资国地位，占全球外国直接投资规模的比重首次超过10%。此外，自2016年10月1日起，人民币正式被纳入国际货币基金组织（IMF）特别提款权（SDR）新的货币篮子，从而获得国际主要货币的地位。随着中国经济实力的逐步增强，以及中国在全球市场中话语权的不断提高，中国的进出口贸易、对外投资将对全球贸易的增长产生越来越大的影响，日益成为全球经济再平衡的重要力量。

二、中国经济转型升级为世界经济发展提供新的经验

实际上，中国对全球贸易增长的贡献不仅仅体现在日益庞大的贸易规模，中国经济自身的转型升级同样对全球经济与贸易的增长产生积极影响。相关数据显示，2013—2016年，中国最终消费对世界消费增长的年均贡献率基本占据世界第一，按照不变美元价格计算，近几年的年均贡献率可达到23.4%。显然，中国市场已经日益成为全球消费增长的重要力量。2018年4月世界贸易组织发布的《全球贸易数据与展望》报告指出，中国的经济结构改革对全球贸易增长将产生积极影响。世界贸易组织认为，中国经济从主要依靠投资向消费的转型，从长期来看将有助于中国更强劲的可持续经济增长，从而支持全球经济的持续增长。更为重要的是，作为当今世界最大的发展中国家，中国经济发展的转型升级将对其他发展中国家发展提供重要借鉴，为广大发展中国家提供更贴近发展中国家经济发展实际的发展路径和发展模式，从而为全球经济的可持续发展提供重要的支持。恰如国际货币基金组织总裁加拉德所言，通过持续不断的改革和产业结构转型升级，中国经济将更安全、更具有可持续性，这将惠及全世界。

三、中国正在积极主动参与全球经济发展与治理

随着经济实力的不断增强，中国逐步积极主动地参与到全球经济发展和经济治理事务。正所谓“独乐乐不如众乐乐”，中国深知改革开放40年来所取得的经济成就与全球化进程的深入推进、良好稳定的国际秩序密不可分，积极走出去、扩大对外开放的层次、坚持互利共赢是近年来中国坚持的政策主张。早在2002年，中共十六大报告中便提出，坚持“引进来”与“走出去”相结合的方针，全面提高对外开放水平。随后，历届中国政府便积极坚持加快实施“走出去”的政策。特别是2008年全球金融危机之后，针对全球经济缓慢复苏的新形势，中国先后出台了一系列措施。一方面，中国不断提高自身对外开放的水平，积极开展自由贸易区建设与谈判，推动全球双边与多边贸易、投资的发展。另一方面，针对“一带一路”沿线国家基础设施建设供不应求的情况，中国适时提出了“一带一路”倡议。目前，全球已经有100多个国家和国际组织积极支持和参与“一带一路”建设，联合国大会、联合国安理会等重要决议中也对“一带一路”建设内容给予充分认可。以“共商共建共享”为特点的“一带一路”倡议成为当前国际经济发展机制的重要补充。从长远的角度看，“一带一路”建设无疑是双赢的，将对全球经济的持续增长奠定重要基础。

（资料来源：张建平，沈 博《改革开放40年中国经济发展成就及其对世界的影响》，人民网，2018年5月15日）

2018年4月28日，联合国工业发展组织总干事李勇做客新华网国际高端访谈。他认为，中国改革开放40年取得了巨大成就，这是一个“奇迹”。

他说，改革开放以来，中国经济社会发生巨大变化，很多人评价说这是一个“奇迹”，我觉得恰如其分。

一是人均收入得到大幅度提高。

二是减贫工作取得巨大成就。中国在改革开放 40 年里，7 亿多人口摆脱贫困。

三是中国整体的城市化进程得到发展。城市化进程是现代化进程的具体体现，过去农村人口比例超过 60%甚至更高；现在，城市人口已经接近 60%，这就是现代化的进程。

四是经济实力不断提高。中国从一个人口众多、人均收入很低的发展中国家，发展成为全球第二大经济体，这是一个非常巨大的跨越。

【心灵导航】

中国共产党通过总结 20 多年的社会主义建设经验教训，开始了全新的探索，实行包产到户、建立经济特区、发展乡镇企业、推行对外开放、确立社会主义市场经济体制、推行股份制改造，把科学技术、管理作为生产力的关键因素，吸引外资凝聚内资，保护新阶层的合法利益，政策创新实现祖国统一，为我们写下了一部中国共产党不断探索中国特色社会主义社会道路的社会主义建设史、改革开放史。经过近 40 年的不断探索和推进，逐渐形成了一条适合中国国情的发展道路，中国从经济、军事、政治、科技、教育、文化、体育、社会等多方面由封闭半封闭走向全面开放的局面，并取得了举世瞩目的成就。党的十八大以来，以习近平同志为核心的党中央大力推进全面深化改革。在党的十九大上，更加明确了“只有社会主义才能救中国，只有改革开放才能发展中国、发展社会主义、发展马克思主义”。

※ 活动链接 ※

通过实践探究，同学们对我们进入社会主义社会以来，中国共产党对中国特色社会主义道路的探索和创新历程有了一个初步认识。要想有一个全面客观的认识和体验，还必须广泛深入地到社会实践中去调查学习，并进一步开展理论学习——学习我国的社会主义建设史、改革开放史。下面提供系列方案供同学们参考。

活动理念和指导思想

中国现代历史，距离我们今天的生活很近，我们能够得到知识信息的途径，已经不仅仅局限于书本和网络，还有身边亲自经历了这些历史事件的老人。他们参加了当时的大跃进、人民公社化运动，经历了三年困难时期，也看到了社会主义建设的伟大成就。可以通过进行社会调查和访问的方式收集有关信息，大胆质疑、提出问题，进行问题探究，寻求我国强国富民的根本动因，坚定建设中国特色社会主义的信念。

活动方案

活动一：感悟社会主义建设兴衰成败的发展规律

1. 活动目的

通过走访身边的老人，了解当时的一些情况，感受到活生生的历史情境，激发学习历史的兴趣。从收集的历史材料中进行整理、思考，提出问题并进行合作探究，加强对社会主义、对中国共产党的了解和认识。

2. 活动实施

（1）确定走访人选，确定采访时间、地点。

（2）召开大学生座谈会。

（3）整理记录，小组讨论，撰写体会。

3. 活动成果

（1）评选优秀体会文章。

（2）推荐马克思主义学习研究会社团学习交流。

活动二：社会主义建设的回顾与反思

1. 活动目的

通过开展学习竞赛活动，进一步加深对中国特色社会主义建设史和改革开放史的认识，提升科学社会主义理论水平，坚定中国特色社会主义信念。

2. 活动实施

围绕以下问题，展开学习竞赛。

（1）社会主义建设初期我们有哪些成功经验？

（2）毛泽东同志为什么要探索有别于苏联的社会主义建设模式？

（3）“大跃进”的错误为什么没有能够避免？我们应该吸取什么样的教训？

（4）“文化大革命”的错误在哪里？我们应该吸取什么教训？

（5）“真理标准大讨论”有什么实际意义？

（6）南方谈话对我国社会主义的发展起到哪些作用？

（7）社会主义发展的动力应该包括哪些因素？

（8）你认为中华民族的伟大复兴与自己有什么关系？

（9）改革开放以来我国国民经济和社会发展取得了哪些辉煌成就？

（10）在家乡、甘肃、祖国的社会主义建设中你准备做出什么贡献？

3. 活动成果

在全班进行论文交流，评优，编辑《优秀论文集》。

活动三：中国走社会主义市场经济道路的历史必然性

1. 辩论主题

市场经济利大于弊还是弊大于利。

2. 活动准备

正反双方由抽签决定，准备时间一周。

3. 活动实施

双方各选出四位辩论员、一名主持人，聘请一至四名老师作裁判员或评委。

活动四：感悟改革开放的力量

1. 活动目的

通过观看纪录片《改革开放四十年》和电影《厉害了，我的国》，提出问题，探寻中国发展变化的根本原因。

2. 活动实施

（1）集体观看纪录片《改革开放四十年》和电影《厉害了，我的国》。

（2）分组讨论。

（3）代表交流发言。

3. 活动成果

全班体会交流，形成观点记录。

专题四　民族复兴　中华民族强起来

> **引　航**
>
> 经过长期努力，中国特色社会主义进入了新时代，这是我国发展新的历史方位。时代是思想之母，实践是理论之源，新时代产生新思想。党的十八大以来，我国正经历着历史上最广泛而深刻的社会变革，进行着人类历史上最宏大而独特的实践创新，形成了习近平新时代中国特色社会主义思想，开启了全面建设社会主义现代化国家新征程。

※ 问题聚焦 ※

新时代　新思想

习近平总书记在十九大报告中指出，中国特色社会主义进入新时代，我们正处于决胜全面建成小康社会的关键时期，在 21 世纪中期建成社会主义现代化强国。新时代需要新思想，这就是习近平新时代中国特色社会主义思想。

中国共产党人对中国特色社会主义的探索与实践，经历了长期的发展进程。以毛泽东同志为核心的第一代中央领导集体，把马克思主义的普遍真理与中国革命的具体实践相结合，取得了中国革命的成功，开辟出中国走上社会主义道路的新时代，解决了中国人民站起来的问题。以邓小平同志为核心的第二代中央领导集体，开辟了改革开放、走中国特色社会主义道路的新时代，解决了中国人民富起来的问题。进入 21 世纪，经过长期努力和艰苦奋斗，中国特色社会主义建设取得显著成效。习近平同志指出："中国特色社会主义进入新时代，意味着近代以来久经磨难的中华民族迎来了从站起来、富起来到强起来的伟大飞跃，迎来了实现中华民族伟大复兴的光明前景。"从选择走社会主义道路，到追求实现社会主义现代化，再到实现社会主义现代化强国，中国已经进入了激动人心的新时代。

新时代的开启，是改革开放四十年不断探索、不懈奋斗的汗水结晶。由于坚持一切以经济建设为中心，坚持四项基本原则，坚持改革开放的基本政策，中国的社会经济持续快速稳健发展。中国的 GDP 总量从 1978 年的 3678 亿元人民币，增长到 2017 年 80 万亿元人民币，经济总量从全球第十位提升到第二位。按目前年增长 6.8%的速度推算，再过十年，中国的 GDP 总量将再翻一番，达到 160 万亿元人民币，很可能超过美国，跃升到全球第一位。中国正在强起来。

新时代的开启，在于我国社会基本矛盾发生了深刻变化。1956 年，党的八大报告提出：“我们国内的主要矛盾，已经是人民对于建立先进的工业国的要求，同落后的农业国的现实之间的矛盾，已经是人民对经济文化迅速发展的需要同当前的经济文化不能满足人民需要的状况之间的矛盾。”1981 年十一届六中全会指出我国社会的主要矛盾是“人民群众日益增长的物质文化需求同落后的社会生产之间的矛盾”。在十九大报告中，习近平同志指出：“中国特色社会主义进入新时代，我国社会主要矛盾已经转化为人民日益增长的美好生活需要和不平衡不充分的发展之间的矛盾。”美好生活的需要和可能，把中国社会推向新时代，中国已经从温饱社会、小康社会进入决胜全面建成小康社会，实现美好生活的新时代。

新时代的开启，意味着新奋斗目标和新任务。在十九大报告中，习近平同志为我们描绘了新蓝图新愿景。从现在起到中国共产党成立一百周年，决胜全面建成小康社会。从 2020 年到 2035 年，奋斗十五年，基本实现社会主义现代化。从 2035 年到 21 世纪中期，再奋斗十五年，建成社会主义现代化强国，实现中华民族伟大复兴的中国梦！

新时代的开启，需要新思想，这就是习近平新时代中国特色社会主义思想。社会主义是现代中国仁人志士追求了一个多世纪的伟大思想、发展道路和宏伟目标。20 世纪 90 年代以来，在全球化、信息化的背景下，社会主义道路面临严峻的历史挑战。中国共产党人坚持走中国特色社会主义的发展道路，取得了巨大成功。坚持中国特色社会主义的道路自信、理论自信、制度自信和文化自信，是每一个中国共产党人的历史责任。习近平新时代中国特色社会主义思想是马克思主义、毛泽东思想和改革开放以来中国特色社会主义理论探索的新发展和重大理论创新；是根据新时代的历史要求做出的实践总结与理论选择；明确了进入新时代我国社会主要矛盾的历史转变和新目标、新任务、新战略，新的发展方式和新举措；是决胜全面建成小康社会、实现社会主义现代化强国目标和中华民族伟大复兴的指导思想。

新时代的开启，需要持续不断的努力奋斗。十九大号召全党不忘初心，牢记使命，不懈奋斗。面对习近平新时代中国特色社会主义思想的新指导、新要求、新理论，全党全国要认真学习，深刻领会，努力践行。

【思考园地】

1. 十九大报告指出：“经过长期努力，中国特色社会主义进入了新时代，这是我国发展新的历史方位。”如何认识中国特色社会主义进入新时代？

2. 新时代的开启，需要新思想，这就是习近平新时代中国特色社会主义思想。如何把握习近平新时代中国特色社会主义思想的主要内容和历史地位？

3. 如何理解我国社会主要矛盾发生的变化？

※ 学习指南 ※

2017 年 10 月 18 日，党的十九大在北京隆重开幕。习近平代表第十八届中央委员会向大会作了题为《决胜全面建成小康社会 夺取新时代中国特色社会主义伟大胜利》的报告。习近平同志指出中国特色社会主义进入了新时代，并提出了新思想、新战略、新目标和新举措，为实现中华民族伟大复兴中国梦的新征程指明了方向。

1. 探究思路

围绕“新时代、新使命、新思想、新征程”，开展探究活动。

2. 阅读文献

《党章》《党的十九大报告》《习近平谈治国理政》《新时代面对面——理论热点面对面·2018》。

3. 网络查询

人民网 http://www.people.com.cn.
新华网 http://news.xinhuanet.com.
中华网 http://news.china.com.
共产党员网 http://www.12371.cn.
中国共产党新闻网 http:// cpc.people.com.cn.

4. 社会调研

开展社会调查，组织同学深入群众，了解群众眼中十八大以来中国的发展变化，通过调查研究，加深对新时代和习近平新时代中国特色社会主义思想的理解，写出调查报告，进行交流探讨。

※ 实践探究 ※

十八大以来，以习近平同志为主要代表的中国共产党人，顺应时代发展，从理论和实践结合上系统回答了新时代坚持和发展什么样的中国特色社会主义、怎样坚持和发展中国特色社会主义这个重大时代课题，创立了习近平新时代中国特色社会主义思想。习近平新时代中国特色社会主义思想是对马克思列宁主义、毛泽东思想、邓小平理论、“三个代表”重要思想、科学发展观的继承和发展，是马克思主义中国化最新成果，是党和人民实践经验和集体智慧的结晶，是中国特色社会主义理论体系的重要组成部分，是全党全国人民为实现中华民族伟大复兴而奋斗的行动指南，必须长期坚持并不断发展。在习近平新时代中国特色社会主义思想指导下，中国共产党领导全国各族人民，统揽伟大斗争、伟大工程、伟大事业、伟大梦想，推动中国特色社会主义进入了新时代。

一、十八大以来的历史性变革

党的十八大以来，以习近平同志为核心的党中央以巨大的政治勇气和强烈的责任担当，提出一系列新理念、新思想、新战略，出台一系列重大方针政策，推出一系列重大举措，统筹推进“五位一体”总体布局、协调推进“四个全面”战略布局，“十二五”规划胜利完成，“十三五”规划顺利实施，党和国家事业发生了深层次的、根本性的历史性变革。

（一）确立目标——全面建成小康社会

“小康”是中华民族自古以来追求的理想社会状态，也是中国共产党几十年来一以贯之的奋斗目标，其意义也在不断演变。

1979年，邓小平同志在会见当时的日本首相大平正芳时，第一次提出“小康”概念——“虽不富裕，但日子好过”。

进入新世纪以后，“全面建成小康社会”逐渐成为全党全国人民关注的主题和热词。2002年，“全面建成小康社会”首次出现在《人民日报》上，随后江苏、广东等发达省份纷纷表示“率先全面建成小康社会”。这表明在实现总体小康之后，“全面建成”已成为主攻方向。

2007年，“全面建成小康社会”首次写入党的十七大报告：“我们已经朝着十六大确立的全面建设小康社会的目标迈出了坚实步伐，今后要继续努力奋斗，确保到2020年实现全面建成小康社会的奋斗目标。”

2012年，“全面建成小康社会”在党的十八大上被确立为奋斗主题：“坚定不移沿着中国特色社会主义道路前进，为全面建成小康社会而奋斗。”

从“解决温饱”到”小康水平”，从“总体小康”到“全面小康”，从“全面建设”到“全面建成”……小康社会奋斗目标的提出、发展和完善，标志着我国社会主义现代化建设不断开创新境界、步入新阶段。

2012年11月8日至14日，中国共产党第十八次全国代表大会在北京举行。大会系统总结了中共十七大以来五年和十六大以来十年的奋斗历程及其成就，指出科学发展观同马克思列宁主义、毛泽东思想、邓小平理论、“三个代表”重要思想一道，是党必须长期坚持的指导思想。大会提出要在党的十六大、十七大确立的全面建设小康社会目标的基础上努力实现新的要求，即经济持续健康发展，人民民主不断扩大，文化软实力显著增强，人民生活水平全面提高，资源节约型、环境友好型社会建设取得重大进展，确保到2020年实现全面建成小康社会的目标。中共十八大的召开，标志着中国已经进入全面建成小康社会的决定性阶段，开启了中国特色社会主义新时代。

【资料链接】

十六大提出的全面建设小康社会的基本标准：

一是人均国内生产总值超过3000美元。这是建成全面小康社会的根本标志。

二是城镇居民人均可支配收入1.8万元。

三是农村居民家庭人均纯收入8000元。

四是恩格尔系数低于40%。

五是城镇人均住房建筑面积30平方米。

六是城镇化率达到50%。

七是居民家庭计算机普及率20%。

八是大学入学率 20%。

九是每千人医生数 2.8 人。

十是城镇居民最低生活保障率 95%以上。

（资料来源：党的十六大报告《全面建设小康社会，开创中国特色社会主义事业新局面》）

党的十八大报告从以下五方面充实和完善了全面建成小康社会的目标：

一是经济持续健康发展。主要是六点要求：第一，转变经济发展方式取得重大进展；第二，在发展平衡性、协调性、可持续性明显增强的基础上实现两个“倍增”，即国内生产总值和城乡居民人均收入比 2010 年翻一番；第三，通过增强创新驱动发展新动力，使科技进步对经济增长的贡献率大幅上升，进入创新型国家行列；第四，通过构建现代产业发展新体系，促进工业化、信息化、城镇化、农业现代化同步发展，使工业化基本实现，信息化水平大幅提升，城镇化质量明显提高，农业现代化和社会主义新农村建设成效显著；第五，通过继续实施区域总体发展战略，充分发挥各地区比较优势，区域协调发展机制基本形成；第六，通过培育开放型经济发展新优势，使对外开放水平进一步提高，国际竞争力明显增强。

二是人民民主不断扩大。当前和今后一个时期，推进政治体制改革、加强政治建设，总的就是要在党的领导下，发展更加广泛、更加充分、更加健全的人民民主，使民主制度更加完善、民主形式更加丰富，人民积极性、主动性、创造性进一步发挥；更加注重发挥法治在国家和社会治理中的重要作用，维护国家法治的统一、尊严、权威，实现依法治国基本方略全面落实，法治政府基本建成，司法公信力不断提高，人权得到切实尊重和保障。

三是文化软实力显著增强。主要是四点要求：第一，社会主义核心价值体系是兴国之魂，决定中国特色社会主义发展方向，必须使之深入人心；第二，全面提高公民道德素质是社会主义道德建设的基本任务，必须坚持依法治国和以德治国相结合，使公民文明素质和社会文明程度明显提高；第三，让人民享有健康丰富的精神文化生活，是全面建设小康社会的重要内容，必须实现文化产品更加丰富，公共文化服务体系基本建成，文化产业成为国民经济支柱性产业；第四，文化越来越成为国际竞争力的重要元素，要不断增强中华文化国际影响力，必须要使中华文化走出去，迈出更大步伐。

四是人民生活水平全面提高。要做到：第一，基本公共服务均等化总体实现，这是人民生活水平全面、普遍提高的重要标志；第二，全民受教育程度和创新人才培育水平明显提高，进入人才强国和人力资源强国行列，教育现代化基本实现，这是实现人的全面发展的基础；第三，就业更加充分，这是民生之本得到保障的具体体现；第四，收入分配差距缩小，中等收入群体持续扩大，扶贫对象大幅减少，这是发展改革成果惠及全体人民的重要体现；第五，社会保障全民覆盖，人人享有基本医疗卫生服务，住房保障体系基本形成，这是实现老有所养、住有所居、病有所医的必然要求；第六，社会和谐稳定，这是人民安居乐业的必要前提。

五是资源节约型、环境友好型社会建设取得重大进展。要在以下方面取得明显成效：一是优化国土开发格局，使主体功能区布局基本形成；二是全面促进资源节约，初步建成资源循环利用体系；三是加大生态环境保护力度，单位国内生产总值能源消耗和二氧化碳排放大幅下降，主要污染物排放总量显着减少；四是实施重大生态修复工程，实现森林覆盖率提高，生态系统稳定性增强，人居环境明显改善。

（资料来源：党的十八大报告

《坚定不移沿着中国特色社会主义道路前进 为全面建成小康社会而奋斗》）

（二）提出梦想——实现中华民族伟大复兴中国梦

中华民族5000多年的文明史，就是一部不断实现梦想的奋斗史，也是中华民族精神的形成和发展史。“土尔扈特东归”“昭君出塞”“大禹治水”“凿壁偷光”……一个个圆梦故事，无不闪耀着中华民族精神的光辉。

2012年11月29日，在国家博物馆，中共中央总书记习近平在参观“复兴之路”展览时，第一次阐释了“中国梦”的概念。他说：“大家都在讨论中国梦。我认为，实现中华民族伟大复兴，就是中华民族近代以来最伟大的梦想。”他称，“到中国共产党成立100年时全面建成小康社会的目标一定能实现，到新中国成立100年时建成富强民主文明和谐的社会主义现代化国家的目标一定能实现，中华民族伟大复兴的梦想一定能实现。”

2013年3月17日，中国新任国家主席习近平在十二届全国人大一次会议闭幕会上，向全国人大代表发表自己的就任宣言。在将近25分钟的讲话中，习近平9次提及“中国梦”，44次提到“人民”，共获得了10余次掌声，有关“中国梦”的论述更一度被掌声打断。

习近平总书记深情阐述“中国梦”一定能实现！习近平表示，到中国共产党成立100年时全面建成小康社会的目标，到新中国成立100年时中华民族伟大复兴的梦想一定能实现。

习近平总书记在谈到“中国梦”时指出：中华民族的昨天，可以说是“雄关漫道真如铁”。近代以来，中华民族遭受的苦难之重、付出的牺牲之大，在世界历史上都是罕见的。但是，中国人民从不屈服，不断奋起抗争，终于掌握了自己的命运，开始了建设自己国家的伟大进程，充分展示了以爱国主义为核心的伟大民族精神。中华民族的今天，正可谓“人间正道是沧桑”。改革开放以来，我们总结历史经验，不断艰辛探索，终于找到了实现中华民族伟大复兴的正确道路，取得了举世瞩目的成果。这条道路就是中国特色社会主义。中华民族的明天，可以说是“长风破浪会有时”。经过鸦片战争以来170多年的持续奋斗，中华民族伟大复兴展现出光明的前景。现在，我们比历史上任何时期都更接近中华民族伟大复兴的目标，比历史上任何时期都更有信心、有能力实现这个目标。

【资料链接】

2017年10月18日，习近平同志在十九大报告中指出，实现中华民族伟大复兴是近代以来中华民族最伟大的梦想。中国共产党一经成立，就把实现共产主义作为党的最高理想和最终目标，义无反顾肩负起实现中华民族伟大复兴的历史使命，团结带领人民进行了艰苦卓绝的斗争，谱写了气吞山河的壮丽史诗。习近平指出，实现伟大梦想，必须进行伟大斗争；必须建设伟大工程；必须推进伟大事业。

（资料来源：党的十九大报告
《决胜全面建成小康社会　夺取新时代中国特色社会主义伟大胜利》）

（三）明确布局——统筹推进“五位一体”

党的十八大报告指出：“建设中国特色社会主义，总依据是社会主义初级阶段，总布局是五位一体，总任务是实现社会主义现代化和中华民族伟大复兴……必须更加自觉地把全面协调可持续作为深入贯彻落实科学发展观的基本要求，全面落实经济建设、政治建设、文化建设、社会建设、生态文明建设五位一体总体布局，促进现代化建设各方面相协调，促进生产关系与生产力、上层建筑与经济基础相协调，不断开拓生产发展、生活富裕、生态良好的文明发展道路。”

“五位一体”，大大丰富了“现代化”的理论体系。以往的提法主要是“经济现代化”，十六大报告提的是“三位一体”（经济建设、政治建设、文化建设），到了十七大提出了“四位一体”（经济建设、政治建设、文化建设和社会建设），十八大进一步拓展到“五位一体”（经济建设、政治建设、文化建设、社会建设、生态文明建设）。这个总体布局意味着中国进入二十一世纪后，从局部现代化到全面现代化，从不断协调的现代化到全面协调的现代化。

（资料来源：党的十八大报告
《坚定不移沿着中国特色社会主义道路前进 为全面建成小康社会而奋斗》）

党的十八大以来，以习近平同志为核心的党中央统筹推进“五位一体”总体布局，提出一系列新理念、新思想、新战略，引领中国特色社会主义各项事业蓬勃发展。经济建设上，主动适应和引领经济发展新常态；政治建设上，发展社会主义民主政治；文化建设上，发展中国特色社会主义文化；社会建设上，在发展中保障和改善民生；生态文明建设上，建设美丽中国。“五位一体”总体布局是一个有机整体，其中经济建设是根本，政治建设是保证，文化建设是灵魂，社会建设是条件，生态文明建设是基础。坚持“五位一体”建设全面推进、协调发展，才能形成经济富裕、政治民主、文化繁荣、社会公平、生态良好的发展格局，把中国建设成为富强、民主、文明、和谐的社会主义现代化国家。

（四）确定战略——协调推进“四个全面”

党的十八大以来，中共中央从坚持和发展中国特色社会主义全局出发，提出并形成了全面建成小康社会、全面深化改革、全面依法治国、全面从严治党的战略布局。这个战略布局既有战略目标，也有战略举措，每一个“全面”都具有重大战略意义，是实现中华民族伟大复兴中国梦的重要保障。

【资料链接】

推进全面深化改革

2013 年 11 月，中共十八届三中全会审议通过《中共中央关于全面深化改革若干重大问题的决定》，勾画了到 2020 年全面深化改革的时间表、路线图。全会强调，改革开放是决定当代中国命运的关键一招。改革开放的旗帜必须继续高高举起，中国特色社会主义道路的正确方向必须牢牢坚持。决定阐述了全面深化改革的重大意义、指导思想、总体思路，指出全面深化改革的总目标，是“完善和发展中国特色社会主义制度，推进国家治理体系和治理能力现代化”；要求“坚持社会主义市场经济改革方向，以促进社会公平正义、增进人民福祉为出发点和落脚点，进一步解放思想、解放和发展社会生产力、解放和增强社会活力”，让发展成果更多惠及全体人民；强调全面深化改革需要更加注重改革的系统性、整体性、协同性，加强顶层设计和整体谋划。改革进入新的发展阶段，要求到 2020 年，在重要领域和关键环节改革上取得决定性成果。

2015年5月12日，李克强出席全国推进简政放权放管结合职能转变工作电视电话会议时说，人民群众对审批之弊感受最深，对改什么、如何改最有发言权。要开门搞改革，从政府部门“端菜”变为人民群众“点菜”，以群众需求为导向，从反映突出问题入手。

在2016年3月16日召开的总理记者会上，有记者提问简政放权下一步准备怎么办。总理回答：“简政放权必须一以贯之，哪里遇到问题、碰到阻力就要设法去解决，这是削减部门利益的事情。我们就是要用减政府权力的‘痛’来换得企业、群众办事的‘爽’。今年要下决心再砍掉一批审批事项，而且直接放给市场，即使是需要审批的也要简化手续。”

2016年5月9日，李克强总理在全国推进简政放权放管结合优化服务改革电视电话会议上明确表示，转变政府职能、提高工作效能还有很大空间。李克强说：“‘放管服’改革实质是政府自我革命，要削手中的权、去部门的利、割自己的肉。计利当计天下利，要相忍为国、让利于民，用政府减权限权和监管改革，换来市场活力和社会创造力释放。以舍小利成大义、以牺牲‘小我’成就‘大我’。”

简政放权是全面深化改革的“先手棋”和转变政府职能的“当头炮”。本届政府开门“第一件大事”、2014年国务院第一次常务会议主题是“简政放权”。2017年2月10日，《人民日报》拿出两个整版梳理了2013年以来国务院已公布的取消和下放国务院部门行政审批事项。至此，国务院已分9批审议通过取消和下放行政审批事项共618项，其中取消491项、下放127项。

推进全面依法治国

2012年12月4日，首都各界纪念现行宪法公布施行30周年大会举行。习近平总书记强调，要恪守宪法原则、弘扬宪法精神、履行宪法使命，把全面贯彻实施宪法提高到一个新水平。

2013年3月19日，十二届全国人大常委会第一次会议举行。至2017年9月，十二届全国人大常委会共举行29次会议；十二届全国人大及其常委会共制定法律22件、修改法律110件次、通过有关法律问题和重大问题的决定37件、作出法律解释9件，我国现行有效法律共260件。

2013年5月31日，国务院常务会议围绕转变政府职能通过一批法律修正案草案和废止、修改部分行政法规的决定。至2017年8月，为转变政府职能、推动“简政放权、放管结合、优化服务”改革，全国人大常委会共修改有关法律54部，国务院废止行政法规6部、修改行政法规125部。

2014年10月20日—23日，党的十八届四中全会举行。全会审议通过《中共中央关于全面推进依法治国若干重大问题的决定》（以下简称《决定》）。《决定》阐述了全面推进依法治国的重大意义、指导思想、总目标、基本原则。《决定》提出，全面推进依法治国，总目标是建设中国特色社会主义法治体系，建设社会主义法治国家。实现这个总目标，必须坚持中国共产党的领导，坚持人民主体地位，坚持法律面前人人平等，坚持依法治国和以德治国相结合，坚持从中国实际出发。《决定》指出，党的领导是中国特色社会主义最本质的特征，是社会主义法治的根本保证。坚持党的领导，是中国特色社会主义法治道路的核心要义。《决定》对科学立法、严格执法、公正司法、全民守法进行了论述和部署。《决定》提出，必须完善以宪法为核心的中国特色社会主义法律体系、加强宪法实施。建议将每年12月4日定为国家宪法日；提出建立宪法宣誓制度，凡经人大及其常委会选举或者决定任命的国家工作人员正式就职时公开向宪法宣誓。《决定》要求，深入推进依法行政，加快建设法治政府，各级政府必须坚持在党的领导下、在法治轨道上开展工作。

2014 年 11 月 1 日十二届全国人大常委会第十一次会议经表决通过了全国人大常委会关于设立国家宪法日的决定，设立每年 12 月 4 日为国家宪法日。

2015 年 2 月 2 日—6 日，中央党校省部级主要领导干部学习贯彻十八届四中全会精神全面推进依法治国专题研讨班举行。习近平总书记系统阐述全面建成小康社会、全面深化改革、全面依法治国、全面从严治党的战略布局。

2015 年 3 月 5 日—15 日，十二届全国人大三次会议举行。会议通过《关于修改〈中华人民共和国立法法〉的决定》。

2016 年 2 月 26 日，十二届全国人大常委会首次举行宪法宣誓仪式。

2016 年 12 月 24 日—25 日，全国党内法规工作会议举行。会前，习近平总书记作出指示，强调加强党内法规制度建设是全面从严治党的长远之策、根本之策，必须坚持依法治国与制度治党、依规治党统筹推进、一体建设。

2017 年 10 月 18 日，习近平总书记在党的十九大报告中指出，全面依法治国是中国特色社会主义的本质要求和重要保障。必须把党的领导贯彻落实到依法治国全过程和各方面。

2018 年 3 月 17 日，十三届全国人大一次会议在北京人民大会堂举行第五次全体会议。习近平当选中华人民共和国主席、中华人民共和国中央军事委员会主席。习近平进行宪法宣誓。

推进全面建成小康社会

习近平总书记在基层考察时提出，全面建成小康社会一个都不能少。这一个都不能少既包括 56 个民族一个不能少，也包括全体社会成员一个不能少。“全面建成小康社会，一个都不能少，共同富裕路上，一个不能掉队”的承诺与要求，表达了以习近平同志为核心的党中央全面建成小康社会的坚强意志，确立了全面建成小康社会的严格标准，赋予了党为人民服务宗旨的新内涵。

2018 年 4 月 17 日，独立第三方机构竞争力智库和国家发展改革委主管的中国信息协会信用专业委员会联合发布了《中国城市全面建成小康社会监测报告 2017》（以下简称《报告》）。《报告》对全国 31 个省区市（不含港澳台地区）和 653 个城市全面建成小康社会情况进行了监测。《报告》显示，2017 年中国全面建成小康社会指数（简称“全面小康指数”）约为 97.00，连续 7 年上升。

2012 年 11 月，党的十八大正式提出了“全面建成小康社会”这一奋斗目标。2015 年 10 月，中共十八届五中全会审议通过了《中共中央关于制定国民经济和社会发展第十三个五年规划的建议》。全会提出了全面建成小康社会新的目标要求。全会强调实现“十三五”时期发展目标，破解发展难题，厚植发展优势，必须牢固树立并切实贯彻创新、协调、绿色、开放、共享的发展理念；必须坚持以人民为中心的发展思想，坚持发展为了人民、发展依靠人民、发展成果由人民共享。全面建成小康社会，最艰巨最繁重的任务在农村，特别是在贫困地区。2015 年 11 月，中共中央召开扶贫开发工作会议，提出坚持精准扶贫、精准脱贫，坚决打赢脱贫攻坚战，确保到 2020 年所有贫困地区和贫困人口同全国人民一道迈入全面小康社会。

推进全面从严治党

十八大以来，各地区各部门锲而不舍落实中央八项规定精神，中央纪委和各级纪检监察机关保持反腐高压态势，抓作风、反腐败，全面从严治党的进程持续推进。

抓作风，深化八项规定。从2012年底中央政治局会议审议通过改进工作作风、密切联系群众的八项规定，至今已近四年。截至2017年8月，全国已累计查处违反中央八项规定精神问题18.43万起、处理25.02万人，给予党纪政纪处分13.61万人。

反腐败，保持高压态势。党的十八大以来，中央纪委和各级纪检监察机关按照党中央的决策部署，始终保持反腐败高压态势，力度不减、节奏不变，坚决把存量减下来，把增量遏制住。2013至2017年，全国纪检监察机关立案、结案、给予党纪政纪处分数量逐年上升。

十八大以来查处的中管干部（中共中央组织部直接管理的高级干部）覆盖了31个省区市。截至2017年6月，接受组织调查的中管干部共计280人，查处十八届中央委员、候补委员40人，查处十八届中央纪委委员8人。在不少中央一级党和国家机关、国企和金融单位也有被查处的中管干部，涉及司法、金融、环保、安监、体育等多个领域。

全面从严治党是党的十八大以来党中央作出的重大战略部署，是“四个全面”战略布局的重要组成部分，也是全面建成小康社会、全面深化改革、全面依法治国顺利推进的根本保证。全面从严治党，基础在全面，关键在严，要害在治。“全面”就是管全党、治全党，面向8900多万党员、450多万个党组织，覆盖党的建设各个领域、各个方面、各个部门，重点是抓住领导干部这个“关键少数”。“严”就是真管真严、敢管敢严、长管长严。“治”就是从党中央到省市县党委，从中央部委、国家机关部门党组（党委）到基层党支部，都要肩负起主体责任，党委书记要把抓好党建当作分内之事、必须担当的责任；各级纪委要担负起监督责任，敢于瞪眼黑脸，敢于执纪问责。2017年10月18日，习近平同志在十九大报告中强调，坚定不移全面从严治党，不断提高党的执政能力和领导水平。

必须把全面深化改革作为决定当代中国命运的关键一招。党的十八大以来，以习近平同志为核心的党中央高举改革开放旗帜，以更大的政治勇气和政治智慧推进改革，用全局观念和系统思维谋划改革，推动新一轮改革大潮汹涌向前。党的十八届三中全会对全面深化改革作出总体部署，吹响了改革开放新的进军号。尤其是中央全面深化改革领导小组成立以来，习总书记亲自主持召开了38次会议，出台超过1200个改革方案，近400个重点改革任务已经完成，国家治理体系中具有四梁八柱性质的改革主体框架基本确立。改革给党和国家发展注入了新的活力、给事业前进增添了强大动力，社会主义在中国焕发出蓬勃生机。改革开放只有进行时，没有完成时。过去5年的辉煌靠的是全面深化改革，未来发展也必须坚定不移地高举改革旗帜，坚定改革定力、增强改革勇气，站在更高起点谋划和推进改革，再接再厉、久久为功，坚决将改革进行到底。

二、十八大以来的历史性成就

十八大至十九大的五年，是党和国家发展进程中极不平凡的五年。面对世界经济复苏乏力、局部冲突和动荡频发、全球性问题加剧的外部环境，面对我国经济发展进入新常态等一系列深刻变化，我们坚持稳中求进工作总基调，迎难而上，开拓进取，取得了改革开放和社会主义现代化建设的历史性成就。主要表现在以下方面。

第一，经济建设取得重大成就。经济保持中高速增长，综合国力和国际影响力显著提升，经济总量稳居世界第二位，对世界经济增长贡献率超过 30%。经济结构不断优化，推动经济迈向更高发展水平。

第二，全面深化改革取得重大突破。蹄疾步稳推进全面深化改革、压茬拓展改革广度和深度，通过了 360 多个重大改革方案，出台了 1500 多项改革举措，夯基垒台、立柱架梁，全面深化改革的主体框架基本确立。

第三，民主法治建设迈出重大步伐。中国特色社会主义法治理论实现新飞跃，中国特色社会主义法治体系日益完善，加快建设法治政府进入新阶段，司法质量、效率和公信力大幅提升，全社会法治观念明显增强。

第四，思想文化建设取得重大进展。现代公共文化服务体系建设步入发展快车道，文化产业蓬勃发展，全国文化及相关产业增加值从 2012 年的 18 071 亿元增加到 2017 年的 35 642 亿元。文化走出去步伐加快，中国故事吸引世界目光。

第五，人民生活不断改善。惠民政策力度不断加大，养老金和农村低保标准增幅远超 GDP 增速。保障性安居工程建设扎实推进，教育事业全面发展，人民健康和医疗卫生水平大幅提高。综合交通基础设施网络日趋完善，新业态不断涌现，就业状况持续改善。

第六，生态文明建设成效显著。修复水生陆生生态，防治水土流失，把绿色发展理念融入生产生活。2016 年，我国单位 GDP 能耗、用水量分别比 2012 年下降 17.9%和 25.4%。主要污染物减排效果显著。引导应对气候变化国际合作，成为全球生态文明建设的重要参与者、贡献者、引领者。

第七，强军兴军开创新局面。着眼于实现中国梦强军梦，制定新形势下军事战略方针，全力推进国防和军队现代化。召开古田全军政治工作会议，恢复和发扬我党我军光荣传统和优良作风。国防和军队改革取得历史性突破，固本开新，重塑钢铁长城。加强练兵备战、锻造胜战之师。

第八，港澳台工作取得新进展。牢牢掌握宪法和基本法赋予的中央对香港、澳门全面管治权。深化内地和港澳地区交流合作。保持香港、澳门繁荣稳定。坚持一个中国原则和“九二共识”，推动两岸关系和平发展，坚决反对和遏制“台独”分裂势力，有力维护台海和平稳定。

第九，全方位外交布局深入展开。全面推进中国特色大国外交，形成全方位多层次、立体化的外交布局，为我国发展营造了良好的外部条件。实施共建“一带一路”倡议，倡导构建人类命运共同体，促进全球治理体系变革，为世界和平与发展做出新的重大贡献。

第十，全面从严治党成效卓著。增强政治意识、大局意识、核心意识、看齐意识，坚决维护党中央权威和集中统一领导。开展党的群众路线教育实践活动和“三严三实”专题教育，推进“两学一做”学习教育常态化、制度化，全党理想信念更加坚定、党性更加坚强。贯彻新时期好干部标准，选人用人状况和风气明显好转。党的建设制度改革深入推进，党内法规制度体系不断完善。出台中央八项规定，严厉整治形式主义、官僚主义、享乐主义和奢靡之风，巡视利剑作用彰显。坚持反腐败无禁区、全覆盖、零容忍，坚定不移“打虎”“拍蝇”“猎狐”，反腐败斗争压倒性态势已经形成并巩固发展。

这些历史性成就带来了中国社会全方位的变革，主要表现在：党的领导得到全面加强，党的领导被忽视、淡化、削弱的状况得到明显改变；坚定不移贯彻新发展理念，发展观念不正确、发展方式粗放的状况得到明显改变；坚定不移全面深化改革，各方面体制机制弊端阻碍发展活力和社会活力的状况得到明显改变；坚定不移全面推进依法治国，有法不依、执法不严、司法不公问题严重的状况得到明显改变；加强党对意识形态工作的领导，社会思想舆论环境的混乱状况得到明显改变；坚定不移推进生态文明建设，忽视生态环境保护、生态环境恶化的状况得到明显改变；坚定不移推进国防和军队现代化，人民军队中一度存在的不良政治状况得到明显改变；坚定不移推进中国特色大国外交，我国在国际力量对比中面临的不利状况得到明显改变；坚定不移推进全面从严治党，管党治党宽松软状况得到明显改变。

【资料链接】

经济建设：2013—2016 年，国内生产总值年均增长 7.2%，高于同期世界 2.5%和发展中经济体 4% 的平均增长水平。2016 年，国内生产总值达到 74 万亿元，为 2012 年的 1.32 倍。人均国内生产总值稳步提高，2016 年，人均国内生产总值 53 980 元，比 2012 年增长 29%。2012—2016 年，人均国民总收入（GNI）由 5940 美元提高到超过 8000 美元，接近中等偏上收入国家平均水平。国际影响力显著提升，2013—2016 年，我国对世界经济增长的平均贡献率达到 30%以上，超过美国、欧元区和日本贡献率的总和，居世界第一位。产业结构优化升级，2013 年服务业（即第三产业）现价增加值占国内生产总值的比重首次超过第二产业成为国民经济第一大产业，2016 年提升至 51.6%，比 2012 年提高 6.3 个百分点。

政治建设：2016 年，党的十八届六中全会明确了习近平总书记在党中央和全党的核心地位，为进一步加强党的集中统一领导奠定了坚实的政治基础。2015 年 4 月，中央决定在县处级以上领导干部中开展“三严三实”专题教育；2016 年 2 月，中央决定在全体党员中开展“学党章党规、学系列讲话，做合格党员”学习教育；2017 年 10 月，党的十九大决定在全党开展“不忘初心，牢记使命”主题教育活动。至 2017 年 6 月底，全国累计查处违反中央八项规定精神问题 17 万多起，处分 13 万多人。时至今日，“八项规定”从一个新名词，变得家喻户晓，深入人心。

2013 年 3 月 18 日，新一届国务院第一次常务会议把议题集中在《国务院机构改革和职能转变方案》上，向社会交出一份改革时间表和任务书。4 年多来，累计取消国务院部门行政审批事项 618 项，国务院各部门设置的执业资格削减 70%以上、中央层面核准的投资项目数量累计减少 90%；全面推开营改增，出台中小微企业税收优惠政策，中央和省级政府取消、停征和减免收费 1100 多项，2013—2016 年，政府累计为企业减轻负担 2 万多亿元。

文化建设：2016 年，我国地方一般公共预算文化体育与传媒支出 2917 亿元，比 2012 年增长 40.6%。城乡居民文化娱乐消费支出之比由 2013 年的 5.4∶1，降低到 2016 年的 5.0∶1。居民用于文化娱乐的人均消费支出为 800 元，比 2013 年增长 38.7%，年均增长 11.5%。

社会建设：居民收入保持较快增长。2016 年，全国居民人均可支配收入 23821 元，比 2012 年增加 7311 元，年均实际增长 7.4%。2016 年中央和省级财政专项扶贫资金首次突破 1000 亿元，其中中央为 667 亿元，同比增长 43.4%；省级为 493.5 亿元，同比增长 56.1%。2016 年末，全国医疗卫生机构数达到 98.3 万个，其中医院 2.9 万个，比 2012 年末增加 0.6 万个。居民平均预期寿命由 2010 年的 74.83 岁提高到 2015 年的 76.34 岁。15 岁及以上人口平均受教育年限由2010年的9.05年提高到2015年的9.42年。高等教育毛入学率显著提高，2016年达到42.7%，比2012年提高12.7个百分点。2013—2016年，城镇新增就业连续四年保持在1300万人以上，31个大城市城镇调查失业率基本稳定在5%左右。

生态文明建设：2015年，全国环境污染治理投资总额8806.4亿元，比2012年增长6.7%。2016年，338个地级及以上城市中，环境空气质量达标城市84个，同比增加11个，优良天数比例为78.8%，同比提高2.1个百分点。2016年，全国自然保护区达2750个，比2012年增加81个。五年来，我国年均新增造林超过9000万亩，我国治理沙化土地1.26亿亩，沙化土地面积年均缩减1980平方公里；近岸海域海水水质监测点中，达到国家一、二类海水水质标准的监测点占73.4%，比2012年提高4个百分点。

（资料来源：央广网，2017年4月11日）

三、社会主要矛盾的变化

对社会主要矛盾的科学判断，是制定党的路线方针政策的基本依据。党对我国社会主要矛盾的认识根据社会发展变化而不断调整和深化。1956年社会主义改造基本完成后，党的八大指出："我们国内的主要矛盾，已经是人民对于建立先进的工业国的要求同落后的农业国的现实之间的矛盾，已经是人民对于经济文化迅速发展的需要同当前经济文化不能满足人民需要的状况之间的矛盾。"然而，由于各种主客观原因，党的八大关于社会主要矛盾的正确认识，未能很好地坚持下去。1978年十一届三中全会决定把党和国家的工作重点转移到社会主义现代化建设上来。1981年十一届六中全会通过的《关于建国以来党的若干历史问题的决议》，对我国社会主要矛盾作了科学表述："在社会主义改造基本完成以后，我国所要解决的主要矛盾，是人民日益增长的物质文化需要同落后的社会生产之间的矛盾。"

党的十九大明确指出，我国社会主要矛盾已经转化为人民日益增长的美好生活需要和不平衡不充分的发展之间的矛盾。主要依据有以下三个方面。

一是经过改革开放40年的发展，我国社会生产力水平总体上显著提高，很多方面进入世界前列。我国国内生产总值自2010年开始稳居世界第二位，货物进出口和服务贸易总额均居世界第二位，对外投资和利用外资分别居世界第二、第三位，制造业增加值连续7年居世界第一位，基础设施建设部分领域遥遥领先，高铁运营总里程、高速公路总里程和港口吞吐量均居世界第一位，20多种主要工农业产品生产能力稳居世界第一位。这说明，我国进入社会主义初级阶段以来的"落后的社会生产"已经发生了新的阶段性变化。

二是人民生活水平显著提高，对美好生活的向往更加强烈，不仅对物质文化生活提出了更高要求，而且在民主、法治、公平、正义、安全、环境等方面的要求日益增长。改革开放以来，我国人民生活水平不断迈上了新台阶，已经达到了中等偏上收入国家水平；城镇居民人均可支配收入和农村居民人均可支配收入大幅提高；居民受教育程度不断提高，九年义务教育全面普及，高等教育毛入学率高出世界平均水平；城乡居民健康状况显著改善，居民平均预期寿命高于世界平均水平；覆盖城乡的社会保障体系基本建立，其他很多方面的民生保障也有显著改善。随着人民生活水平不断提高，人民群众的需要呈现出多样化多层次多方面的特点，期盼有更好的教育、更稳定的工作、更满意的收入、更可靠的生活保障、更高水平的医疗卫生服务、更舒适的居住条件、更优美的环境、更丰富的精神文化生活，人民群众的民主意识、公平意识、法治意识、参与意识、监督意识、维权意识在不断增强。这说明，人民群众对于日益增长的“物质文化需要”层次更高、内容范围更广，出现了阶段性的新特征。

三是影响满足人们美好生活需要的因素很多，但主要是发展的不平衡不充分问题。发展不平衡，主要指各区域各领域各方面发展不平衡，制约了全国发展水平提升。发展不充分，主要指一些地区、一些领城、一些方面还存在发展不足的问题，发展的任务仍然很重。发展不平衡不充分问题表现在很多方面。从社会生产力来看，我国既有世界先进甚至世界领先的生产力，也有大量传统的、相对落后甚至原始的生产力，而且不同地区、不同领域的生产力水平和布局还不均衡，发展水平仍然差距较大，收入分配差距仍然较大，还有几千万人口尚未脱贫。从“五位一体”总体布局来看，我国经济发展水平总体较好，但社会法治化水平不高，文化建设相对滞后，社会建设还有不少短板，生态文明建设问题较多。这些发展不平衡不充分问题相互掣肘，带来很多社会矛盾和问题，是当前和今后一个时期制约我国发展和满足人民日益增长的美好生活需要的主要根源。

我国社会主要矛盾的变化是关系全局的历史性变化，对党和国家工作提出了许多新要求。我们要在继续推动发展的基础上，着力解决好发展不平衡不充分问题，大力提升发展质量和效益，更好满足人民在经济、政治、文化、社会、生态等方面日益增长的需要，更好推动人的全面发展、社会全面进步。

我国社会主要矛盾的变化，没有改变我们对我国社会主义所处历史阶段的判断，我国仍处于并将长期处于社会主义初级阶段的基本国情没有变，我国是世界最大发展中国家的国际地位没有变。我国目前人均国内生产总值只相当于世界平均水平的 80%左右，按国家和独立经济体排位，大体处在世界中列，在创新能力、产业层次、公共服务等方面与发达国家相比，仍有相当大的差距。实现建成富强、民主、文明、和谐、美丽的社会主义现代化强国目标，还有很长的路要走。我们要牢牢把握社会主义初级阶段这个基本国情，牢牢立足社会主义初级阶段这个最大实际，牢牢坚持党在社会主义初级阶段的基本路线。

【资料链接】

大数据告诉你为什么社会主要矛盾发生了变化

在国家治理中，国民经济、社会发展、内政外交等各种问题错综复杂，哪些问题要优先解决？怎么抓住工作的“牛鼻子”？如何在制定规划时提纲挈领？答案是：这一切都取决于社会的主要矛盾。主要矛盾决定大政方针，决定稀缺资源如何配置才能实现最优效率。

十一届六中全会决议提出，“我国所要解决的主要矛盾，是人民日益增长的物质文化需要同落后的社会生产之间的矛盾”。现在，距离十一届六中全会已过去了 36 年。十九大报告指出，我国社会主要矛盾已经转化为人民日益增长的美好生活需要和不平衡不充分的发展之间的矛盾。如何理解社会主要矛盾的变化？不妨用一组数据图景来提供一种解答。

一、从生产力落后国家变成世界经济大国

1978 年改革开放以来，中国以经济建设为中心，努力发展生产力，国民经济持续 30 多年高速增长。根据世界银行的统计数据，1978—2015 年，与美国、日本、英国、法国、加拿大、德国、意大利这几个主要资本主义大国相比，中国的 GDP 增长速度几乎在所有年份都遥遥领先。现在，中国已经从一个生产力非常落后的国家变成世界第二大经济体，在很多领域也是制造业强国。因此，从中国的经济基础和经济总量上讲，社会主要矛盾中的“落后的社会生产”问题已经解决了，也就意味着旧的社会主要矛盾不存在了，新的社会主要矛盾出现了。

二、从吃饱穿暖到收入和财产分配的不平衡

在改革开放之前和初期，民众的主要问题是温饱问题，吃饱穿暖是主要目标。伴随着社会生产力的快速发展和技术创新的层出不穷，中国的温饱问题已经解决了，而且大部分人已经过上了小康生活。但是由于市场经济体制还不完善，收入分配和社会保障制度还不健全，贫富差距依然较大。在这种情况下，社会主要矛盾体现为“不患寡而患不均”。

根据国家统计局的数据，2003 年居民收入基尼系数为 0.479，2016 年为 0.465。根据国际经验，基尼系数超过 0.4 就属于差距较大，超过 0.5 就属于差距悬殊。虽然过去十年来我国基尼系数有所下降，但仍然保持高位，这一问题必须引起高度关注。

如果看财产分配，结果更为不平衡。根据北京师范大学李实等人的研究，在过去十多年里，中国居民的财产差距迅速增加，2010 年全国居民财产分布的基尼系数高达 0.739，中国已成为世界上财富分配高度不均等的国家之一。在居民各类财产中，房产占全部财产的比例由 2002 年的 57%上升到 2010 年的 74%。房产成为居民财产分配不平衡的主要原因之一。十九大报告提出“房子是用来住的、不是用来炒的”，可谓振聋发聩。另一方面，城乡居民之间财产分化严重。十九大报告提出实施“乡村振兴战略”，可谓正逢其时。

三、从数量满足到品质享受

当民众解决了温饱问题后，就不会再满足于物质产品和精神产品的数量本身，而是更加注重产品的品质。例如，很多居民买东西会注重品牌，注重个性；在工作之余也开始注重健康养生，注重旅游。体现在需求侧，就是民众从满足基本需求到注重更加充分的发展。根据世界银行的数据，2000—2015 年中国海外旅游市场迅速增长，旅游消费价值从 2000 年的 131 亿美元猛增至 2015 年的 2922 亿美元。另一方面，一部分居民开始偏好从海外购买各种高档用品或奢侈品。根据中国电子商务中心的统计，海外代购价值从 2009 年的 50 亿元人民币猛增至 2014 年的 1549 亿元人民币。

从数量满足到品质享受，这是社会主要矛盾中需求侧的本质变化，这一变化要求供给侧也能跟上。但目前的问题是，我国的社会生产在很大程度上还停留在以数量扩张为特征的粗放型增长方式上，急需转到以技术创新和品质提升为特征的集约型增长方式上。这种技术转型和产业升级，正是中央提出的“供给侧结构性改革”的核心要义。

四、从衣食住行到全面发展

在社会生产落后的时代，民众的基本需求是衣食住行；在生产力比较发达的新时代，民众不仅追求物质享受和精神享受，而且会追求全面发展。全面发展意味着，民众不仅仅关心每天的柴米油盐酱醋茶，还会更加关心环境污染、教育卫生、医疗保障、社会治安、政府廉洁和国际地位等一系列公共事务。从这个意义上讲，更加充分的发展其实就是人的全面发展，这是更高层次的需求目标和价值实现，也是社会进步的表现。我们根据人民网“全国两会热点调查”结果，整理了 2002—2017 年全国两会期间民众最关心的问题。

表 1　2002—2017 年全国两会热点问题

年份	第一位	第二位	第三位
2017	反腐倡廉	社会保障	医疗改革
2016	社会保障	居民收入	医疗改革
2015	收入分配	重拳反腐	经济新常态
2014	社会保障	反腐倡廉	医药安全
2013	社会保障	收入分配	反腐倡廉
2012	社会保障	收入分配	医疗改革
2011	社会保障	司法公正	反腐倡廉
2010	养老保险	依法拆迁	反腐倡廉
2009	反腐倡廉	医药安全	医疗改革
2008	物价上涨	反腐倡廉	医改方案
2007	社会公平	反腐倡廉	控制房价
2006	反腐倡廉	社会公平	依法行政
2005	社会公平	反腐倡廉	教育收费
2004	反腐倡廉	司法公正	农民增收减负
2003	反腐败	司法改革	民主政治
2002	反腐倡廉	加入世贸	农民增收减负

根据排序可发现，过去 15 年中，民众高度关注社会热点和难点问题，而不是仅仅满足于个体的衣食住行。

首先，反腐倡廉几乎在所有年份都是民众最关心的三大热点问题之一。这也从一个角度证明，十八大以来中央强力反腐，深得民心。其次，社会保障问题在多数年份都是三大热点问题之一，甚至在 2011—2014 年连续四年排名第一，凸显了建立完善的社会安全保障体系的极端重要性。

此外，收入分配、医疗改革、社会公平问题也常常成为三大热点问题。从调查反馈来看，要实现人民对美好生活的期盼，就是要着力解决腐败问题、社会保障问题和收入分配问题等热点问题。

（资料来源：聂辉华，凤凰网，2017 年 10 月 23 日）

四、决胜全面建成小康社会　开启全面建设社会主义现代化国家新征程

改革开放之后，我们党对我国社会主义现代化建设作出战略安排，提出“三步走”战略目标。解决人民温饱问题、人民生活总体上达到小康水平这两个目标已提前实现。在这个基础上，我们党提出，到建党一百年时建成经济更加发展、民主更加健全、科教更加进步、文化更加繁荣、社会更加和谐、人民生活更加殷实的小康社会，然后再奋斗三十年，到新中国成立一百年时，基本实现现代化，把我国建成社会主义现代化国家。

从现在到二〇二〇年，是全面建成小康社会决胜期。要按照十六大、十七大、十八大提出的全面建成小康社会各项要求，紧扣我国社会主要矛盾变化，统筹推进经济建设、政治建设、文化建设、社会建设、生态文明建设，坚定实施科教兴国战略、人才强国战略、创新驱动发展战略、乡村振兴战略、区域协调发展战略、可持续发展战略、军民融合发展战略，突出抓重点、补短板、强弱项，特别是要坚决打好防范化解重大风险、精准脱贫、污染防治的攻坚战，使全面建成小康社会得到人民认可、经得起历史检验。

从十九大到二十大，是“两个一百年”奋斗目标的历史交汇期。我们既要全面建成小康社会、实现第一个百年奋斗目标，又要乘势而上开启全面建设社会主义现代化国家新征程，向第二个百年奋斗目标进军。

综合分析国际国内形势和我国发展条件，从二〇二〇年到本世纪中叶可以分两个阶段来安排。

第一个阶段，从二〇二〇年到二〇三五年，在全面建成小康社会的基础上，再奋斗十五年，基本实现社会主义现代化。到那时，我国经济实力、科技实力将大幅跃升，跻身创新型国家前列；人民平等参与、平等发展权利得到充分保障，法治国家、法治政府、法治社会基本建成，各方面制度更加完善，国家治理体系和治理能力现代化基本实现；社会文明程度达到新的高度，国家文化软实力显著增强，中华文化影响更加广泛深入；人民生活更为宽裕，中等收入群体比例明显提高，城乡区域发展差距和居民生活水平差距显著缩小，基本公共服务均等化基本实现，全体人民共同富裕迈出坚实步伐；现代社会治理格局基本形成，社会充满活力又和谐有序；生态环境根本好转，美丽中国目标基本实现。

第二个阶段，从二〇三五年到本世纪中叶，在基本实现现代化的基础上，再奋斗十五年，把我国建成富强、民主、文明、和谐、美丽的社会主义现代化强国。到那时，我国物质文明、政治文明、精神文明、社会文明、生态文明将全面提升，实现国家治理体系和治理能力现代化，成为综合国力和国际影响力领先的国家，全体人民共同富裕基本实现，我国人民将享有更加幸福安康的生活，中华民族将以更加昂扬的姿态屹立于世界民族之林。

新时代、新使命、新思想、新征程

十九大报告体现“四个新”，第一个“新”体现在中国特色社会主义进入了新时代，社会主要矛盾出现的新变化；第二个“新”体现在新时代中国共产党的历史使命，要进行伟大斗争，建设伟大工程，推进伟大事业，实现伟大梦想；第三个“新”体现在开创性地提出了新时代中国特色社会主义思想并全面阐述了新时代坚持和发展中国特色社会主义的十四个基本方略；第四个“新”体现在新时代中国特色社会主义发展两个阶段的战略安排，开启了中国特色社会主义现代化建设的新征程。

1. 新时代：标注历史坐标

处于百年之交的十九大，上连党的第一个百年，下接党的第二个百年，承前启后、继往开来，具有重大的历史意义和政治意义，是两个百年衔接过渡的里程碑。“十九大将标注出历史与未来汇合转折、党的历史与民族历史融合贯通、全面小康与现代化承接递进的大写坐标。”新时代中国特色社会主义，是十九大报告的主题词之一。过去 5 年的辉煌成就，就是新时代中国特色社会主义逐步形成发展的成就。5 年来的历史性成就集聚了新时代中国特色社会主义的雄厚基础；5 年来的历史性变革酝酿了新时代中国特色社会主义主要矛盾新变化；5 年来党的理论创新形成了新时代中国特色社会主义的科学理论；5 年来以习近平同志为核心的党中央治国理政宝贵经验构建了新时代中国特色社会主义的基本方略；5 年来实现伟大梦想的奋斗实践奠基了新时代中国特色社会主义的战略安排；5 年来全面从严治党的显著成效锻造了新时代中国特色社会主义的坚强领导。

2. 新使命：推进“四个伟大”

习近平总书记在阐述新时代中国共产党的历史使命时说，实现中华民族伟大复兴是近代以来中华民族最伟大的梦想。“实现伟大梦想，必须进行伟大斗争”“实现伟大梦想，必须建设伟大工程”“实现伟大梦想，必须推进伟大事业”。习总书记强调，伟大斗争、伟大工程、伟大事业、伟大梦想，紧密联系、相互贯通、相互作用，其中起决定性作用的是党的建设新的伟大工程。关于“四个伟大”的论述，习近平总书记“7·26”重要讲话曾进行过深刻阐述。十九大报告不仅系统阐述了“四个伟大”这一有机联系的整体，而且进一步系统地展示了中国发展的愿景。“四个伟大”具有自己的历史逻辑和现实逻辑，搭建起了党中央治国理政新理念新思想新战略的“四梁八柱”。推进“四个伟大”是一项社会系统工程，是中国未来发展的顶层设计，展示了把我国建设成为一个富强、民主、文明、和谐、美丽的社会主义现代化强国的美好发展愿景。

3. 新思想：贡献中国智慧

“新时代中国特色社会主义思想是全党全国人民为实现中华民族伟大复兴而奋斗的行动指南。”在十九大报告之中，“新时代中国特色社会主义思想”成为专家学者们聚焦的理论热点。报告从八个方面对新时代中国特色社会主义思想进行了“明确”，指出中国特色社会主义制度的最大优势是中国共产党领导，党是最高政治领导力量。新时代中国特色社会主义思想，是以习近平同志为核心的党中央研判国际国内形势，继续推进马克思主义中国化、时代化、大众化，继续发展 21 世纪马克思主义、当代中国马克思主义的最新理论成果，势必会为中国发展提供理论指导、思想武器、行动指南，为全球治理提供中国思想、中国方案，贡献中国智慧。

4. 新征程：做出历史贡献

“我们既要全面建成小康社会、实现第一个百年奋斗目标，又要乘势而上开启全面建设社会主义现代化国家新征程，向第二个百年奋斗目标进军。”关于“两个一百年”奋斗目标，习总书记在报告中指出，我们要坚忍不拔、锲而不舍，奋力谱写社会主义现代化新征程的壮丽篇章。“启航全面建成社会主义现代化国家新目标，这是我们党走出历史周期律，达到长治久安、再攀高峰、再创辉煌新的长征，也是我们党为民族复兴履行使命、向中国人民兑现承诺新的长征。”从十九大到二十大，是“两个一百年”奋斗目标的历史交汇期。以“接力棒”为比喻，决胜全面建成小康社会，第一个百年目标冲刺收官，是实现小康社会这场“接力赛”的最后一棒。开启全面建设社会主义现代化国家新征程，第二个百年目标全面开局起步，是建设社会主义现代化国家这场新的“接力赛”的第一棒，这最后一棒和第一棒的执棒者均是以习近平同志为核心的党中央。跑好“接力赛”这两棒，实现人民对美好生活向往的奋斗目标，是我们党对中华民族伟大复兴的巨大历史贡献。

（此部分《新时代、新使命、新思想、新征程》的内容来源：《十九大报告体现“四个新”：标注历史坐标 贡献中国智慧》，搜狐网，2017 年 12 月 29 日）

中共中央党校教授张希贤在北京解读十九大报告时表示，“新时代”是十九大报告中理论含金量最高的论断之一，中共中央总书记习近平在报告中提出“中国特色社会主义进入新时代”是有充分依据的。

经济实力进入“新时代”。习近平在十九大报告中提到，自十八大以来，中国经济建设取得重大成就，经济保持中高速增长，在世界主要国家中名列前茅，国内生产总值从 54 万亿元（人民币，下同）增长到 80 万亿元，稳居世界第二。张希贤表示，80 万亿元的国内生产总值就是进入“新时代”的根本标志。十八大报告中曾提出，到 2020 年全面建成小康社会，国内生产总值和城乡居民人均收入都要比 2010 年翻一番。张希贤指出，2010 年中国经济总量接近 40 万亿元，十九大报告中 80 万亿元这个数字说明十八大的设计在 2017 年已基本实现。且按中国当前经济发展趋势，距美国仅有六七年的差距，在这个经济实力基础上，习近平才宣告中国特色社会主义进入了“新时代”。

经济发展方式进入新轨道。“把粗放型发展扳到了科学发展的轨道上，这就是五年历史性变革的成就。”张希贤说，“过去的粗放型发展确实取得了不少成果，但是也造成了‘污染’。”张希贤所说的“污染”不仅指环境污染，同时还有党内政治生态污染。他表示，有什么样的发展方式就有什么样的党建方式，不讲规矩的发展自然会造成党内政治生态的污染。张希贤表示，经过五年历史性变革，中国共产党将生态环境治理、全面从严治党扳到了新的起点，将经济发展方式扳到了新轨道，这也是进入“新时代”的重要标志。

中国智慧中国方案引领世界发展。张希贤指出，十九大报告不仅宣告中国特色社会主义进入了“新时代”，也意味着人类社会主义发展进入了“新时代”，中国正在进入世界舞台中央。张希贤表示，十九大报告告诉世界，社会主义靠的是发展而不是革命，并且要通过发展逐步赶上和超越资本主义生产力水平。张希贤还表示，近年来，中国始终以“发展—改革—开放”的中国智慧与中国方案影响、推动与引领世界发展，世界第一次以新的眼光考察制度性问题，这是世界意义上的“新时代”。

【心灵导航】

中国共产党第十九次全国代表大会，是在全面建成小康社会决胜阶段、中国特色社会主义进入新时代的关键时期召开的一次十分重要的大会。中国特色社会主义进入新时代是这次大会对我国社会所处发展阶段的重大判断。这一重大判断，是十九大报告中的一系列理论创新的基础性论点，统领并贯通十九大报告，奠定了十九大报告的基调和思想根基，成为我们理解和把握十九大精神的一把钥匙。这一重大判断，明确了我国发展新的历史方位，指明了中国特色社会主义具有的新的时代特征和被赋予的新的使命责任，凸显出当代中国在新的时代条件下的崭新面貌和鲜明品质。

※ 活动链接 ※

活动理念和指导思想

党的十九大指出中国特色社会主义进入了新时代，形成了习近平新时代中国特色社会主义思想，并制定了两个阶段的发展目标：第一个阶段是基本实现社会主义现代化，第二个阶段是把我国建成富强、民主、文明、和谐、美丽的社会主义现代化强国。当代大学生将肩负起实现两个发展目标的伟大历史使命，使其了解新时代，掌握习近平新时代中国特色社会主义思想的核心内涵，从而指导日常实践，就显得尤为重要，这是专题活动和训练的目的和意义。

活动方案

活动一：新时代之我见

1. 活动目的

通过观看《辉煌中国》《美丽中国》《创新中国》《大国重器》和《超级工程》，观察研究近年来中国经济社会发展的变化，加深对我国经济社会发展的了解，从而深化对新时代的理解。

2. 活动实施

（1）观看纪录片，制定调研提纲和社会发展变化调查表。
（2）分组开展社会发展变化调查工作。
（3）各小组梳理调查结果，汇总分析。
（4）写出新时代发展变化的调研报告。

3. 活动成果

评选出优秀调研报告。

活动二：习近平新时代中国特色社会主义思想

1. 活动目的

通过观看十九大开幕式，研读《党的十九大报告》，并展开交流讨论，最终达到正确理解“习近平新时代中国特色社会主义思想”的活动目的。

2. 活动实施

（1）观看十九大开幕式。
（2）个人研读《党的十九大报告》内容。
（3）分组讨论《党的十九大报告》和习近平新时代中国特色社会主义思想。
（4）交流研讨，选出代表发表对“习近平新时代中国特色社会主义思想”的认识。

3. 活动成果

整理讨论结果，写出活动总结。

活动三：中国社会主要矛盾的变化

1. 活动目的

通过查阅资料，了解近代以来中国不同阶段社会主要矛盾的发展变化，充分对比不同阶段中国社会的特点，从而更深入地理解中国社会主要矛盾的变化，并且找出中国社会主要矛盾变化的依据。

2. 活动实施

（1）查阅资料，梳理近代中国社会主要矛盾的变化和不同阶段的社会特点。

（2）分组对比分析不同阶段中国社会主要矛盾和社会特点。

（3）通过对比分析，找出中国社会主要矛盾变化的依据。

3. 活动成果

整理讨论结果，写出活动总结。

活动四：全面从严治党

1. 活动目的

通过观看《巡视利剑》《打铁还需自身硬》和《人民的名义》等影视作品，并深入社会听取普通群众对“全面从严治党”的看法，深入理解全面从严治党的意义。

2. 活动实施

（1）观看纪录片，制定调研提纲。

（2）深入基层党组织和基层群众调查全面从严治党取得的成效和群众对全面从严治党的看法。

（3）梳理调查结果，进行汇总分析。

（4）撰写调研报告。

3. 活动成果

评选出优秀调研报告。

专题五　不忘初心　牢记使命

引　航

不忘初心，方得始终。中国共产党人的初心和使命，就是为中国人民谋幸福，为中华民族谋复兴。实现中华民族伟大复兴是近代以来中华民族最伟大的梦想，中国共产党一经成立，就把实现共产主义作为党的最高理想和最终目标，义无反顾肩负起实现中华民族伟大复兴的历史使命，团结带领人民进行了艰苦卓绝的斗争，谱写了气吞山河的壮丽史诗。上海中共一大会址、嘉兴南湖红船是我们党梦想起航的地方，我们党从这里诞生，从这里出征，从这里走向全国。

※　问题聚焦　※

殚精竭虑　执政为谁

2004 年开始，党中央在“多予、少取、放活”的方针指导下，采取减免农业税、取消除烟叶以外的农业特产税、对种粮农民实行直接补贴、加大对农业基础设施投入等一系列支农措施，通过减免农业税和对种粮农民实行直接补贴等措施，给 8 亿农民带来了直接的实惠。

2005 年，通过专项治理，各地共减轻学生负担 39 亿元，同时提出免除国家扶贫开发工作重点县农村义务教育阶段贫困家庭学生的书本费、杂费，并补助寄宿学生生活费；到 2007 年在全国农村普遍实行这一政策，使贫困家庭的孩子都能上学读书。

2013 年 11 月，习近平总书记作出了“实事求是、因地制宜、分类指导、精准扶贫”的重要指示。2014 年 1 月，中共中央办公厅详细规制了精准扶贫工作模式的顶层设计，在全国范围内大力推进“精准扶贫”，通过全国人民的共同努力，到党的十九大召开前，脱贫攻坚战取得决定性进展，六千多万贫困人口稳定脱贫，贫困发生率从 10.2%下降到 4%以下。

党中央重视医疗事业的发展。深入整顿和规范医疗服务收费和药品购销秩序，切实解决群众看病难、看病贵的问题。

党的十九大报告提出要“提高就业质量和人民收入水平”。就业是最大的民生。要坚持就业优先战略和积极就业政策，实现更高质量和更充分就业。把提高就业质量和人民收入水平作为各级政府工作的重中之重。

人民的利益高于一切，从历届国家领导人的执政理念及我们党的奋斗历程中清晰可见。改革开放以来，国民经济持续快速健康发展，“翻两番”的建设目标提前实现，人民生活达到小康水平，在全球经济增长放缓的背景下中国近20年还保持了年均7.8%的增长速度。党的十九大又提出：“从二〇二〇年到二〇三五年，在全面建成小康社会的基础上，再奋斗十五年，基本实现社会主义现代化。”“从二〇三五年到本世纪中叶，在基本实现现代化的基础上，再奋斗十五年，把我国建成富强、民主、文明、和谐、美丽的社会主义现代化强国。到那时，我国物质文明、政治文明、精神文明、社会文明、生态文明将全面提升，实现国家治理体系和治理能力现代化，成为综合国力和国际影响力领先的国家，全体人民共同富裕基本实现，我国人民将享有更加幸福安康的生活，中华民族将以更加昂扬的姿态屹立于世界民族之林。”

党的90多年奋斗历史证明：党之所以能够在1949年夺取政权，是因为代表了当时最广大人民的利益，得到了绝大多数人民的支持；党之所以能够经受20世纪80年代末90年代初国内外形势的严峻挑战，是因为改革开放政策代表了人民的利益，给人民带来了实惠。

【思考园地】

1. 无论是在革命时期、建设时期，还是在改革开放时期，党都把人民群众的利益放在高于一切的位置上，这是为什么？我们党是什么样的党？

2. 在人类即将进入21世纪的时候，执政长达74年的苏联共产党在顷刻间崩溃，举世震惊。随后，东欧各国长期执政的共产党也纷纷垮台。为何中国共产党领导下的社会主义中国却迸发出勃勃生机，“风景这边独好”？

3. 从建党至今，中国共产党走过了一条曲折探索之路，在这曲折前进的道路上，中国共产党立党之本、执政之基、力量之源是什么？

※ 学习指南 ※

中国共产党是无产阶级政党，建党90多年的历程中党的性质变了吗？这个党到底是一个什么样的党？我们可以划分学习小组，分工协作，深入社区、企业、乡村，宽领域、多途径展开调研、共同探究。

1. 探究思路

围绕“中国共产党是一个什么样的党”这一主题展开实践探究。

2. 阅读文献

《党章》《党的基本知识》《党建》杂志、《求实》杂志、《党的十六大报告》《党的十七大报告》《党的十八大报告》《党的十九大报告》。

3. 网络查询

人民网 http://www.people.com.cn.

新华网 http://news.xinhuanet.com.

中华网 http://news.china.com.

共产党员网 http://www.12371.cn.

中国共产党新闻网 http:// cpc.people.com.cn.

4. 社会调研

可根据学生及学校情况，结合学生专业，选择下列适宜的调研。

（1）农村调研：选择当地有代表性的乡村，让学生切身感受农村改革的变化。

（2）企业调研：选择当地知名企业，让学生深入企业感受工人阶级队伍的新变化，感受先进生产力对人才的要求。

（3）居民生活调研：在假期开展此项调研，让学生从广大居民生活变化中感受党是如何践行“以人民为中心”思想的。

※ 实践探究 ※

中国共产党领导全国人民浴血奋战，实现了中华民族的解放，建立了中华人民共和国。然而，党领导全国人民进行社会主义建设的任务更艰巨，道路更曲折，考验更严峻。正因为如此，新中国成立前，毛泽东同志就告诫全党，“夺取全国胜利，这只是万里长征走完了第一步”，革命以后的路程更长，工作更伟大、更艰苦，并提出了“务必使同志们继续地保持谦虚、谨慎、不骄、不躁的作风，务必使同志们继续地保持艰苦奋斗的作风”。让我们一同走进中国共产党建党以来的曲折岁月，体味中国共产党是一个什么样的政党，是为谁执政、如何执政的。

一、强基固本　永葆先锋

甘肃省张掖市有一位农村砖瓦匠，经过十几年的艰苦创业，成了拥有数亿元资产的私营企业主。他勤劳致富，奉公守法，热心为老百姓办好事，先后捐出数百万元为村里兴办各项公益事业，自己却过着节俭的生活。多年来，他一直怀着对党的深厚感情，多次向党组织表达入党的强烈愿望。

像这样的私营企业主是否可以入党，引起了社会的普遍关注。人们情不自禁地产生了疑问：这些人在政治上靠得住吗？他们入党会不会改变党的阶级基础和性质？这些疑问源于人们对“中国共产党是工人阶级先锋队”的认识程度。

中国共产党是中国工人阶级的先锋队，同时也是中国人民和中华民族的先锋队。“先锋”者，先进、先行也，即走在前列的意思——理论在前列，觉悟走在前列，行动走在前列。能不能坚持党的先进性，关系人心向背、事业兴衰、党和国家的前途命运。惟有先进，才称得上是先锋队。在新的历史条件下，中国工人阶级的状况发生了许多变化，中国的国情和国际形势也发生了巨大变化，工人阶级先锋队的性质和地位是否改变了呢？

中国工人阶级的先进性和其在中国社会中的地位，是自中国近代以来通过长期奋斗获得的。中国的资本主义大工业和工人阶级，是在1840年中英鸦片战争以后，中国遭受外国资本主义、帝国主义侵略，由封建社会变为半殖民地半封建社会的过程中，随着 19 世纪 40 年代开始的外资企业、60 年代开始的清政府官办企业和 70 年代开始的民办企业而产生、发展起来的。据估计，1894 年中日甲午战争爆发前，全国大约已有近代产业工人 10 万余人，1913 年增加到 100 万人左右。第一次世界大战期间，随着民族资本主义的较快发展，中国近代产业工人的队伍开始壮大起来。到 1919 年“五四”运动前后，全国产业工人大约已有 200 余万人。近代中国工人阶级具有世界各国无产阶级共同的特点和优点，即同现代大工业紧密联系在一起，其阶级地位和劳动方式决定了他们大公无私，有严格的组织性和纪律性、革命的坚定性和彻底性，能够以解放全人类为己任，代表先进生产力和生产关系，代表人民的根本利益。事实证明，在中国民主革命阶段，工人阶级是中国最先进的阶级，是推翻三座大山压迫，解放和发展中国先进生产力的基本力量。

中华人民共和国成立后，伴随着我国生产力的发展，特别是工业的发展，我国工人阶级的队伍不断壮大，素质不断提高。1949 年底，全国有职工约 809 万人，到 2001 年全国职工已有近 3 亿多人，成为社会主义建设的主力军。

在经济结构调整的过程中，在多种所有制经济共同发展的格局下，国有企业在我国的重要地位并没有改变，国有经济总体实力进一步增强，在国民经济中继续发挥主导作用，始终控制着国民经济命脉。从 1978—1998 年的 20 年间，国有及国有控股工业总产值年均增长 8.7%，资产总额年均增长 16.8%，上缴税金年均增长 12.3%，这些都有力地支持了国家的改革和建设。再次证明，工人阶级是推动中国经济发展的基本力量，是中国共产党的阶级基础。

正如习近平同志指出的：“工人阶级是我国的领导阶级，是我国先进生产力和生产关系的代表，是我们党最坚实最可靠的阶级基础，是全面建成小康社会、坚持和发展中国特色社会主义的主力军。”

二、根深蒂固 本色先进

在中国，农民占绝大多数。中国共产党为什么选择工人阶级作为自己的阶级基础，成为工人阶级的先锋队呢？

（一）先进的阶级基础

任何政党都是有阶级性的，都是一定阶级利益的代表，有着自己赖以存在和发展的阶级基础。一个政党是否先进，首先取决于它所代表的那个阶级是否先进。中国共产党是马克思列宁主义同中国工人运动相结合的产物，是以工人阶级为阶级基础的，集中体现了中国工人阶级的特性。在旧中国，我国工人阶级与世界上其他国家的工人阶级一样，没有任何生产资料，与大工业生产相联系，代表着当时的先进生产力，在同资产阶级的斗争中锻炼了高度的团结互助精神和严格的组织纪律性，是历史上最先进、最革命和具有远大前途的阶级。此外，与世界上其他国家的工人阶级相比，中国工人阶级深受帝国主义、封建主义、官僚资本主义的三重压迫，处于社会最底层，所受的压迫和剥削之沉重，在世界上是罕见的；中国工人阶级分布较为集中，便于组织起来，形成重要的社会力量；同时，中国工人阶级与占中国人口大多数的农民结成亲密联盟，使中国工人阶级领导中国革命具有广泛的社会基础。中国工人阶级的这些特点和优点，决定了它是中国革命的领导力量，是现代中国最进步的阶级，是我们党的阶级基础。

（二）先进的组成成员

中国共产党是由工人阶级先进分子组成的。我们党一开始就十分重视党员的先进性，集合了一大批工人阶级中具有共产主义觉悟的先进分子，成为中国工人阶级的先锋队。当然这并不是说其他阶级出身的具备党员条件的人不能入党，也不是说吸收这些人入党就改变了党的工人阶级先锋队性质。看一个政党是否先进，是不是工人阶级先锋队，主要应看它的理论和纲领是不是马克思主义的，是不是代表社会发展的正确方向，是不是代表最广大人民的根本利益。坚持用马克思主义理论教育和武装全体党员，不仅要求党员在组织上入党，而且要求党员首先在思想上入党，指导他们为实现党的纲领和任务而奋斗，因而保持了党的工人阶级先锋队性质。

（三）先进的理论指导

看一个政党是不是工人阶级先锋队，应看它的理论和纲领是不是马克思主义的，是不是代表社会发展的正确方向，是不是代表最广大人民的根本利益。中国共产党是以马克思列宁主义、毛泽东思想想、邓小平理论、“三个代表”重要思想、科学发展观和习近平新时代中国特色社会主义思想武装起来的工人阶级政党，这是我们党具有先进性的重要因素。毛泽东同志曾指出，指导一个伟大的革命的政党，如果没有革命理论，没有历史知识，没有对于实际运动的深刻了解，要取得胜利是不可能的。中国共产党能够成为中国工人阶级的先锋队，领导中国革命和建设事业取得伟大胜利，关键就在于它以与时俱进的科学理论为指南。我们党在各个革命时期，十分注意用马克思主义武装全党，正是这样，我们党才保持了先进性和纯洁性，才不断发展壮大，才胜利完成新民主主义革命任务，并领导全国人民不断取得社会主义革命和建设的伟大胜利。

（四）严明的组织制度与纪律

中国共产党是按照民主集中制的原则建立的。中国共产党不是党员数量的简单相加，而是按照民主集中制组织起来的统一整体。民主集中制是党的根本组织原则和组织制度，也是党的根本领导制度和工作制度。它是全党必须遵守的组织纪律。民主集中制是共产党在创建和发展过程中逐步形成和确立起来的。中国共产党一开始就是按照民主集中制原则建立起来并进行活动的，保持了全党在组织上和行动上的高度一致，使党具有强大的凝聚力和坚强的战斗力，从而使中国共产党始终保持了中国工人阶级先锋队的性质。

共产党之所以是先进的政党，就在于它是工人阶级的先锋队；而工人阶级之所以是先进的阶级，则在于它代表着先进的社会生产力。从生产力发展史的角度看，160 多年前，欧洲总体上处于从农业经济走向工业经济的过渡时期，是机械化大工业改造、改进旧有生产方式的年代，当时的先进生产力主要是指机械化大工业。此后，社会化生产的具体形式一直在变化、发展，工人阶级也不断变化、发展，但一直保持着先进的革命性、组织性、纪律性等特点。20 世纪中叶以来，以机械化为标志的社会化生产已经或正在被以信息化为标志的社会化生产所取代，西方少数发达国家进入了信息社会或工业社会，“白领”阶层大量增加，“蓝领”工人日趋减少。在这种情形下，邓小平同志从“科学技术是第一生产力”的科学论断出发，揭示了工人阶级先进性与时俱进的品质，尤其是“知识分子作为工人阶级的一部分大大增强了工人阶级的科技文化素质”，提高了工人阶级的先进性。

为什么其他阶级不能成为先锋队？我国农民占人口的绝大多数，虽然他们在旧社会也是被剥削、被压迫的阶级，是中国民主革命的主力军，但由于他们的生产经营方式是分散的、落后的，他们是随着大工业生产而日益分化出来的，因而没有自己独立的政党，提不出代表广大人民根本利益的主张。中国的城市小资产阶级虽然在一定程度上有反对帝国主义、封建主义和官僚资本主义要求的一面，但他们又有剥削工人阶级和劳动人民的一面，也不可能代表最广大人民根本利益。

【资料链接】

新中国成立前，中国的工人阶级是一个受压迫最为深重的阶级。新中国成立后，工人阶级从深受剥削和压迫的阶级一跃成为国家的领导阶级。尤其是国有企业的工人，一向以地位高、职业稳、收入好而自豪，“工人老大哥”的称呼响遍全国。改革开放以后，随着从计划经济体制逐步向社会主义市场经济体制转变，从单一的公有制经济向公有制为主体、多种所有制经济共同发展的转变，特别是随着国有企业改革的深化，我国工人阶级队伍状况发生了明显变化。

一是队伍迅速壮大。1978 年，全国在职职工总数为 1.2 亿多人。2017 年，全国在职职工总数近 7.6 亿人，占全国总人口的 58.46%。我国每年新增城市就业人口有 1000 多万，大多数加入到工人阶级队伍中来。越来越多的进城务工的农民，也转化为工人阶级的一部分。

二是内部结构发生重大变化。首先，工人阶级中知识分子的比重大大增长，工人阶级的科技文化素质明显提高。1978 年，在国有经济单位，平均 18 个职工里有一位专业技术人员；到 2017 年，3 个职工里就有一个专业技术人员。其次，在成分上发生了由单一型向多样型的变化。即由过去单一的在第二产业中从事体力劳动的工人向从事第三产业人员发展，并且第三产业工人比重超过了第二产业工人比重，随着第三产业的崛起，在各类服务业中就职的人数显著增加。

三是岗位流动加快。在国有经济和集体经济中，广泛地推行了劳动合同制。随着国有企业改革的深入，原先的“铁饭碗”早已被打破，企业和员工之间建立了新型的劳动关系。另一方面，职工对单位的依赖性大大减弱，独立自主性大大增强。特别是职工个人可以进入劳动力市场，根据自己能力、水平和意愿选择职业，在单位、地区、部门之间自由流动。

四是收入差距有所拉大。具体表现为不同地区、行业、所有制单位职工收入的增长幅度不一，不同群体之间的收入差距有所扩大。一部分职工由于企业经营不好或者自身的原因而下岗失业，收入减少。

（资料来源：中共中央宣传部理论局
《今日“老大哥”——深刻认识我国工人阶级的新变化》，《求知》，2003 年 11 期）

三、与时俱进　永葆先进

（一）新时期，党仍然是中国工人阶级的先锋队

改革开放以来，我国社会经济发生了深刻变化，工人阶级状况发生了新的变化。有人对工人阶级的地位和作用产生疑问和困惑。有的问："在高科技发展的今天，工人阶级还是先进的阶级吗？"有的讲："大批工人下岗失业了，主人翁地位怎么体现？"还有人说："劳动力进入市场了，企业改制了，董事会、老板说了算，工人还是不是主人了？"……。对这些问题，我们究竟应该怎么看呢？

1. 工人阶级仍然是先进的阶级

工人阶级的先进性最根本地体现在它是先进生产力的代表。在当今时代，所谓先进生产力，是指以现代科技特别是高科技为龙头，带动经济迅速发展的生产力。在我们国家，与这样的生产力直接联系的劳动者恰恰是工人阶级。改革开放以来，知识分子的人数不断增加，在工人阶级中所占比重越来越大。他们以自己所掌握的科学技术知识，对发展先进生产力起到了特殊的重要作用，大批知识分子加入到工人阶级队伍和党员队伍中来，这不仅无损于党的性质，而且大大增强了工人阶级的科技文化素质，增强了党的生命力和战斗力。随着科学技术的进步和产业结构的优化升级，我国工人阶级内部有知识、有技术、会管理的人就越来越多，他们与高技术的研究开发，与自动化、智能化的生产以及高科技企业的管理相联系，这就使整个工人阶级作为先进生产力代表的地位越来越巩固。总体上说，工人阶级的先进性实际上得到了进一步增强。

2. 工人阶级的地位并没有改变

一是我国的社会主义基本政治制度没有变。我国宪法规定："中华人民共和国是工人阶级领导的、以工农联盟为基础的人民民主专政的社会主义国家。"

二是企业改革中出现了部分职工下岗现象，主要是由于经济结构调整而产生的。淘汰落后的生产力，符合工人阶级的整体利益和长远利益，与工人阶级的主人翁地位并不矛盾。

三是在私营企业和外资企业中，确实存在着雇佣关系，但是这类企业在我们国家的经济生活中并不占主导地位，而且它又处在社会主义制度的大环境中，必须接受我国法律的约束，这些企业中，职工群众的合法利益同样受到法律的保护。

必须指出的是，工人阶级是我国的领导阶级，是指工人阶级的总体地位，并非指每个工人个体都是领导者。工人阶级的主人翁地位，是一个总体的政治判断，并不能把这种总体的政治判断等同于每个人的具体职业感受。

3. 工人阶级的作用也没有改变

工人阶级是近代以来我国社会发展特别是社会化大生产发展的产物，工人阶级的先进性，决定了它始终是推动中国先进生产力发展的基本力量。新时期的工人阶级，仍然是同社会化大生产相联系的最先进的阶级，仍然保持着原有的阶级特征和优秀品质，在社会主义物质文明、政治文明和精神文明建设中起着决定性作用，是建设中国特色社会主义事业的主力军。他们是当之无愧的"共和国的脊梁"。

中国共产党是中国工人阶级的先锋队，就在于中国共产党始终坚持以中国工人阶级为自己的阶级基础，并且是由中国工人阶级中用科学理论武装起来的、具有共产主义觉悟的先进分子所组成的。这就是说，不是工人阶级中每个成员都能成为共产党员，只有他们中的先进分子才能成为党员。在新时代，由于生产力的发展和社会经济结构的变化，我国工人阶级在数量上、质量上和内部构成上都发生了重大变化，工人阶级新一代已经形成。知识分子成为工人阶级的一部分而且是工人阶级中最有文化素养的部分。但是，所有这些变化，并没有改变工人阶级的阶级特性和历史地位。工人阶级仍是我国社会中同现代化大生产相联系的最先进的阶级，是先进生产力和生产关系的代表，有高度的组织性和纪律性，富于革命的坚定性和彻底性，代表人民群众的根本利益，担负着解放全人类的历史使命；仍然保持着原有的阶级特征和优秀品质，仍旧是社会化大生产的主力军，同时又是高科技知识的生力军，是推动我国先进生产力发展的基本力量。

（二）新时期，党仍然是中国人民和中华民族的先锋队

《党章》明确规定社会所有阶层的先进分子都可以申请加入中国共产党。这就意味着在中国改革开放进程中出现的新阶层，如民营科技企业的创业者和技术人员、受聘于外资企业的管理技术人员、个体户、私营企业主、中介组织的从业者、自由职业者等，都可以申请加入中国共产党。人们不免会产生疑问：一个人政治上先进与落后，究竟应该以什么为标准？吸收非工人阶级的其他阶层人员入党，会不会改变党的阶级基础？

1.“新阶层”入党怕不怕？

“新阶层”入党，会不会改变党的性质？看一个政党是不是工人阶级先锋队，主要看它的理论和纲领是不是马克思主义的，是不是代表工人阶级的根本利益，而非这个政党党员的阶级成分和出身。

我们党历史上就有过吸收非无产阶级出身的人入党的成功经验，因此，当时的共产国际和一些欧洲共产党，一度认为中国共产党是“农民革命党”。为了解决这个矛盾，毛泽东独创了思想上建党这一成功的经验，着重解决从思想上入党的问题。在民主革命时期，我们党内的工人党员不到 10%，绝大多数党员出身于农民和小资产阶级。毛泽东创造性地提出要从思想上建党，要求党员不仅从组织上入党，还要通过严格的马克思主义教育，从思想上入党，在革命实践中锻炼成长，逐步成长为无产阶级的先进分子。由于这部分同志接受了马克思主义的世界观，抛弃了原来的阶级立场，拥护党的纲领和路线，具备了工人阶级先进分子的条件，并且经过了严格的考察和考验，具备入党的条件和资格。历史证明，通过党的长期教育培养，绝大多数来自非无产阶级的党员，都成了坚定的无产阶级先锋战士，我们党始终保持了工人阶级的先进性和纯洁性。党在夺取政权的过程中就能做到这一点，为什么执政后对此反而产生动摇和怀疑呢？

民营企业家和私营企业主等新阶层的出现，是建设有中国特色社会主义的产物，没有中国特色的社会主义，就不会有新阶层。他们是顺应共产党的政策需要而产生的，是为建设有中国特色社会主义服务的。据统计，1996 年，全国私营经济资本金占全部企业资本金的比例为 15.6%，到 2016 年，这一比例上升到 61.2%；1996 年，私营企业从业人数是 2144.9 万人，2016 年增加到 1.8 亿人，20 年增加了 8.4 倍。同时，“新阶层”大多数都是高学历、有经济头

脑和社会活动力的“能人”，是发展社会主义市场经济的重要力量，而且随着社会主义市场经济的发展，这批人的数量会不断扩大。对这批人的态度，我们党不是把他们拒之门外，而是想办法如何对他们进行教育帮助，把他们当中的优秀分子培养成合格的共产党员。80 多年来的实践证明，只有最广泛最充分地吸收全民族各方面的优秀分子党员，才能强基固本，永葆先锋。

2. 党会不会变成“全民党”？

我们党不仅是中国工人阶级的先锋队，而且是中国人民和中华民族的先锋队。有人对此不理解，说什么由过去的一个先锋队变成了现在的两个先锋队，就是改变了党的性质，变成了全民党。其实这个担心是完全不必要的。现在一些西方国家的全民党，就是不讲条件和标准，不管什么人，只要你投我的票，就可以成为党员，入党和退党都非常随意。而我们党有着严格的入党条件和程序，并时刻注意保持自身的先进性，所以不会变成什么全民党。再者，“先锋队”本身也能说明问题。既然是“先锋队”，就不是指全体人民和整个民族，也不是指整个阶级，而是指其中的一部分，就是最先进、最有觉悟、最革命的那一部分，才能叫“先锋队”。我们党是把社会上其他阶层的优秀分子凝聚在党的周围，从而不断增强我们党在全社会的影响力和凝聚力，扩大党的群众基础，而且，我们党把能否高举中国特色社会主义伟大旗帜，自觉地为实现党的路线和纲领而奋斗，是否符合党员条件，作为吸收新党员的主要标准。因此，它同无限制地敞开党的大门、来去自由的“全民党”有着本质的区别。

【资料链接】

政治上先进与否的判断标准：

一要看思想政治状况和现实表现。看其是否贯彻执行党的基本理论、基本路线、基本纲领，是否积极投身改革开放和现代化建设，是否热爱社会主义祖国，是否自觉遵守国家的法律法规和社会主义的道德规范。

二要看财产是怎么得来的以及对财产怎么支配和使用。如果他的财产是靠以权谋私、贪污受贿、偷税漏税、巧取豪夺、坑蒙拐骗得来的，那么，不管他的财产如何支配和使用，其行为都是违法的，在政治上都是落后的。如果他的财产是靠自己的诚实劳动和合法经营得来的，那还要看他对财产怎么支配和使用。如果他除了把一部分积累的财产用于个人消费外，更多的是用于生产性投资，将资金投放到扩大企业规模、提高产品质量和科技含量上，用于社会公益事业上，努力在助学、助残、扶贫、救灾等方面出资出力，用自己的劳动所得回报社会，那他在政治上就是先进的。而如果为富不仁、花天酒地、挥霍无度，即使财产得来是合法的，在政治上也谈不上先进性。

三要看对中国特色社会主义事业所做的贡献。由于个人的能力、水平、资金及各方面的客观条件不同，每个人对社会贡献的大小是不同的。但只要兢兢业业、恪尽职守，给社会主义大厦添砖加瓦，为中国特色社会主义事业做贡献，那么他在政治上就是先进的。

必须指出的是，允许新的社会阶层中的优秀分子包括私营企业主中的优秀分子入党，并不是毫无原则地敞开大门，谁想进来就进来，或者不想进来硬拉进来。我们绝不允许那些政治上落后、入党动机不纯的人混进党内，绝不允许仅仅因为某些人经济实力强、个人名气大，就把他们拉进党内来。只有那些政治上先进，符合入党条件，能够坚持党的奋斗目标和宗旨，严格履行党员义务，自觉接受党组织的监督，模范地遵守国家政策和法律法规的优秀分子，党组织才吸收他们入党。

（资料来源：《判断人们的政治上先进与落后的标准》，
《南方日报》，2003 年 3 月 19 日，有删改）

（三）担起复兴重任 肩负双重使命

十九大新修订的党章指出，中国共产党是中国工人阶级的先锋队，同时是中国人民和中华民族的先锋队。这是我们党自毛泽东思想以来的一种理论发展和创新，具有重大意义。我们党从一开始就同时肩负着阶级和民族的双重使命，不仅代表中国工人阶级的利益，而且代表中国人民和整个中华民族的利益。21 世纪是中华民族全面振兴的世纪，为了实现中华民族伟大复兴的中国梦，中国共产党就要成为中国人民和中华民族的先锋队，把最广大人民群众紧密地团结起来，把整个民族的力量空前凝聚起来，最大限度地调动和发挥一切积极因素，共同实现民族振兴的大业。中国工人阶级的先锋队与中国人民和中华民族的先锋队是完全一致、高度统一的。坚持党的工人阶级先锋队的性质，就必须使党同时成为中国人民和中华民族的先锋队，你是如何理解的？

1. 党的先锋性质决定党必然成为“两个先锋队”

我们党作为马克思主义同中国工人运动相结合的产物，是在爱国救亡运动和人民解放运动如火如荼的形势下登上历史舞台的，是为了挽救民族危亡和促进民族发展而诞生的。我们党产生的这种社会历史背景，使我们党从一开始就同时肩负着阶级和民族的双重使命。作为工人阶级先锋队的共产党，要能保持自己的性质，担负起自己的历史使命，就绝不能是一个只代表某些少数人利益的狭隘的宗派集团，而应该成为广大人民群众利益的代表。正因为这样，我们党始终把全心全意为人民服务作为自己的根本宗旨。关于这个问题，1935 年 12 月毛泽东在陕北瓦窑堡党的活动分子会议上的报告中曾作了精辟的阐述，他指出：“我们党不但是代表工农的，而且是代表民族的。”所以说，中国共产党是中国工人阶级的先锋队，同时也是中国人民和中华民族的先锋队。

2. 党的宗旨决定党是“两个先锋队”

中国共产党自建党以来，能够自觉地遵循中国人民和中华民族的心愿，为维护他们的根本利益而奋斗终身。党制定和贯彻马克思主义的正确路线，既是中国社会发展的客观规律的正确反映，又是广大人民的意志和利益的集中表现。在旧中国，就是要领导人民起来革命，推翻帝国主义、封建主义、官僚资本主义的统治，使劳动人民在政治上争得民主，成为国家的主人，逐步过上富裕文明的生活。而在现阶段，人民利益的集中表现，就是要尽快发展社会生产力，增强综合国力，不断提高人民的生活水平，同时建设社会主义的民主政治和社会主义的精神文明。而这一切，从来就是我党的全部理论、路线、方针、政策和实践活动的出发点和归宿点。如果离开了中国人民的利益，党就会失去前进的目标和存在的意义。现阶段党的路线，就是社会主义初级阶段的基本路线。党坚定不移地坚持这条路线，一百年不动摇，就是毫不动摇地担当中国人民利益的忠实代表。

3. 党的领导核心地位决定党是“两个先锋队”

我党是中华民族优秀分子组成的先进队伍。我们党从建党那天起，就向所有中华民族的先进分子敞开大门。各民族的先进分子加入到党内来，使党更具有广泛的民族基础，更具有中华民族先锋队的特性，这是巩固中华民族的团结，实现中华民族复兴的重要组织保证。大革命时期，中国共产党在国共两党合作的统一战线的旗帜下，掀起了反帝反封建的第一次革命高潮；“九一八”事变后，中国共产党倡导建立了以国共合作为基础的抗日民族统一战线，动员全国人民，开展人民战争，终于使抗日战争成为鸦片战争以来中华民族第一次取得完全胜利的民族解放战争。抗日战争胜利后，我们党团结包括各民主党派在内的全国各族人民，完成了新民主主义革命的任务，建立了中华人民共和国。新中国成立后，我们党以国家富强和民族复兴为己任，带领全国各族人民为建设富强、民主、文明、和谐、美丽的社会主义现代化强国做出了不懈的努力。事实证明，我们党在每一个重大的转折关头，都以民族利益为重，起到了中华民族先锋队的模范作用。

4. 历史证明，党不愧为“两个先锋队”

我们党始终坚持科学理论的指导，并在理论上不断创新。经过遵义会议和延安整风，党的七大把毛泽东思想确立为全党的指导思想。在改革开放和社会主义现代化建设的新时期，以邓小平同志为核心的党中央第二代领导集体，把马克思主义与中国具体实际和时代特征相结合，形成了邓小平理论，党的十五大又把邓小平理论确立为党的指导思想。世纪之交，江泽民同志提出的“三个代表”重要思想是党的第三代领导集体在新的历史条件下，对马克思列宁主义、毛泽东思想和邓小平理论的继承和发展。正是在科学理论的指导下，我们党探索出了符合中国国情的革命和建设道路，制定出正确的路线、方针和政策，始终代表了中国先进生产力的发展要求、先进文化的前进方向和最广大人民的根本利益。在新世纪新阶段全面建设小康社会进程中胡锦涛同志提出了科学发展观，创造性地回答了实现什么样的发展，怎样发展的问题，党的十七大将其确定为党的指导思想。党的十八大以来，以习近平同志为核心的党中央以巨大的政治勇气和强烈的责任担当，提出一系列新理念新思想新战略，出台一系列重大方针政策，推出一系列重大举措，推进一系列重大工作，解决了许多长期想解决而没有解决的难题，办成了许多过去想办而没有办成的大事，推动党和国家事业取得了全方位的、开创性的历史性成就，发生了深层次的、根本性的历史性变革，并形成了习近平新时代中国特色社会主义思想，为新时代中国特色社会主义指明了发展方向。在世界社会主义发生严重曲折、国内外风云急剧变化的局面中，我们党砥柱中流，岿然不动，社会主义中国展现出蓬勃的生机和活力。事实已经证明并将继续表明，我们党能够正确把握中国历史的前进方向和发展趋势，始终成为中国人民和中华民族的先锋队，中国共产党越是自觉成为中国人民和中华民族的先锋队，就越能为实现民族复兴的“中国梦“建功立业。

中国共产党是按照马克思列宁主义建党原则建立起来的。90 多年来，经过马克思列宁主义、毛泽东思想、邓小平理论、“三个代表”重要思想、科学发展观和习近平新时代中国特色社会主义思想的长期教育，经过成功和失败的反复锻炼，我们党在中国这样一个经济落后、农民占人口绝大多数的特殊社会环境中，成功地把党建设成为工人阶级的先锋队、中国人民和中华民族的先锋队。中国工人阶级的先锋队与中国人民和中华民族的先锋队是完全一致、高度统一的。共产党作为工人阶级先锋队，是为完成工人阶级的历史使命而存在的。而工人阶级只有解放全人类，才能最终解放自己。工人阶级的根本利益同全体人民和整个民族的根本利益是一致的，其历史使命也是同全体人民和整个民族的前途命运紧密关联的。我们党从一开始就肩负着阶级和民族的双重使命，不仅代表中国工人阶级的利益，同时代表中国人民和整个中华民族的利益；不仅要为实现工人阶级的利益而奋斗，同时也要为中国人民和中华民族的利益而奋斗。因此，坚持党的工人阶级先锋队的性质，就必须使党同时成为中国人民和中华民族的先锋队。而党越是当好中国人民和中华民族的先锋队，就越能体现党的工人阶级先锋队的性质。

四、力挽狂澜　中流砥柱

从鸦片战争到中国共产党成立，从中国共产党成立到现在，中国经历了截然不同的两个阶段。在前 80 年中，封建统治者丧权辱国，社会战乱不断，国家积贫积弱，人民饥寒交迫。在后 90 多年中，中国人民在中国共产党的领导下空前团结和组织起来，冲破重重难关，革命斗争不断胜利；中华人民共和国成立后，经济社会快速发展，国家日益昌盛，人民的社会地位、物质生活水平和文化教育水平显著提高。香港、澳门胜利回归，成功实现“经济软着陆”，加入世贸、成功举办奥运会和世博会、天宫探月、建造航母……把全世界惊羡的目光聚焦东方，众志成城的中华民族，巍巍挺拔于世界民族之林。

是什么使中国实现了沧桑巨变？是什么使中国历经外部封锁、“三年困难”“十年内乱”的严峻考验而不退缩？是什么使中国面对 20 世纪 80 年代末、90 年代初国内政治风波和东欧剧变、苏联解体而岿然不动、旗帜不倒？是什么使中国面对新世纪新阶段国内外环境的深刻变化而经济平稳健康发展？

（一）人民选择了中国共产党

外患内乱的格局，构成了中国近代史的主题，多少优秀儿女为寻求救国救民的真理和道路，不惜抛头颅、洒热血。在众多的党派中，人民为什么选择了中国共产党？

1. 是中国共产党，让中国人民站起来！

中国共产党的领导地位并不是自封的，是在长期的革命斗争中形成的。1840 年鸦片战争失败以后，100 多年间，中国人民为了挽救国家和民族的危亡，同帝国主义、封建主义、官僚资本主义进行了艰苦卓绝的斗争，许多优秀儿女，为了寻求救国救民的真理和道路，进行了前仆后继、不屈不挠的斗争，但声势浩大的太平天国运动和英勇悲壮的义和团反帝爱国运动先后失败了，资产阶级改良主义的“戊戌变法”也夭折了。孙中山先生领导的辛亥革命，虽然结束了两千多年的封建帝制，但革命胜利成果很快就被北洋军阀篡夺，中国仍处于半殖民地半封建社会。只有中国共产党，才指引中国人民找到了国家和民族振兴的正确道路，并且形成强大的凝聚力，团结和领导全国人民经过 28 年艰苦卓绝的斗争，牺牲了 2000 多万革命先烈，终于实现了中华民族的独立和人民的解放，把一个贫困交加、四分五裂的旧中国，变成了一个团结统一、前途光明的新中国。

2. 是中国共产党，让中国人民富起来！

中华人民共和国成立以后，我们党成为执政党。在不长的时间里，党就领导全国各族人民顺利地实现了从新民主主义到社会主义的过渡，迅速恢复了遭到破坏的国民经济，巩固了人民政权，基本上完成了对生产资料私有制的社会主义改造，建立了社会主义制度。随后，党又领导全国人民开始转入全面的大规模的社会主义建设。尽管我们走过弯路，有过失误，但是党和全国人民一道，经受了挫折的考验，克服了重重困难，取得了前所未有的进步。据推算，1949 年我国 GDP 总值约为 587 亿元，人均 GDP 大约为 100 元；全国人口中有八成是文盲，高校在校人数为 11.7 万；婴儿死亡率在 20%左右，平均期望寿命仅 35 岁。2017 年我国 GDP 达到 827 122 亿元，人均 GDP 超过 59 660 元；成人识字率已超过 96%，高等教育招生 795 万人，在校生 2695.8 万人；婴儿死亡率降至 0.75%左右，平均期望寿命上升到了 76.4 岁。改革开放使全国人民摆脱贫穷，走向小康。

从共产党人不屈不挠的浴血奋战中，人民认识了共产党；从共产党人为国为民的无私行动中，人民选择了共产党。中国共产党诞生 90 多年的全部历史，是维护和增进中国人民利益的历史，是实现中华民族伟大复兴的历史。这是我国历史上任何一个统治集团都没有做到的。只有中国共产党能够肩负起民族的希望，领导中国人民把历史推向前进。没有共产党，就没有新中国；只有在共产党领导下，才能更快地发展中国，这就是历史的昭示和结论。正如习近平总书记所指出的：人民是历史的创造者，是决定党和国家前途命运的根本力量。“得人心者，得天下”，共产党之所以成为中国特色社会主义事业的领导核心，是历史的选择，人民群众支持拥护的结果。站在新时代的历史方位，我们必须“不忘初心、牢记使命”，坚持“以人民为中心”的发展思想。

（二）建设大业离不开党的领导

今天的中国社会，无论是经济发展成果，还是受人尊重的国际地位，不是从天上掉下来的，也不是轻易得来的，而是在中国共产党领导下艰辛探索、努力奋斗取得的。面对当前复杂的国内外局势及经济全球化带来的挑战，我们如何才能把中国建设成为现代化强国呢？

1. 党的领导事关中国特色社会主义事业的方向

邓小平同志指出：“我们搞四个现代化，是社会主义的四个现代化，不是搞别的现代化，如果我们的政策导致两极分化，我们就失败了；如果产生了什么新资产阶级，那我们就真的走上邪路了。”如何理解其内涵？

这说明，社会主义现代化建设，始终是同社会主义基本制度结合在一起的。社会主义道路是中国的必然选择，党的十一届三中全会以来，我们党根据过去几十年社会主义建设的经验教训，开始了改革开放的伟大历程。我们所进行的改革开放是坚持社会主义方向的改革开放，我们所要发展的市场经济是社会主义市场经济，我们所要推进的民主是社会主义民主。总之，我们所要实现的现代化，是社会主义现代化。而要在现代化过程中坚持社会主义方向，就必须坚持党的领导，因为共产党就是以社会主义和共产主义为自己根本政治方向和政治目标的党，是与社会主义共命运的。

2. 党的领导事关国家统一和安定团结的政治局面

翻开我国历史，不难发现，国家统一、民族团结的时期，往往也是国力强盛、人民安居乐业的时期，千百年来广为传颂的“文景之治”“贞观之治”“康乾盛世”都是这样。相反，凡是国家分裂、民族矛盾激化、社会动荡不安之时，必定导致国力衰弱，人民苦不堪言。安定团结是全国人民的共同意愿，是建设中国特色社会主义的先决条件。政局不稳、社会动荡、人心涣散，社会主义现代化建设就难以为继。在我们这样一个幅员辽阔、拥有 56 个民族、13 亿人口、发展不平衡不充分的国家里搞社会主义现代化建设，谁有资格和能力营造一个安定、团结、稳定的社会政治环境？

习近平总书记指出，中国特色社会主义进入新时代，我们党一定要有新气象新作为。打铁必须自身硬。党要团结带领人民进行伟大斗争、推进伟大事业、实现伟大梦想，必须毫不动摇坚持和完善党的领导，毫不动摇把党建设得更加坚强有力。按照马克思主义建党思想建立起来的中国共产党，正是这样一个强大的执政党。在长期的革命和建设实践中，中国共产党与各民主党派结成了“肝胆相照，荣辱与共”的关系，赢得了各民主党派的衷心拥护和密切合作与支持；党坚持实事求是的思想路线，善于严格区分和处理两类不同性质的矛盾，及时调整各种利益关系，把全国各民族、各阶层的人民团结起来；党高瞻远瞩，善于总结历史的经验教训，在执政条件下，积累了丰富的治党治国经验，紧紧把握社会发展的总趋势，把各项事业不断推向前进。因此，只有在共产党的领导下，坚持党的路线、方针、政策并保持其连续性和稳定性，才能不断巩固和发展安定团结的政治局面。

3. 实现中华民族伟大复兴的“中国梦”需要党的领导

党的十九大报告指出，要决胜全面建成小康社会，开启全面建设社会主义现代化国家新征程，通过两个阶段的战略安排，到本世纪中叶把我国建成富强、民主、文明、和谐、美丽的社会主义现代化强国。要实现这一目标就必须坚持中国共产党的领导。如何理解其内涵？

实现中华民族伟大复兴的中国梦是一项复杂而艰巨的事业。要顺利推进这一事业，需要实行正确的政治路线，及时调整各种政策和措施，建设一支高素质的干部队伍，充分发挥共产党员的先锋模范作用。同时，也需要加强全社会的精神文明建设，团结一切可以团结的力量，调动一切积极因素，激发全国人民投身现代化建设的积极性和创造性。而所有这些，都离不开党的领导。

4. 应对当前复杂的国内外挑战也需要党的领导

在 20 世纪 90 年代，东欧剧变、苏联解体，中国却“一枝独秀”、持续快速地发展；在东南亚经济危机之中，中国又成功地实现了经济“软着陆”；2008 年金融危机后，中国经济继续保持快速发展并带动世界经济发展，2010 年中国经济总量超越日本，成为全球第二大经济体，十八大以来中国国内生产总值从五十四万亿元增长到八十万亿元，稳居世界第二，对世界经济增长贡献率超过百分之三十……这一切证明了什么？

应对国内外挑战离不开中国共产党的领导。当前，我国现代化建设面临的国际环境和国内矛盾都比较复杂。从国际上看，经济全球化和世界多极化在曲折中发展，科学技术发展日新月异，综合国力竞争日趋激烈，西方敌对势力加紧对我国实施西化、分化战略。从国内来看，改革进入攻坚阶段，长期积累的许多深层次矛盾日益凸显，经济成分、组织形式、就业方式、利益关系和分配方式日益多样化，人们的思想观念越来越活跃，新事物、新问题、新矛盾不断出现。在这样国际国内形势复杂多变的背景下，广大人民群众只有在一个坚强有力、一心为民的政党领导下，才能创造幸福美满的生活。而在当代中国，只有中国共产党，才有条件、有能力、有责任担当为人民实现最大利益的重任，不愧为建设中国特色社会主义事业的领导核心。

（三）党的领导地位不容动摇

中国共产党是建设有中国特色社会主义事业的领导核心。党的这种领导地位，是在领导中国人民进行革命、建设、改革的长期实践中形成的，是历史的必然选择。习近平总书记在党的十九大报告中，把“坚持党对一切工作的领导”作为新时代坚持和发展中国特色社会主义基本方略中的第一条，明确指出，党政军民学，东西南北中，党是领导一切的。

1. 党的领导 立国之本

目前，世界上有将近 200 多个国家和地区，绝大多数实行的是资本主义，但真正富强起来的，也不过是欧洲、北美以及东亚的少数国家和地区，其他多数国家并未摆脱贫穷和落后。近代以来的历史反复证明，在一个半殖民地半封建社会的中国，企图通过走资本主义道路使中国实现现代化，是根本行不通的。只有中国共产党坚持把马克思主义基本原理同中国实际相结合，建立新中国，开创中国特色社会主义道路，才真正找到了一条适合中国国情的现代化之路。要沿着这条道路继续走下去，最终实现中华民族的伟大复兴，仍然必须始终坚持共产党的领导。

2. 金无足赤 知错就改

俗话说：“金无足赤，人无完人。”任何政党或个人要想完全做到不犯错误是根本不可能的。衡量一个政党是否是一个对人民负责的、严肃的党，是否具有生命力和战斗力，重要的不在于它是不是犯过错误，而在于它以什么样的态度来对待错误。中国共产党在领导革命和建设的过程中，曾经犯过这样或那样的错误，甚至像“文化大革命”那样的严重错误，对革命和建设事业造成严重损失。但是我们党对于自己所犯的错误，一是敢于正视，敢于公开承认；二是能够而且在事实上已经依靠自身力量加以纠正。1945 年党的六届七中全会通过的《关于若干历史问题的决议》和 1981 年党的十一届六中全会通过的《关于建国以来党的若干历史问题的决议》，分别对党在领导中国革命和建设过程中出现的失误和所犯的错误给予了实事求是的科学分析，并进行了严肃的自我批评，从而把党领导的革命和建设事业做得更好，人民的事业更加兴盛。一个敢于承认错误又能改正错误的党才是伟大的党。

3. 多党合作 风雨同舟

一是我们实行的不是“一党专政”，而是中国共产党领导的多党合作制度。中国共产党是执政党，各民主党派是参政党，相互之间有着共同的政治基础、奋斗目标和根本利益，长期共存，真诚合作。

二是中国社会不存在实行“多党制”的经济基础。西方多党制根植于自由竞争的资本主义私有制的土壤，是各资本集团对社会资源和经济资源进行配置的政治形式，经济上的利益争夺必然导致政治上的派系分立，是资本主义经济基础在上层建筑政治体制中的反映。而在我国，自革命胜利以后，完成了对生产资料私有制的社会主义改造，建立了社会主义公有制，“多党制”失去了存在的基础。

三是历史的经验、现实的国情和世界社会主义的惨痛教训都告诉我们，搞西方那种多党制，放弃共产党的领导，必然葬送我国的社会主义现代化大业，实现中华民族的伟大复兴的中国梦将化为泡影。

4. 有党领航　风景独好

100 多年来，中华儿女有一个共同的梦想，就是实现中华民族伟大复兴的中国梦。为了实现这个梦想，许多人献出了青春，付出了生命。只有中国共产党成为中国革命和建设的领导者后，才真正开启了中国驶向现代化的历史航船。经过新中国成立以来 60 多年特别是改革开放 40 年的奋斗，我们这条航船不仅开辟了通向现代化的正确航路，而且顺利地完成了一段航程，正向着胜利彼岸加速前进。相反，20 世纪 90 年代初，苏联修改的宪法正式取消了苏共领导核心作用的内容，苏联共产党领导地位的丧失，最终导致这个进行了 74 年社会主义建设并取得了伟大成就的国家，顷刻间土崩瓦解，令人扼腕叹息！

5. 中国特色社会主义最本质的特征是中国共产党领导

党的十九大报告指出：“中国特色社会主义最本质的特征是中国共产党领导，中国特色社会主义制度的最大优势是中国共产党领导。”没有共产党，就没有新中国，就没有新中国的繁荣富强。坚持中国共产党这一坚强领导核心，是中华民族的命运所系。中国共产党的领导，就是支持和保证人民实现当家作主。我们必须坚持党总揽全局、协调各方的领导核心作用，通过人民代表大会制度，保证党的路线方针政策和决策部署在国家工作中得到全面贯彻和有效执行。要支持和保证国家政权机关依照宪法法律积极主动、独立负责、协调一致开展工作。要不断加强和改善党的领导，善于使党的主张通过法定程序成为国家意志，善于使党组织推荐的人选通过法定程序成为国家政权机关的领导人员，善于通过国家政权机关实施党对国家和社会的领导，善于运用民主集中制原则维护党和国家权威、维护全党全国团结统一。

事实证明，党的领导是社会主义革命和建设取得胜利的根本保证。什么时候坚持党的领导核心地位，党和人民的事业就顺利发展；什么时候削弱了党的核心领导地位，党和人民的事业就会遭受挫折。当前，建设有中国特色社会主义，全面建成小康社会，是前所未有的伟大事业，坚持党的领导是其内在要求和取得胜利的根本保证。高举中国特色社会主义伟大旗帜，实现中华民族伟大复兴的中国梦，必须毫不动摇坚持和完善党的领导，毫不动摇把党建设得更加坚强有力。

中国革命的历程向世人昭示：没有共产党，就没有新中国，就没有中国特色社会主义。习近平总书记指出：“中国特色社会主义最本质的特征是中国共产党领导，中国特色社会主义制度的最大优势是中国共产党领导。坚持和完善党的领导，是党和国家的根本所在、命脉所在，是全国各族人民的利益所在、幸福所在。”这一重要论断，从中国特色社会主义最本质特征的高度强调了党的领导的极端重要性，使我们对党的领导和中国特色社会主义的认识都达到一个新高度。这是以习近平同志为核心的党中央深刻总结世界社会主义特别是中国特色社会主义发展的历史经验，集中全党全国人民的智慧得出的重要结论，是对马克思主义政党学说的重大发展，对科学社会主义的重要贡献，是对共产党执政规律、社会主义建设规律、人类社会发展规律认识的深化，对于开启新时代中华民族伟大复兴的新征程具有重要指导意义。

五、实践“三个代表”心系人民群众

【资料链接】

2017年1月25日早上8点半，甘永荣的银行卡里打进来5.8万元。这是李克强总理帮这名农民工“讨”回的工钱。从最初听到这件事到讨回欠薪，仅隔了48小时！

（资料来源：《新京报》，2017年1月26日）

48小时“讨”薪成功，乃“神速”。一国之总理，能够为此小事“怒”了，并责成地方政府和相关部门，帮助这位震区农民工依法讨薪，可见，李克强总理对人民群众的真情真意。一方是普通老百姓，敢于说出自己的“苦恼”；一方是国家的堂堂总理，热心解决百姓的“难事”，并且是神速解决。这样的场景，令人动容、点赞，暖心。

自2003年以来，从国家主席到所有的省长、市长、县长，包括他们领导的各级政府，全都加入了为农民工讨薪的行列。幸运的也不只是甘永荣，全国成千上万的农民工回乡过年时都不再是两手空空。

在这一行动中，政府明确地站到了由成千上万松散的、互不相关的“个人”所组成的民工群体一边，旗帜鲜明地维护他们合法的“个人利益”，生动地再现了立党为公、执政为民的中国共产党。我们党是人民根本利益的忠实代表，不是停留在口头上的，而是具体落实到关心群众生产生活的工作中去，是围绕人民群众最现实、最关心、最直接的利益来落实的。群众利益无小事，凡是涉及群众的切身利益和实际困难的事情，再小也要竭尽全力去办。这一点，处处体现在新一届党和国家领导人施政过程之中。

为政之道在于安民，安民之要在于解忧。习近平同志曾于2003年指出：“要牢牢把握‘三个代表’重要思想的本质，牢记全心全意为人民服务的宗旨，始终坚持以民为本，把立党为公、执政为民的要求落实到具体工作中去，落实到各级领导干部的思想和行动中去，落实到关心群众生产生活的实际措施中去。要牢固树立群众观念，深怀爱民之心，恪守为民之责，善谋富民之策，多办利民之事，把群众呼声作为第一信号，把群众满意作为第一追求，把提高群众的生活水平作为第一目标。”

（一）关注民生　扩大就业

自跨入新世纪以来，在每度岁末年初媒体关于热点问题的调查中，就业问题都排在前列。这个问题很快引起了中央的高度重视。党的十九大报告强调：“就业是最大的民生。要坚持就业优先战略和积极就业政策，实现更高质量和更充分就业。”2016年国务院召开全国就业工作座谈会，李克强总理强调：“我们党是执政党，我们的政府是人民政府，发展经济的根本目的就是要让民生不断改善，让人民群众过上好日子。改善民生的基础何在？就业是民生之本，有了就业才有收入，民生才会逐步改善，社会才会安定。我们讲稳增长，主要就是为了保就业。”2018年3月第十三届全国人大一次会议《政府工作报告》对民生问题高度关注，强调千方百计增加就业是政府的重要职责。2000年至2016年，全国共增加就业人员1.6亿人，平均每年新增1000万人，被外国人称为“一个世界奇迹”。

就业是民生之本。积极做好就业、再就业工作，始终是党和政府最为关注、最为操心的一件大事。充分就业已成为政府非常重要的政策目标。我国确立了“劳动者自主就业，市场调节就业，政府促进就业”的就业方针，实行积极的就业政策。坚持通过发展经济、调整经济结构、深化改革、协调发展城乡经济以及完善社会保障体系促进就业，并采取各种有效措施，千方百计增加就业，扩大就业规模。制定了“到 2020 年，就业总量达到 8.4 亿，失业率控制在社会可控的水平；大部分人有机会就业，少量失业者基本生活有保障并为就业做准备，社会总体上处于比较充分的就业状态”的具体目标。尽管我国将长期面对就业的巨大压力，但只要我们充分利用市场机制和政府引导的双重优势，形成以劳动者自主就业为主导、以市场调节就业为基础、以政府促进就业为动力的就业机制，我们就一定能够逐步解决社会主义市场经济条件下的就业问题。

（二）重视“三农”谋利于民

2004 年 3 月 5 日，温家宝总理在十届全国人大二次会议上做政府工作报告。当温总理郑重宣布，从 2004 年起，“逐步降低农业税税率，平均每年降低 1 个百分点以上，五年内取消农业税”时，庄严肃穆的人民大会堂里爆发出长时间雷鸣般的掌声。2005 年党中央又决定，将在 2006 年起在全国范围内全部免征农业税，从而结束了长期以来农民种田缴纳“皇粮国税”的历史。免征农业税，将为农民每年减轻 900 多亿元的税收负担。广大农民为此欢欣鼓舞，真正感受到支农政策的实惠。

我国有近 13 亿人口，其中 5.7 亿在农村，农民生活水平是否提高，将直接关系到我国全面建成小康社会目标的实现。全面建成小康社会的重点和难点都在农村，要加快全面建成小康社会的步伐，就必须解决好“三农”问题，而“三农”问题的核心是农民问题，是农民增收的问题，是推动农村城镇化、减少农村人口问题。党的十九大提出实施乡村振兴战略，要求坚持把解决好“三农”问题作为全党工作重中之重，坚持农业农村优先发展，按照产业兴旺、生态宜居、乡风文明、治理有效、生活富裕的总要求，建立健全城乡融合发展体制机制和政策体系，统筹推进农村经济建设、政治建设、文化建设、社会建设、生态文明建设和党的建设，加快推进乡村治理体系和治理能力现代化，加快推进农业农村现代化，走中国特色社会主义乡村振兴道路，让农业成为有奔头的产业，让农民成为有吸引力的职业，让农村成为安居乐业的美丽家园。

（三）精准扶贫　共赴小康

2013 年 11 月，习近平到湖南湘西考察时首次作出了“实事求是、因地制宜、分类指导、精准扶贫”的重要指示。2014 年 3 月，习近平参加两会代表团审议时强调，要实施精准扶贫，瞄准扶贫对象，进行重点施策。进一步阐释了精准扶贫理念，强调要科学谋划好“十三五”时期扶贫开发工作，确保贫困人口到 2020 年如期脱贫，全面建成小康社会。党的十九大报告指出，脱贫攻坚战取得决定性进展，六千多万贫困人口稳定脱贫，贫困发生率从百分之十点二下降到百分之四以下。习近平总书记说：“让贫困人口和贫困地区同全国一道进入全面小康社会是我们党的庄严承诺。要动员全党全国全社会力量，坚持精准扶贫、精准脱贫，坚持中央统筹省负总责市县抓落实的工作机制，强化党政一把手负总责的责任制，坚持大扶贫格局，注重扶贫同扶志、扶智相结合，深入实施东西部扶贫协作，重点攻克深度贫困地区脱贫任务，确保到二〇二〇年我国现行标准下农村贫困人口实现脱贫，贫困县全部摘帽，解决区域性整体贫困，做到脱真贫、真脱贫。”

党的十八大以来的脱贫成效，创造了我国扶贫史上最好成绩。党的十九大报告进一步对坚决打赢脱贫攻坚战提出明确要求，到 2020 年我国现行标准下农村贫困人口实现脱贫，贫困县全部摘帽，解决区域性整体贫困。党中央对贫困群众的关怀，不只是一人一事、一家一户，而是立足于全国，致力于普遍而又规律地全面解决，并形成相关的政策、法律及法规，通过良性机制解决贫困问题，让贫困人口和贫困地区同全国一道进入全面小康社会。

六、全面从严治党　增强执政能力

我们党的发展历程从一定意义上来说就是不断从严治党的过程。中国共产党创建之时，就强调始终严明党的纪律，大会决定“接受党员要特别谨慎，严格审查”。在革命和建设时期，我们党进行过多次整风运动，加强对党员的教育，严肃党的纪律，整顿党风、惩治腐败、从严治党。党的十一届三中全会以来，面对经济建设中暴露的弊端，邓小平坚决地指出，“这个党该抓了，不抓不行了。”“从严治党”在党的十四大正式提出并写入党章；党的十五大、十六大在党建部分中反复重申党要管党的原则和从严治党的方针；党的十七大将从严治党贯穿于党的建设的各个方面。党的十八大报告指出：“面对复杂多变的国际形势和艰巨繁重的改革发展任务，实现‘两个一百年’奋斗目标，实现中华民族伟大复兴的中国梦，必须坚持党要管党、从严治党。”

2014 年 10 月 8 日，习近平总书记在党的群众路线教育实践活动总结大会讲话中首提“全面推进从严治党”。2014 年 12 月，习近平总书记在江苏调研时强调：“协调推进全面建成小康社会、全面深化改革、全面推进依法治国、全面从严治党，推动改革开放和社会主义现代化建设迈上新台阶”，将全面从严治党作为“四个全面”战略布局的重要组成部分，提升到一个全新的战略高度。党的十八届六中全会专题研究全面从严治党重大问题，充分展现了党中央坚定不移推进全面从严治党的决心和信心。

十八届六中全会提出，我们党来自人民，失去人民拥护和支持，党就会失去根基。新形势下，我们党不仅担负着团结带领全国人民全面建成小康社会、推进社会主义现代化、实现中华民族伟大复兴的历史重任，而且面临着执政考验、改革开放考验、市场经济考验、外部环境考验这四大考验，存在着精神懈怠危险、能力不足危险、脱离群众危险、消极腐败危险这四大危险，需要解决好提高党的领导水平和执政水平、提高拒腐防变和抵御风险能力这两个重大课题。从现实问题看，脱离群众、贪污腐败和不正之风正严重侵蚀党员队伍和党的肌体。习近平总书记反复强调：“如果不坚决纠正不良风气，任其发展下去，就会像一座无形的墙把我们党和人民群众隔开，我们党就会失去根基、失去血脉、失去力量。”所以，“党要管党、从严治党”刻不容缓，必须推进全面从严治党，这是人民群众的要求，也是保持我党先进性的必然。

党的十八大以来，以习近平同志为核心的党中央从关系党和国家生死存亡的高度，作出打铁还需自身硬的庄严承诺，以猛药去疴、重典治乱的决心勇气，推动全面从严治党向纵深发展，打虎拍蝇雷霆万钧，正风肃纪驰而不息，形成了反腐败斗争压倒性态势，党心民心为之一振，党风政风为之一新。

（一）纠正“四风”不能止步 作风建设永远在路上

从作风建设切入，从中央政治局做起，中央八项规定的出台，解决了管党治党“老虎吃天不知从哪儿下口”的问题。

2012 年 12 月，中央政治局会议审议通过改进工作作风、密切联系群众的八项规定。5 年来，以习近平同志为核心的党中央率先垂范、以上率下，各级纪检监察机关强化监督执纪问责，狠抓中央八项规定精神落实，对“四风”问题坚决露头就打，推动风气产生根本转变。

紧盯年节假期，抓早抓小、串点成线，遏制“舌尖上的浪费”、刹住“车轮上的腐败”、整治“会所里的歪风”……5 年来，“八项规定”已成为妇孺皆知的政治语汇，在神州大地上荡涤起一股激浊扬清的净化之风，刹住了一些曾被认为难以刹住的歪风邪气，攻克了一些曾被认为司空见惯的顽瘴痼疾。

人们看到，天价月饼、粽子基本消失了，风景名胜区里的会所少见了，价格畸高的名烟名酒得到了遏制，一些高档酒店也推出了平民餐；干部普遍反映，应酬少了，精气神也饱满了。广大干部群众在一个又一个细节、一件又一件的小事中感受到了切切实实的变化。

截至 2017 年 6 月底，全国累计查处违反中央八项规定精神问题 17 万多起，处分 13 万多人。平均每天因违反中央八项规定精神被查处的问题超过 100 起。

数据是最好的印证。在截至 2016 年 12 月查处的 15.53 万起违反中央八项规定精神问题中，违纪行为发生在 2013 年、2014 年的占 78.2%；违纪行为发生在 2015 年的占 15.1%；违纪行为发生在 2016 年的仅占 6.7%。增量不断减少，充分表明中央八项规定精神在常和长、严和实、深和细中不断落地生根。

（二）重拳反腐 强化不敢腐的震慑

2012 年 12 月 6 日，四川省委原副书记李春城涉嫌严重违纪接受调查。这是党的十八大以后落马的第一位省部级干部，当时就引起舆论高度关注。然而，这仅仅是一个开端。

2014 年 6 月 14 日，苏荣涉嫌严重违纪违法接受组织调查；2014 年 6 月 30 日，中央政治局会议给予徐才厚开除党籍处分；2014 年 7 月 29 日，中央决定对周永康严重违纪问题立案审查；2014 年 12 月 22 日，令计划涉嫌严重违纪接受组织调查；2015 年 7 月 30 日，中央政治局会议给予郭伯雄开除党籍处分……5 年来，党中央重拳反腐的决心勇气、惩贪去恶的雷霆之势，一次次刷新了人们的认识。

“打虎”无禁区。党的十八大以来，截至 2017 年底，中央纪委共立案审查中管干部 258 人，打破所谓“刑不上大夫”的猜想。

“拍蝇”零容忍。全国纪检监察机关给予纪律处分超过 119 万人，打破所谓“法不责众”的观念。

“猎狐”撒天网。从 90 多个国家和地区追回外逃人员近 3000 人，释放“天网恢恢、虽远必追”的强烈信号。

治标为治本赢得时间，持续量变产生质变。

2016 年，全国纪检监察机关接到的检举控告类信访举报比 2015 年下降 17.5%，实现党的十八大以来首次回落；2016 年，在高压之下，有 5.7 万名党员主动向组织交代了自己的问题。

“反腐败斗争压倒性态势已经形成”——2017 年底，党的十九大对反腐形势作出最新判断，不敢腐的目标已经初步实现。2018 年 3 月 11 日，十三届全国人大一次会议通过《中华人民共和国宪法修正案》和《监察法》，决定成立国家监察委员会，全国所有行使公权力的公职人员将被纳入监察范围，任何职务违法、职务犯罪者将没有逃脱的侥幸。从此，我们将全面走入法治反腐的时代，用法律武器与腐败分子斗争到底。

（三）建章立制 扎牢不能腐的笼子

5 年来，随着实践的不断发展，一系列立足根本、着眼长远的制度措施，不断推动全面从严治党从治标走向治本，从“拔烂树”“治病树”到培育健康“土壤”、建设良好政治生态转变。

扎牢制度之笼，为制度治党提供根本保障。从出台《中国共产党廉洁自律准则》，提出党员和党员领导干部努力践行的高标准，到修订《中国共产党纪律处分条例》，明确划出纪律底线；从出台首部党内问责条例，实现问责工作的制度化、程序化，到修订《党政领导干部选拔任用工作条例》、印发《关于防止干部“带病提拔”的意见》等，打造从严治吏、严格干部选拔任用的完整链条……

5 年来，党内法规建设的步伐不断加快，中央共出台或修订近 80 部党内法规，超过现有党内法规的 40%，全面从严治党越来越有规可循、有据可依。

补足精神之钙，为思想建党打造牢固根基。2013 年下半年开始至 2014 年，自上而下分批开展党的群众路线教育实践活动；2015 年起，在县处级以上领导干部中开展“三严三实”专题教育；2016 年全面启动“两学一做”学习教育，2017 年将“两学一做”学习教育常态化制度化；党的十九大决定在全党开展“不忘初心、牢记使命”主题教育。开展“不忘初心、牢记使命”主题教育，是新时代坚持和加强党的全面领导的必然要求，是坚持党要管党、全面从严治党的内在要求，是推进新的伟大工程的现实要求。

5 年来，打铁趁热、环环相扣的思想政治建设，让党内教育从“关键少数”向广大党员拓展、从集中性教育向经常性教育延伸，党员干部理想信念更加坚定，纪律意识和规矩意识更强。党内政治生活的规范、党内政治文化的改善、党内政治生态的修复，为全面从严治党向纵深发展提供了优良环境和土壤。

（四）以党内监督为抓手推进全面从严治党

5 年来，作为全面从严治党的重要抓手和重要保障，党内监督方式方法不断改革创新，不断向着全面覆盖、不留死角迈进。

利剑高悬、愈显锋芒，巡视监督的震慑效应不断放大。中央巡视共开展 12 轮，对 277 个地方、单位党组织进行了“政治体检”，对 16 个省区市开展“回头看”，对 4 个单位进行“机动式”巡视，实现党的历史上首次一届任期内中央巡视全覆盖。各省区市党委也完成 8362 个地方、部门、企事业单位党组织全面巡视任务。山西系统性、塌方式腐败，湖南衡阳破坏选举案，四川南充和辽宁拉票贿选案等重大问题线索在巡视中被揭露。中央纪委立案审查的中管干部案件中，超过 60%的问题线索来自巡视。根据巡视移交的问题线索，各地纪检监察机关立案厅局级干部 1225 人，县处级干部 8684 人。

瞪大眼睛、伸长耳朵，派驻监督的“探头”作用充分发挥。中央纪委设立 47 家派驻纪检组，实现对 139 家中央一级党和国家机关派驻监督全覆盖。实现全面派驻后的 2016 年，中央纪委派驻纪检组共谈话函询 2600 件次，立案 780 件，给予纪律处分 730 人，分别增长 134%、38%、56%。

坚决清除“灯下黑”，让监督者时刻受监督。截至 2016 年底，中央纪委机关谈话函询 218 人、组织调整 21 人、立案查处 17 人，全国纪检监察系统共谈话函询 5800 人次、组织处理 2500 人、处分 7900 人。《中国共产党纪律检查机关监督执纪工作规则（试行）》制定出台，首次对监督执纪工作的全流程、各环节进行明确规定。

深化国家监察体制改革，使党内监督和国家监察相互促进。2016 年底，国家监察体制改革拉开帷幕，目前，北京、山西、浙江 3 个试点省市改革取得实质进展，省市县三级监察委员会转隶组建工作已经完成。2018 年 3 月 11 日，十三届全国人大一次会议通过《中华人民共和国宪法修正案》和监察法，决定成立国家监察委员会，全国所有行使公权力的公职人员将被纳入监察范围，将实现对所有行使公权力的公职人员监察全覆盖。

人心是最大的政治，正义是最强的力量。十八大以来，全面从严治党的伟大实践试出了人心向背，厚植了党的执政根基，锻造出具有更加旺盛生命力和顽强战斗力的党，为党和国家各项事业发展提供了坚强政治保证。2016 年 10 月，党的十八届六中全会专题研究全面从严治党，审议通过了《关于新形势下党内政治生活的若干准则》和《中国共产党党内监督条例》；2017 年 10 月，党的十九大指出要坚定不移全面从严治党，不断提高党的执政能力和领导水平，踏上了全面从严治党的崭新征程。

【资料链接】

中国特色社会主义进入新时代，我们党一定要有新气象新作为。打铁必须自身硬。党要团结带领人民进行伟大斗争、推进伟大事业、实现伟大梦想，必须毫不动摇坚持和完善党的领导，毫不动摇把党建设得更加坚强有力。

全面从严治党永远在路上。一个政党，一个政权，其前途命运取决于人心向背。人民群众反对什么、痛恨什么，我们就要坚决防范和纠正什么。全党要清醒认识到，我们党面临的执政环境是复杂的，影响党的先进性、弱化党的纯洁性的因素也是复杂的，党内存在的思想不纯、组织不纯、作风不纯等突出问题尚未得到根本解决。要深刻认识党面临的执政考验、改革开放考验、市场经济考验、外部环境考验的长期性和复杂性，深刻认识党面临的精神懈怠危险、能力不足危险、脱离群众危险、消极腐败危险的尖锐性和严峻性，坚持问题导向，保持战略定力，推动全面从严治党向纵深发展。

新时代党的建设总要求是：坚持和加强党的全面领导，坚持党要管党、全面从严治党，以加强党的长期执政能力建设、先进性和纯洁性建设为主线，以党的政治建设为统领，以坚定理想信念宗旨为根基，以调动全党积极性、主动性、创造性为着力点，全面推进党的政治建设、思想建设、组织建设、作风建设、纪律建设，把制度建设贯穿其中，深入推进反腐败斗争，不断提高党的建设质量，把党建设成为始终走在时代前列、人民衷心拥护、勇于自我革命、经得起各种风浪考验、朝气蓬勃的马克思主义执政党。

（资料来源：党的十九大报告
《决胜全面建成小康社会 夺取新时代中国特色社会主义伟大胜利》）

谋篇布局开新篇，砥砺奋进为人民。党的十八大以来的 5 年，是党和国家发展进程中很不平凡的 5 年。

5 年来，以习近平同志为核心的党中央科学把握当今世界和当代中国的发展大势，顺应实践要求和人民愿望，团结带领全党全国各族人民同心协力、苦干实干，解决了许多长期想解决而没有解决的难题，办成了许多过去想办而没有办成的大事。5 年来的改革进程，以及党和国家事业取得的历史性变革和历史性成就，极大地振奋了党心军心民心，增强了党的凝聚力、战斗力和领导力、号召力，充分显示出党总揽全局、协调各方的领导核心作用，充分证明我们党是充满生机活力的伟大的党。

处大事贵乎明而能断。党和国家各项事业之所以能取得新的巨大成就，最根本的原因，就在于以习近平同志为核心的党中央的坚强领导，就在于习近平总书记系列重要讲话精神和治国理政新理念新思想新战略的科学指引。从实现“两个一百年”奋斗目标、实现中华民族伟大复兴的战略高度，统筹推进“五位一体”总体布局、协调推进“四个全面”战略布局：从十八大正式提出全面建成小康社会，到三中全会吹响全面深化改革集结号；从四中全会提出全面依法治国，到五中全会以新发展理念布局“十三五”，再到六中全会全面从严治党的新部署……一幕幕宏大布局渐次展开。

走过砥砺奋进的 5 年，我们更加深刻地认识到，办好中国的事情，关键在党。进入中国特色社会主义新的发展阶段，党要团结带领人民进行伟大斗争、推进伟大事业、实现伟大梦想，必须毫不动摇坚持和完善党的领导，毫不动摇推进党的建设新的伟大工程，把党建设得更加坚强有力。让党的坚强领导引领复兴航船，这是时代的选择，也是发展的要求，更是人民的期待。（点评内容来源：毛同辉，新华网，2017 年 8 月 5 日）

【心灵导航】

中国共产党的发展史向世人昭示：是中国共产党领导人民群众结束了国家四分五裂、遭受欺凌、任人宰割的状况，从根本上改变了我们古老民族的命运；是中国共产党领导人民群众自力更生，艰苦奋斗，改变了一穷二白的落后面貌，走上了通过改革开放实现社会主义现代化的康庄大道；是中国共产党顶住压力，力挽狂澜，砥柱中流，使欣欣向荣的社会主义中国巍然屹立于世界东方。建党以来中国社会发生的天翻地覆的变化，无可辩驳地告诉我们，没有中国共产党，就没有新中国！中国共产党 90 多年来奋斗历程的基本经验之一，就是始终牢记全心全意为人民服务的宗旨，紧紧地依靠人民群众，诚心诚意地为人民谋利益，从人民群众中汲取前进的不竭力量。必须更加自觉地全面从严治党，推进自我革命，始终保持党的先进性和纯洁性。

正如《中国共产党章程》中指出的：“中国共产党是中国工人阶级的先锋队，同时是中国人民和中华民族的先锋队，是中国特色社会主义事业的领导核心，代表中国先进生产力的发展要求，代表中国先进文化的前进方向，代表中国最广大人民的根本利益。党的最高理想和最终目标是实现共产主义。”这一论述，从党的阶级性、先进性、党的根本宗旨、党在建设中国特色社会主义事业中的地位、党的最终目标上，全面阐明了中国共产党的性质，是党区别于其他政党的本质属性。

※ 活动链接 ※

活动理念和指导思想

1. 党的教育不同于其他学科教育，不仅要解决知不知，更要解决信不信、行不行。因此，教育活动的关键是充分调动大学生自身的积极性和主动性，把本专题的教育变成大学生自觉的行动、自主的行动。因此，在活动设计上，要贴近实际、贴近生活、贴近学生，注意以学生关心的问题为主线，引导学生自主学习、领会，以增强教育活动的吸引力和感染力。事实证明，实践是思想教育的有效途径。因此要引导大学生走出校门，到基层去，到工农群众中去，开展丰富多彩的社会调查等活动，使学生在社会实践活动中切实感受党是什么样的党，感受党的社会地位和历史使命，从而增强学生的社会责任感。

2. 通过本专题的教育活动，使广大学生了解党的性质和宗旨，懂得中国共产党是中国特色社会主义事业领导核心的深刻道理，切身感受中国共产党是“三个代表”的实践者。具体学习目的如下。

（1）深刻理解中国共产党为什么是“两个先锋队”。

（2）理解中国共产党为什么是建设有中国特色社会主义事业的领导核心。

（3）理解中国共产党为什么要始终做到“三个代表”。

（4）理解新时代为什么要全面从严治党。

活动方案

活动一：党的性质认识知多少

1. *活动目的*

通过活动，发现学生们在对党的性质认识上存在的问题。

2. *活动实施*

（1）设计学生对党认识基本情况的调查表。

（2）确定调查对象与调查时间。

（3）按调研提纲组织调研。

（4）整理分析调研资料。

（5）写出调研报告。

3. *活动成果*

对认识上存在的问题，归类分析，提交“端正对党的性质的认识”的主题调研报告。

活动二：时代不同，“先锋”变否？

1. 活动目的

以实证分析方法，澄清以下疑问。

（1）为什么党是工人阶级的先锋队，而不是农民阶级或其他阶级的先锋队？在今天，工人阶级是否还具有先进性？

（2）私营业主能否入党？判断人们能否入党的标准是什么？非无产阶级入党是否会改变党的阶级基础？

（3）为什么党同时还是中华民族和中国人民的先锋队？

在总结分析、交流的基础上加深对党的性质的认识。

2. 活动实施

（1）分工，落实学习内容，拟定学习纲要。

（2）收集资料，自学，整理学习笔记。

（3）以实例分析方式写出学习心得。

（4）以“当代工人阶级是否还具有先进性”为题组织开展辩论会，澄清相关问题。

3. 活动成果

提交学习心得，并推荐优秀报告在全班交流。

活动三：中国特色社会主义最本质的特征是中国共产党领导

1. 活动目的

通过查阅文献和社会调研理解并认同中国特色社会主义最本质的特征是中国共产党领导。

2. 活动实施

围绕以下调研提纲深入企业、农村、社区、学校开展调研活动。

（1）调研改革开放以来党领导中国人民取得的成就，并与旧中国进行相比，以事实证明党的领导地位不是自封的，而是人民选择的。

（2）从企业、农村、社区、学校的变化看为什么党是领导核心。

（3）查阅文献资料，对比分析中国共产党为什么是中国特色社会主义最本质的特征？

3. 活动成果

提交调研报告，并推荐优秀报告在全班交流。

活动四：党在我心中

1. 活动目的

通过演讲强化对中国共产党性质的理解以及对党的丰功伟绩的了解。

2. 活动实施

（1）联系实际撰写演讲稿。

（2）以班级为单位进行初选。

（3）组织演讲比赛。

3. 活动成果

评选出优胜者、优秀演讲者并在校园播放其演讲录像。

专题六　与时俱进　马克思主义中国化的理论成果

引　航

旗帜问题，历来是关系国家、民族前途、命运的头等大事，马克思主义实践进程的每一个阶段，都要树起鲜明的旗帜，用以昭示方向、展示形象、积聚力量、推进事业。以什么理论为指导，举什么旗帜，关系到无产阶级政党的生死存亡。党的旗帜表明党的共同理想与信念，表明党的奋斗纲领与目标，表明党的理论基础与指导思想，表明凝集全党的精神动力与精神支柱。

※ 问题聚焦 ※

主义譬如一面旗子

毛泽东同志说："主义譬如一面旗子，旗子立起了，大家才有所指望，才知所趋赴。"回顾历史不难看出，在长夜难明的旧中国，19 世纪下半叶 20 世纪初激烈的思想震荡，与近代一切被压迫者反抗压迫者的斗争一样，都没有能够改变中华民族在风雨中飘摇的命运。在反复选择与不断尝试后，中国人终于找到了一条新路，那就是用马克思主义指导中国革命的道路。于是，一群中国的先进分子组织建立起工人阶级的政党——中国共产党，高擎马克思列宁主义的火炬，照亮了黑夜沉沉的中国。在经历了风起云涌的大革命高潮、如火如荼的土地革命战争、洗刷民族耻辱的抗日战争和推翻国民党反动统治的解放战争等 28 年革命斗争考验以后，又经历了新中国社会主义建设以及改革开放 60 多年的艰辛探索和成功实践。中国人清楚地懂得，只有马克思主义而没有别的主义能够解决中国的前途和命运问题。中国人民还清楚地认识到，马克思主义不是僵化的教条，只有把马克思主义正确地运用于实践并在实践中不断地得到发展，它才能解决中国革命和建设不同时期遇到的不同问题，才具有无限的生命力。一句话，能不能用发展着的马克思主义指导新的实践，是我们党的事业兴衰成败的关键。对全党，旗帜是庄严号令、战斗宣言。对我们党来说，旗帜是要求、是宣言、是命令。党的旗帜是党的政治信仰、政治纲领和政治路线的集中展示。习近平总书记在纪念马克思诞辰 200 周年大会上强调："前进路上，我们要继续高扬马克思主义伟大旗帜，让马克思、恩格斯设想的人类社会美好前景不断在中国大地上生动展现出来！"

【思考园地】

1. 一位哲人曾说过："一个人，一个民族，他所信仰的不应该是束缚自己手脚的桎梏，更不应该是绞杀自己的绳索，而应当是一面催你挺进、催你跋涉、催你奋斗的旗帜。"那么，我们党所高举的是怎样的一面旗帜呢？

2. 20 世纪 80 年代末 90 年代初，随着东欧剧变、苏联解体，这些国家的共产党纷纷下台了。那么，马克思主义到底还灵不灵呢？

3. 中国共产党成立 90 多年来，伴随着时代的不断发展，我们的旗帜至今依然飘扬，其原因何在？

4. 作为 21 世纪的大学生，我们应该怎样自觉运用马克思列宁主义、毛泽东思想、邓小平理论、"三个代表"重要思想、科学发展观和习近平新时代中国特色社会主义思想武装头脑，指导自己的行动？

5. 既然马克思列宁主义是科学的世界观、方法论，那么它对我们的生活、学习、工作有何帮助？

※ 学习指南 ※

中国共产党是以马克思主义为行动指南的政党，而马克思主义又是批判的发展着的，它在指导中国革命和中国社会主义建设的过程中走过了马克思主义中国化的历程，其间有多少磨难、多少坎坷，又有多少次迎来"柳暗花明"的欣喜，你可知晓？我们可以划分学习小组，分工协作，多途径、宽领域共同探究。

1. 探究思路

围绕"马克思主义的诞生、传播和在中国发展，尤其是马克思主义中国化的历史进程"，开展探究活动。

2. 查阅文献

《共产党宣言》《国家与革命》《中国的红色政权为什么能够存在》《井冈山的斗争》《星星之火，可以燎原》《共产党人发刊词》《中国革命和中国共产党》《新民主主义论》、南方谈话系列文章、《"三个代表"重要思想宣传纲要》《树立和落实科学发展观》《习近平谈治国理政》《习近平总书记在纪念马克思诞辰 200 周年大会上的讲话》。

3. 网络查询

人民网 http://www.people.com.cn.

新华网 http://news.xinhuanet.com.

中华网 http://news.china.com.

共产党员网 http://www.12371.cn.

中国共产党新闻网 http:// cpc.people.com.cn.

4. 社会调研

开展社会调查，组织同学到乡村、企业、社区作一次社会调查，通过调查研究，加深对中国改革开放的成就与邓小平理论、“三个代表”重要思想、科学发展观和习近平新时代中国特色社会主义思想关系的理解，写出调查报告，进行交流。

※ 实践探究 ※

恩格斯指出：“一个新的纲领毕竟总是一面公开树立起来的大旗帜，而外界就根据它来判断这个党。”中国共产党在 90 多年的奋斗历程中，始终注意把马克思列宁主义同中国具体实际相结合，并随着时代的进步和历史任务的变化而发展创新自己的指导思想。理论的与时俱进和理论创新是不可分割的，理论创新是马克思主义的强大生命力。毛泽东思想、邓小平理论、“三个代表”重要思想、科学发展观和习近平新时代中国特色社会主义思想，正是党的指导思想与时俱进、发展创新的成果。

一、马克思主义是科学的理论体系

20 世纪即将结束的时候，英国广播公司 BBC 在全球范围举行过一次“千年思想家”网上评选。结果，得票高居榜首者是马克思。在东欧剧变、苏联解体以及世界社会主义出现严重曲折的情况下，这个评选结果不能不令人深思。

人类社会过去的 1000 年，是波澜壮阔的 1000 年，是造就巨人的 1000 年。悠悠千载，茫茫人海，代代英豪，在可圈可点的历史画卷中，曾出现过灿若繁星般的思想大师。为什么马克思能够独占鳌头呢？

1848 年 2 月，马克思和恩格斯以无比巨大的理论勇气，发表了令资产阶级浑身发抖、使无产阶级备受鼓舞、震撼世界而又影响人类的战斗檄文——《共产党宣言》。《共产党宣言》的发表，既是一个伟大的真理——马克思主义诞生的标志，也是一个崭新的运动——共产主义运动实践的光辉起点。马克思主义虽然诞生于 19 世纪，但却没有停留在 19 世纪；它虽然产生于欧洲，却传遍全世界。不论是敌视者的攻击和诽谤，还是误解者的质疑和责难，或者是教条者的阉割和扭曲，都不能阻挡它前进的步伐。这是因为马克思所创立的理论是科学的，它的鲜明品质就是与时俱进。这就是马克思主义历经一个半世纪风霜雨雪的考验，却充满活力、长盛不衰的原因之所在。

自 1840 年鸦片战争之后，中国许许多多先进分子不断寻求救国救民的真理，可谓前仆后继，百折不挠。他们把各种各样的政治主张和思想主义都拿过来试过，却无一成功。只有中国共产党选择了用马克思主义来观察中国的前途命运，找到了中国革命的正确道路，从而引导中国革命、建设和改革不断从胜利走向胜利。有人提出：苏东剧变意味着马克思主义已经破产，社会主义已经进入历史博物馆。那么，进入新时代，我们还能否用马克思主义指导中国特色社会主义建设？

惊天动地——马克思主义的诞生

【资料链接】

一个幽灵，共产主义的幽灵，在欧洲徘徊。旧欧洲的一切势力，教皇和沙皇、梅特涅和基佐、法国的激进党人和德国的警察，都为驱除这个幽灵而结成了神圣同盟。

有哪一个反对党不被它的当政的敌人骂为共产党呢？又有哪一个反对党不拿共产主义这个罪名去回敬更进步的反对党人和自己的反动敌人呢？

从这一事实中可以得出两个结论：

共产主义已经被欧洲的一切势力公认为一种势力。

现在是共产党人向全世界公开说明自己的观点、自己的目的、自己的意图并且拿党自己的宣言来对抗关于共产主义幽灵的神话的时候……

共产党人不屑于隐瞒自己的观点和意图。他们公开宣布：他们的目的只有用暴力推翻全部现存的社会制度才能达到。让统治阶级在共产主义革命面前发抖吧。无产者在这个革命中失去的只是锁链。他们获得的将是整个世界。

全世界无产者，联合起来！

（资料来源：《共产党宣言》节选）

3 月 14 日下午两点三刻，当代最伟大的思想家停止思想了。让他一个人留在房间里，不过两分钟，等我们再进去的时候，便发现他在安乐椅上安静地睡着了——但已经是永远地睡着了。

这个人的逝世，对于欧美战斗着的无产阶级，对于历史科学，都是不可估量的损失。这位巨人逝世以后所形成的空白，在不久的将来就会使人感觉到。

正像达尔文发现有机界的发展规律一样，马克思发现了人类历史的发展规律，即历来为繁茂芜杂的意识形态所掩盖着的一个简单事实：人们首先必须吃、喝、住、穿，然后才能从事政治、科学、艺术、宗教等等；所以，直接的物质的生活资料的生产，因而一个民族或一个时代的一定的经济发展阶段，便构成为基础，人们的国家制度，法的观点，艺术以至宗教观念，就是从这个基础上发展起来的，因而，也必须由这个基础来解释，而不是像过去那样做得相反。

不仅如此，马克思还发现了现代资本主义生产方式和它所产生的资产阶级社会的特殊的运动规律。由于剩余价值的发现，这里就豁然开朗了，而先前无论资产阶级经济学家或社会主义批评家所做的一切都只是在黑暗中摸索。

一生中能有这样两个发现，该是很够了，甚至只要能作出一个这样的发现，也已经是幸福的了。但马克思在他所研究的每一个领域（甚至在数学领域）都有独到的发现，这样的领域是很多的，而且其中任何一个领域他都不是肤浅地研究的。

正因为这样，所以马克思是当代最遭嫉恨和最受诬蔑的人。各国政府——无论专制政府或共和政府，都驱逐他；资产者——无论保守派或极端民主派，都纷纷争先恐后地诽谤他，诅咒他。他对这一切毫不在意，把它们当做蛛丝一样轻轻抹去，只是在万分必要时才给予答复。现在他逝世了，在整个欧洲和美洲，从西伯利亚矿井到加利福尼亚，千百万革命战友无不对他表示尊敬、爱戴和悼念，而我敢大胆地说：他可能有过许多敌人，但未必有一个私敌。

他的英名和事业将永垂不朽！

（资料来源：恩格斯《在马克思墓前的讲话》）

马克思给我们留下的最有价值、最具影响力的精神财富，就是以他名字命名的科学理论——马克思主义。这一理论犹如壮丽的日出，照亮了人类探索历史规律和寻求自身解放的道路。

马克思有一句名言："批判的武器当然不能代替武器的批判，物质力量只能用物质力量来摧毁；但是理论一经掌握群众，也会变成物质力量。"马克思主义主要由哲学、政治经济学、科学社会主义三大组成部分构成。这三大组成部分分别来源于德国古典哲学、英国古典政治经济学、法国空想社会主义，然而，最终升华为马克思主义的根本原因，是马克思对所处的时代和世界的深入考察，是马克思对人类社会发展规律的深刻把握。马克思说："共产党人的理论原理，决不是以这个或那个世界改革家所发明或发现的思想、原则为根据的。""这些原理不过是现存的阶级斗争、我们眼前的历史运动的真实关系的一般表述。"

只有在整个人类发展的历史长河中，才能透视出历史运动的本质和时代发展的方向。马克思的科学研究，就像列宁所说的那样，"凡是人类社会所创造的一切，他都有批判地重新加以探讨，任何一点也没有忽略过去。凡是人类思想所建树的一切，他都放在工人运动中检验过，重新加以探讨，加以批判，从而得出了那些被资产阶级狭隘性所限制或被资产阶级偏见束缚住的人所不能得出的结论。"马克思的思想理论源于那个时代又超越了那个时代，既是那个时代精神的精华又是整个人类精神的精华。

马克思主义是科学的理论，创造性地揭示了人类社会发展规律。在马克思提出科学社会主义之前，空想社会主义者早已存在，他们怀着悲天悯人的情感，对理想社会有很多美好的设想，但由于没有揭示社会发展规律，没有找到实现理想的有效途径，因而也就难以真正对社会发展发生作用。马克思创建了唯物史观和剩余价值学说，揭示了人类社会发展的一般规律，揭示了资本主义运行的特殊规律，为人类指明了从必然王国向自由王国飞跃的途径，为人民指明了实现自由和解放的道路。

马克思主义是人民的理论，第一次创立了人民实现自身解放的思想体系。马克思主义博大精深，归根到底就是一句话，为人类求解放。在马克思之前，社会上占统治地位的理论都是为统治阶级服务的。马克思主义第一次站在人民的立场探求人类自由解放的道路，以科学的理论为最终建立一个没有压迫、没有剥削、人人平等、人人自由的理想社会指明了方向。马克思主义之所以具有跨越国度、跨越时代的影响力，就是因为它植根人民之中，指明了依靠人民推动历史前进的人间正道。

马克思主义是实践的理论，指引着人民改造世界的行动。马克思说："全部社会生活在本质上是实践的"，"哲学家们只是用不同的方式解释世界，问题在于改变世界"。实践的观点、生活的观点是马克思主义认识论的基本观点，实践性是马克思主义理论区别于其他理论的显著特征。马克思主义不是书斋里的学问，而是为了改变人民历史命运而创立的，是在人民求解放的实践中形成的，也是在人民求解放的实践中丰富和发展的，为人民认识世界、改造世界提供了强大精神力量。

马克思主义是不断发展的开放的理论，始终站在时代前沿。马克思一再告诫人们，马克思主义理论不是教条，而是行动指南，必须随着实践的变化而发展。一部马克思主义发展史就是马克思、恩格斯以及他们的后继者们不断根据时代、实践、认识发展而发展的历史，是不断吸收人类历史上一切优秀思想文化成果丰富自己的历史。因此，马克思主义能够永葆其美妙之青春，不断探索时代发展提出的新课题、回应人类社会面临的新挑战。

（资料来源：习近平《在纪念马克思诞辰200周年大会上的讲话》节选）

马克思主义产生以来，人类社会发生着翻天覆地的变化，但马克思对资本主义制度的科学剖析，对未来社会制度的科学预测，在今天来说也是正确的。马克思主义仍然具有强大的生命力，至今仍鼓舞和指导着共产党人为社会进步和人类幸福而不懈奋斗。

【资料链接】

从空想社会主义到科学社会主义

空想社会主义这种学说最早见于16世纪托马斯·莫尔的《乌托邦》一书，是先贤柏拉图的理想国与欧洲不公现实的冲撞产物。在文艺复兴思潮的人文主义氛围影响下，与托马斯·莫尔同时代有相当一批人探索过这种思想，但一般认为莫尔为空想社会主义第一奠基人。不过在莫尔的时代并无“社会主义”这个词，“社会主义”一词是19世纪初圣西门创造的。空想社会主义的发展经历了三个阶段：16世纪至17世纪、18世纪和19世纪初，共经历了300多年。三个阶段的社会和历史条件各不相同，无产阶级的发展水平也不同。

19世纪早期，出现了空想社会主义著名代表人物，他们是法国的圣西门、傅立叶和英国的欧文。他们深刻揭露了资本主义的罪恶，对未来的理想社会提出许多美妙的天才设想。他们企图建立“人人平等，个个幸福”的新社会。这些思想对启发和提高工人觉悟起了重要的作用。但是空想社会主义只是一种不成熟的理论，反映了正在成长中的无产阶级最初的、还不明确的愿望。他们不能揭示资本主义的根本矛盾和发展规律，不懂得阶级斗争，不认识无产阶级的历史使命，所以他们的社会主义只能是一种无法实现的空想。

当无产阶级成长为独立的政治力量，就需要有一个建立在科学基础上的革命理论来代替它。

空想社会主义由于历史条件的限制，经历了300多年后，到了19世纪40年代，社会主义思想的发展才发生了质的转变，使社会主义从空想发展为科学的社会主义。

科学社会主义产生的社会历史条件。首先，19世纪30—40年代，资本主义大工业革命后，资本主义的生产方式在一些资本主义国家取得了统治地位。资本主义的社会化生产与资本主义私人占有之间的矛盾日趋明显。在这个时期，资本主义的资产阶级与无产阶级的阶级关系也日益明朗化，使人们对社会发展的动因有了更清楚的认识。同时，资本主义的社会化大生产和商品经济的发展也开阔了人们的眼界，从而更深刻地认识到资本主义社会的本质。这一切都为科学社会主义思想的产生奠定了经济基础。

其次，随着资本主义大工业的发展，资本主义基本矛盾的日益加深，加剧了无产阶级与资产阶级的对立。在此期间，爆发了三次大规模的工人运动，它标志着无产阶级作为一支独立的政治力量登上历史舞台，并显示了它的伟大力量和历史作用，为科学社会主义思想的产生奠定了坚实的阶级基础。另外，19世纪人类文明在社会科学和自然科学领域都取得了优秀成果。在人文科学方面，有黑格尔的辩证法、费尔巴哈的唯物论、李嘉图的劳动价值论；在自然科学领域，能量守恒与转化定律、细胞学说以及生物进化论的发现大大深化了人类对自然界的认识。这些思想成果构成了科学社会主义产生的思想文化条件。马克思和恩格斯正是在这些优秀的思想基础上开始自己的实践和理论活动，最终创立了科学社会主义的理论体系。

马克思主义基本内容

马克思主义的理论体系：包括马克思主义哲学、马克思主义政治经济学和科学社会主义三个部分组成。①马克思主义哲学即辩证唯物主义和历史唯物主义，揭示了自然界、人类社会和思维运动的普遍规律，是建立在实践基础之上的革命性和科学性高度统一的学说，是无产阶级及其政党的科学世界观和方法论体系，是整个马克思列宁主义的理论基础。②马克思主义政治经济学是研究资本主义社会以及共产主义社会（包括社会主义社会）生产关系或经济关系的本质和运动规律的科学。这一学说的核心是剩余价值学说，马克思恩格斯首次把生产关系从社会关系中划分出来并将其作为政治经济学的研究对象，在全面深入地研究社会生产关系、特别是资本主义社会的经济运动规律时，对商品、货币、资本和剩余价值等重要经济范畴做了深刻分析，全面论证和发展劳动价值理论，创立了剩余价值学说，深刻揭示了无产阶级与资产阶级之间矛盾和斗争的经济根源，指明了共产主义代替资本主义的历史必然性与正确道路。③科学社会主义是以马克思主义哲学和政治经济学为理论依据，论证无产阶级解放斗争的性质、条件以及由此产生的一般目的的学说。它研究的主要内容包括，社会主义代替资本主义的历史必然性，无产阶级的社会地位和历史使命，无产阶级革命和无产阶级专政，无产阶级政党，无产阶级革命的战略和策略，无产阶级国际主义，社会主义和共产主义，等等。科学社会主义直接体现了无产阶级的利益和共产主义的理想，是整个马克思列宁主义的核心，是指导无产阶级解放斗争的科学理论。

马克思主义立场：马克思、恩格斯在《共产党宣言》中明确提出共产党人始终坚持为无产阶级、为绝大多数劳动人民谋利益。始终站在人民大众立场上，一切为了人民、一切相信人民、一切依靠人民，诚心诚意为人民谋利益，这是马克思主义的根本出发点和落脚点，也是毛泽东思想、邓小平理论、“三个代表”重要思想、科学发展观和习近平新时代中国特色社会主义思想的根本出发点和落脚点。

马克思主义观点：马克思主义观点是马克思主义关于自然、社会和人类思维规律的科学认识，是对自然界规律和人类社会实践经验的科学总结，体现在马克思主义哲学、政治经济学和科学社会主义这三个组成部分之中，涵盖面非常广泛。比如，关于世界观、人生观、价值观的基本观点，关于辩证唯物主义和历史唯物主义的基本观点，关于社会形态和社会基本矛盾运动规律的基本观点，关于社会主义必然代替资本主义的基本观点，关于社会主义革命和无产阶级专政的基本观点，关于无产阶级政党的基本观点，关于社会主义本质和社会主义建设的基本观点，等等。

马克思主义方法：马克思主义方法是与马克思主义世界观相统一的方法论，它是指导我们正确认识和改造世界的根本思想方法和工作方法。恩格斯指出：“马克思的整个世界观不是教义，而是方法。它提供的不是现成的教条，而是进一步研究的出发点和供这种研究使用的方法。”学习和掌握正确的马克思主义的世界观和方法论，始终是马克思主义政党思想建设的重大任务。

二、十月革命——马克思主义的成功实践

马克思恩格斯生活在自由资本主义时代，他们曾经根据当时资本主义的经济政治发展状

况，认为社会主义革命将在欧洲主要资本主义国家同时发生，而“不能”单独在某个国家取得胜利。19 世纪末 20 世纪初帝国主义时代资本主义发展出现的新情况和新特点，资本主义经济政治发展显示出不平衡的规律，无产阶级革命如何进行？新的问题出现了如何解决？

19 世纪末 20 世纪初，自由资本主义发展到垄断阶段即帝国主义阶段，资本主义的固有矛盾空前激化。世界历史进入一个新的政治动荡和革命风暴时期，无产阶级革命在一些国家成为直接实践的问题。第一次世界大战期间，沙皇俄国成为帝国主义体系各种矛盾的焦点和薄弱环节。以列宁为首的布尔什维克党领导俄国工人阶级和人民群众，在长期革命实践中，列宁同各国马克思主义者一起，进行了反对修正主义、教条主义和其他各种错误倾向的斗争。列宁从新的历史条件出发，将马克思主义与俄国革命实际以及国际工人运动和共产主义运动实际相结合，集中亿万人民群众的智慧和革命实践的经验，创造性地回答了帝国主义时代共产主义运动提出的一系列重大问题，丰富和发展了无产阶级世界观、无产阶级革命、无产阶级专政、民族解放运动和社会主义建设的理论。列宁在领导俄国革命中，不断地进行理论创新。例如，列宁通过对资本主义经济政治发展不平衡规律的深刻分析，提出社会主义革命将首先在一国或数国胜利的新论断，从而突破了马克思恩格斯在 19 世纪所做出的社会主义革命只有在大多数资本主义国家同时发生才能取得胜利的结论。而这个结论是被当时很多马克思主义者视为天经地义之事。毫不夸张地说，没有列宁的“一国胜利论”，就没有十月革命的胜利。

斯大林在评论列宁时说：“列宁是为革命而诞生的。他真正是组织革命爆发的天才和领导革命的伟大能手。他在革命动荡时代觉得比任何时候都自在、愉快。在革命的转折关头，他真是才华毕露，洞察一切。难怪我们党内常说，伊里奇在革命的波浪里游泳，就像鱼在水里一样。”1917 年，在马克思主义的指导下，列宁领导俄国无产阶级进行了十月革命，建立了人类历史上第一个无产阶级掌握政权的国家，开辟了世界无产阶级革命的新时代和殖民地半殖民地在无产阶级领导下进行民族民主革命的新时代。十月革命是马克思主义第一曲响彻云霄的凯歌，把 1848 年《共产党宣言》的发表所标志的科学社会主义从理论变成了现实。无产阶级革命在世界领土最大、欧洲人口最多的俄国第一次获得了真正的胜利。十月革命推动了马克思主义的传播，扩大了马克思主义的影响。十月革命之后，马克思主义的影响从欧美扩展到全球，成为 20 世纪最有影响的思想和思潮。

从马克思主义到列宁主义的发展让我们看到了“马克思主义具有与时俱进的理论品质”，它是一种从客观实际抽象出来，又在客观实际中得到证明的，把冷静分析客观形势和演进的客观进程同坚决承认广大群众的革命毅力、革命创造性和革命首创精神出色地结合起来的革命的科学。既然它是一种来自实践又要在实践中得到证明的科学，而客观实际又是错综复杂、不停地发展变化着的，那么，反映客观实际的马克思主义就必须随着时间的推移、实践的发展，不断地用适合于新的历史条件的新经验、新知识和新原理来丰富、发展和完善自己。更何况，作为一种革命的科学，马克思主义如果不从千百万人民群众的实践中不断地吸取营养，不断地从群众创造的新鲜经验中提出新的规律性认识，并根据实践的需要不断地进行新的探索，提出新的理论指导，那么，它就不能引导广大人民群众夺取社会主义革命、建设和改革事业的不断胜利。这是马克思主义诞生以来 170 多年历史经验的科学总结。在时代、形势和实践发生剧烈而又深刻的变动的历史条件下，能否与时俱进，关系到能否真正认识、继承和发展马克思主义。

三、中国人民站起来的精神支柱

马克思设想社会主义革命将首先在发达的资本主义国家发生，但事实却是在俄国这样一个落后的资本主义国家发生，列宁发展了马克思主义。而在中国这样一个贫穷、落后的农业大国，如何夺取政权，取得革命的胜利，以毛泽东为代表的中国共产党人以马列主义为指导，在寻找一条具有中国特色的革命道路。

（一）农村包围城市——探索有别于苏联的革命道路

“八七”会议后，毛泽东根据中共中央的指示回到湖南，组织领导湘赣边界的秋收起义。1927年8月18日，在长沙市郊沈家大屋召开改组后的湖南省委第一次会议，讨论制定秋收起义的计划，成立秋收起义领导机关——前敌委员会。9月初，毛泽东在安源张家湾召开军事会议，讨论秋收起义具体部署，将原武昌国民政府警卫团，平江、浏阳的农军和安源的工人武装等合编为工农革命军第一军第一师。卢德铭任总指挥，毛泽东任前敌委员会书记。下辖第一、二、三团。起义前又收编一部分原黔军武装为第四团。9月9日，湘赣边界秋收起义爆发，工农革命军分别从修水、安源、铜鼓等地出发，向长沙进击。先后占领醴陵、浏阳县城和平江的龙门厂、浏阳的白沙、东门市等地。由于当时革命形势已处在低潮，敌强我弱，起义军的某些指挥员缺乏经验，新收编的第四团在战斗中又临阵叛变，致使起义军受到严重挫折。毛泽东当机立断，通知各路起义部队到文家市集合。19日晚，在文家市召开了前敌委员会，决定改变攻打长沙的计划，部队向罗霄山脉中段进军南下，向敌人力量薄弱的农村地区进军。10月部队到达井冈山地区，创建了第一个农村革命根据地。

井冈山革命根据地是党在探索中国革命新道路的艰苦奋斗中，开辟的第一块农村根据地，它代表了中国革命发展的方向。井冈山根据地不断壮大，共产党人运用其智慧和胆略终于找到了一条农村包围城市，武装夺取全国政权的唯一正确的道路。此后，井冈山的烽火点燃了“工农武装割据”的星星之火，汇成了燎原之势。“农村包围城市道路”的革命理论是马克思列宁主义普遍原理同中国革命的具体实践相结合的产物，是毛泽东思想的重要组成部分。文家市会师是农村包围城市道路的开端，“工农武装割据”思想的提出标志着“农村包围城市道路”理论的产生，《红色政权为什么能够存在》标志着“理论”的初步形成，《星星之火，可以燎原》标志着“理论”的正式形成。所以，有学者评价说：20世纪20年代末30年代初，以毛泽东为主要代表的中国共产党人在坚决反对党内盛行的把马克思列宁主义教条化、把共产国际决议和苏联经验神圣化错误的同时，立足于建立农村革命根据地的实践，逐渐从理论上提出并科学论证了以农村为中心，由农村包围城市、武装夺取政权的有中国特色的新民主主义革命道路。

（二）党的七大——毛泽东思想走向成熟

1945年4月23日至6月11日，中国共产党第七次全国代表大会在延安隆重举行。

七大制定了党在新形势下的路线，即“放手发动群众，壮大人民力量，在我党的领导下，打败日本侵略者，解放全国人民，建立一个新民主主义的中国”。为了建立新中国，当时重要而迫切的任务是建立民主联合政府。大会拟定了建立联合政府的具体步骤，制定了新民主主义国家在政治、经济、文化方面的纲领，提出了实现中国工业化的宏伟任务。大会宣布要让有利于国计民生的私人资本主义有一定程度的发展，并把能否解放、发展生产力作为检验一切政党政策的根本标准。

七大总结历史经验，把党在长期奋斗中形成的优良传统作风概括为三大作风，即理论和实践相结合的作风，和人民群众紧密联系在一起的作风，批评和自我批评的作风。强调三大作风是共产党人区别于其他任何政党的显著标志，坚持和发扬党的优良作风对实现党的政治任务和组织任务具有重要意义，毛泽东着重指出：共产党人的一切言论行动，必须以合乎最广大人民群众的最大利益，为最广大人民群众所拥护为最高标准。全心全意地为中国人民服务，一刻也不脱离群众，一切从人民的利益出发，这就是我们制定政策的根本出发点。

确立毛泽东思想在全党的指导地位，是七大的历史性贡献。七大通过的党章明确规定：毛泽东思想，就是马克思列宁主义的理论与中国革命的实践相统一的思想，就是中国的马克思主义。中国共产党以毛泽东思想作为一切工作的指针，这是党总结中国近代特别是建党以来经验做出的一项极为重要的决策。中国革命需要马列主义的指导，但在中国这样一个半殖民地半封建大国进行革命，必然遇到许多特殊的复杂问题，靠背诵马列主义一般原理和照搬外国经验是不行的，必须根据中国革命的具体情况创造性地运用马列主义，把马列主义推向前进。毛泽东指出，半殖民地半封建社会的性质，决定了中国革命必须分成两步走，第一步进行民主主义革命，第二步进行社会主义革命。中国民主革命在五四运动以后已经不是资产阶领导的民主革命，而是新民主主义的革命，新民主主义革命是无产阶级领导的人民大众的反帝反封建的革命。区别新旧民主主义革命本质的根本标志是无产阶级领导权问题。这条道路的形成标志着毛泽东思想的主体理论部分新民主主义理论的基本形成。20 世纪 30 年代末 40 年代初，毛泽东在延安进行大量的理论创作，写就了中国革命史上如《共产党人发刊词》《中国革命和中国共产党》《新民主主义论》等一系列经典文献，标志着毛泽东思想已经趋于成熟和系统化。但是，到了 1943 年前后毛泽东思想才开始逐步作为一个科学的政治概念出现在现代中国思想史上，作为中国共产党在把马克思主义中国化的艰巨事业中取得的理论成果。

【资料链接】

“毛的思想轻松地囊括了全世界，他的观点涉及许多国家和许多时代”“中国共产党内，毛泽东是最高明的马克思主义者，他的分析是引路的指南。但是，作为一位人民领袖，他之所以有力量，不仅在于他能掌握人民的基本需要，并具有一种能决定首先采取何种步骤的艺术，而且还在于他具有一种用简洁、生动的语言表达自己的知识和纲领的能力。他的鲜明的比喻使马克思主义熠熠生辉，它的语句则成为格言”“毛不仅是共产党的领导人和马克思主义的传播者，而且知识渊博，能与学者论学。他对中国古典文学作品有很深的造诣，并偏爱中国戏剧，他可以随时引用中国古代文学作品如同可以随时引用农民的谚语一样。他也可以轻松自如地谈论西方的哲学家，从早期的希腊直到当代的哲学家”“为了运用他们自己的思想和他们找到的西方行之有效的思想来解决本国的问题，中国人特别采用了马克思主义社会分析的方法”“中国共产党人的思想是有创造性的，不是抄袭他人的。这种创造性的品质在毛泽东身上表现得特别明显”“在他的手里马克思主义是一种由社会分析大师掌握得非常灵活的武器”。

（资料来源：安娜·路易斯·斯特朗，《中国人征服中国》）

（三）新民主主义——凝聚中华民族的伟大旗帜

新民主主义革命的基本纲领是：政治上，推翻帝国主义和封建主义的压迫，在中国建立一个以无产阶级为领导的、以工农联盟为基础的各革命阶级联合专政的民主共和国。经济上，没收操纵国计民生的大银行、大工业、大商业，建立国有经济；没收地主土地归农民所有，并引导农民发展合作经济；允许民族资本主义经济的发展和富农经济的存在。文化上，废除封建买办文化，发展民族的科学的大众的文化。

新民主主义的发展前途，必然是社会主义。新民主主义革命和社会主义革命是两个不同的革命阶段，不能毕其功于一役，但两个革命阶段必须也必然是相互连接的，不容横插一个资产阶级专政。实现党在民主革命阶段的最低纲领，也是为着将来实现最高纲领。新民主主义革命是以共产主义思想为指导的。

统一战线，武装斗争，党的建设，这是中国共产党在中国革命中战胜敌人的三个主要法宝。“统一战线和武装斗争，是战胜敌人的两个基本武器。统一战线，是实行武装斗争的统一战线。而党的组织，则是掌握统一战线和武装斗争这两个武器以实行对敌冲锋陷阵的英勇战士”。

（资料来源：《共产党人发刊词》）

以毛泽东为主要代表的中国共产党人创立的新民主主义理论，是马克思列宁主义同中国革命实际相结合的产物，是中国革命特别是建党以来历史经验的全面总结，是毛泽东思想在抗战时期最重大的理论成果。它的提出，使全党和全国人民对中国新民主主义革命的性质、内容、领导权和发展前途等有了明确而完整的认识，对中国革命的胜利发展具有重大的指导作用。毛泽东思想是马克思列宁主义在中国的运用和发展，毛泽东思想以独创性的理论丰富和发展了马克思列宁主义，解决了中国工人阶级及其政党在中国这样一个半殖民地半封建的、以农民为主要群众的、经济上文化上落后的国家里如何运用马克思主义的一般原理，开展共产主义运动的问题。

毛泽东最伟大的功绩是把马列主义的普遍原理同中国革命的实际结合起来，指出了中国夺取革命胜利的道路。他创造性地把马列主义运用到中国革命的各个方面，在包括哲学、政治、军事、文艺和其他领域，都有创造性的见解，实现了马克思主义同中国实际相结合的第一次历史性飞跃。《共产党宣言》发表以来的历史证明，马克思列宁主义的基本原理是正确的，是各国无产阶级政党行动的指南。但是，任何国家的无产阶级政党在坚持马克思列宁主义一般原理的同时，必须根据本国革命和建设所处的社会历史条件和具体特点来运用它，并以新的内容丰富和发展它。特别是在中国这样一个半殖民地半封建社会，以农民为主要群众、以反对帝国主义和封建主义为直接任务的东方大国里，要完成民族民主革命，并向社会主义、共产主义社会迈进，这是一个特殊而困难的任务。这一任务的解决方法，无论在哪一部共产主义书本里都找不到，需要中国共产党人根据中国的具体情况来运用马克思列宁主义一般原理，并根据自己的经验加以创造。毛泽东思想就是以毛泽东为代表的中国共产党人把马克思列宁主义一般原理创造性地运用于中国具体实际的科学理论。它用马克思列宁主义的立场、观点和方法来观察和分析中国实际，阐明了中国革命和建设的发展规律；它使马克思列宁主义由欧洲形式变成中国形式，用中国人民大众喜闻乐见的民族形式和语言说明中国革命和建设的理论和政策。它既体现了马克思列宁主义的基本原理，又包含了中华民族的优秀思想和中国共产党人的实践经验。

四、中国人民富起来的指路明灯

马克思主义在中国第二次历史性飞跃是和邓小平的名字紧密联系在一起的。邓小平成为继毛泽东之后，推进马克思主义中国化历程的又一个光辉典范。他紧紧围绕着前人没有解决好的“什么是社会主义，怎样建设社会主义”这个根本性问题，坚持一切从国情出发，从时代出发，尊重实践，尊重群众，在总结我国社会主义建设正反两方面的经验和教训的基础上，开始了在中国这样一个经济文化落后的国家如何建设社会主义的一系列问题的新探索。

（一）解放思想——中国特色社会主义道路的全新探索

1977 年 2 月 7 日，“两报一刊”发表题为《学好文件抓住纲》的社论，强调“凡是毛主席作出的决策，我们都坚决维护，凡是毛主席的指示，我们都始终不渝地遵循”。“两个凡是”的公开提出，引发了全党关于真理标准问题的大讨论。真理标准问题讨论是由一篇文章而引发的。1978 年 5 月 10 日，中央党校的内部刊物《理论动态》第 60 期，发表了《实践是检验真理的唯一标准》的文章。这篇文章针对教条主义和个人迷信盛行的情况，特别是针对“两个凡是”的方针，鲜明地提出，实践是检验真理的唯一标准，检验路线的正确与否，标准也只有一个，就是实践。凡实践证明错误的或不符合实际的东西，就应当改变，不应再坚持。文章最后指出，躺在马列主义、毛泽东思想的现成条文上，甚至拿现成的公式去限制、宰割、裁剪无限丰富的飞速发展的革命实践，这种态度是错误的。5 月 11 日，《光明日报》将此文作为“本报特约评论员”文章公开发表；当天，新华社全文转发此文；5 月 12 日，党中央机关报《人民日报》和其他十多家报纸转载，随后，各报广泛转载；这场讨论逐步展开。这篇文章的基本观点回答了中国历史前进中迫切需要解决的最关键的问题，得到广大干部、理论工作者和人民群众的拥护，但讨论一开始也出现了尖锐的争论。这场讨论得到了邓小平的有力支持。6 月 2 日，邓小平在全军政治工作会议上发表讲话，明确支持实践是检验真理的惟一标准的观点，尖锐地批评了“两个凡是”的观点。此后，邓小平多次发表重要谈话，引导这场讨论冲破阻力，健康发展。邓小平是这场大讨论的最有力的支持者和领导者。

这场关于真理标准问题的讨论，绝不是一般哲学问题的争论，而是在思想上、理论上最根本的拨乱反正。这场讨论的意义和作用是伟大而深远的。首先，它使全党和全国人民从教条主义和个人崇拜的精神枷锁中解放出来。其次，重新确立了党的实事求是、一切从实际出发、理论联系实际的思想路线，为进一步拨乱反正准备了思想条件。这场大讨论推倒了“两个凡是”，破除了个人迷信，改变了思想僵化半僵化状态，是一次深刻而广泛的思想大解放。这场大讨论为中共十一届三中全会做了很好的准备，为历史大转折奠定了坚实的基础。十一届三中全会，高度评价了实践是检验真理的唯一标准的讨论，重新确立了党的实事求是的思想路线。这标志着真理标准问题讨论取得了完全的成功。这场大讨论的成果已经反映在党的思想路线中，“在实践中检验真理和发展真理”成了党的思想路线的重要内容，具有深远的意义和作用。

（二）柳暗花明——建设社会主义市场经济体制

1989 年至 1990 年，东欧局势发生了激烈的动荡，急转直下的政局变化，令全世界为之瞠目。在短短两年的时间里，在东欧的波兰、匈牙利、民主德国、捷克斯洛伐克、保加利亚、罗马尼亚六国，政权纷纷易手，执政四十多年的共产党、工人党均下台成为在野党（其中民主德国统一于联邦德国；阿尔巴尼亚劳动党于 1992 年 3 月在大选失败后下台；南斯拉夫在经历近一年之久的内战后，于 1992 年 4 月最终分裂为五个独立的共和国）。伴随共产党丧失执政地位，东欧各国的社会制度也发生了根本性的变化，政治上实行议会民主制和多党制，经济上实行私有化基础上的市场经济。东欧剧变的实质是社会制度发生了根本性变化，偏离了科学社会主义的方向。

1991 年 12 月 8 日，俄罗斯、白俄罗斯、乌克兰等六国领导人签署明斯克协定，宣布成立“独立国家联合体”，同时宣称，苏维埃社会主义共和国联盟已“不复存在”。12 月 21 日，《阿拉木图宣言》的签署，标志着苏联的完全解体。12 月 25 日圣诞节夜，戈尔巴乔夫发表电视演说，宣布辞职。

苏联的解体对欧洲科学社会主义事业是严重打击，使得欧洲的社会主义运动面临更大的困难，但这并不意味着这一伟大运动的终结，苏联解体充其量只是一种社会主义模式的失败。在当前世界社会主义发展处于低潮时，仍有一些社会主义国家保持着自己旺盛的生机和活力。人们正从苏联的兴亡中研究它的经验教训，进而为社会主义运动的发展寻找更为正确的道路。

东欧剧变、苏联解体，中国怎么办？是步苏东的后尘，还是另辟蹊径？“东方风来满眼春。”1992 年邓小平南方谈话，是在国际国内政治风波严峻考验的重大历史关头，坚持十一届三中全会以来的理论和路线，深刻回答长期束缚人们思想的许多重大认识问题，把改革开放和现代化建设推进到新阶段的又一个解放思想、实事求是的宣言书。1992 年 10 月召开的党的十四大，明确提出了中国经济体制改革的目标是建立社会主义市场经济体制，这标志着全党在经济体制改革目标上已形成共识。

邓小平指出：革命是解放生产力，改革也是解放生产力。要坚持党的十一届三中全会以来的路线、方针、政策，关键是坚持“一个中心，两个基本点”。基本路线要管一百年，动摇不得。邓小平说：改革开放的胆子要大一些，敢于试验，看准了的，就大胆地试，大胆地闯。判断的标准，应该主要看是否有利于发展社会主义社会的生产力，是否有利于增强社会主义国家的综合国力，是否有利于提高人民的生活水平。社会主义的本质是解放生产力，发展生产力，消灭剥削，消除两极分化，最终达到共同富裕。计划多一点还是市场多一点，不是社会主义与资本主义的本质区别。

（三）结出硕果——邓小平理论形成科学体系

中共十一届三中全会以来，以邓小平同志为主要代表的中国共产党人，总结中华人民共和国成立以来正反两方面的经验，解放思想，实事求是，实现全党工作中心向经济建设的转移，实行改革开放，开辟了社会主义事业发展的新时期，逐步形成了建设中国特色社会主义的路线、方针、政策，阐明了在中国建设社会主义、巩固和发展社会主义的基本问题，创立了邓小平理论。

邓小平理论贯穿解放思想、实事求是的思想路线，围绕着“什么是社会主义、怎样建设社会主义”这个基本的理论问题，第一次比较系统地初步回答了建设中国特色社会主义的一系列基本问题，包括社会主义初级阶段理论，党的基本路线，社会主义根本任务的理论，“三步走”战略，改革开放理论，社会主义市场经济理论，“两手抓，两手都要硬”，“一国两制”，中国问题的关键在于党，等等，形成了一个比较完备的科学体系。

邓小平理论的全部内容，可以划分为三大部分：第一部分是邓小平理论基础，包括理论精髓——“解放思想，实事求是”、社会主义初级阶段理论和社会主义本质理论。这是邓小平理论最重要的理论依据和哲学基础，其他理论观点都是从此展开的。第二部分是邓小平理论的主体部分——社会主义社会。邓小平理论全面阐述了社会主义社会是高于资本主义的崭新社会制度，社会主义经济制度和社会主义的市场经济体制，社会主义基本政治制度和社会主义民主政治建设，社会主义文化和社会主义精神文明建设等基本问题，深刻地揭示了社会主义社会的内在本质，科学地回答了什么是社会主义的问题。第三部分是社会主义发展的战略和条件，也就是怎样建设社会主义的问题。包括中国社会主义现代化建设的发展战略、我国经济社会发展的战略目标和战略步骤、“一个国家，两种制度”的祖国统一战略、社会主义国家的外交战略，改革是社会主义社会发展的直接动力、科学技术是第一生产力、对外开放也是改革，社会主义事业的政治保证、依靠力量和领导核心，社会主义的前途和命运、坚持党的基本路线和基本纲领、我们的最高理想是共产主义等问题。这就全面系统地总结和概括了社会主义社会的发展规律。这三大部分内容及其相互联系，就是邓小平理论的内在逻辑，构成了邓小平理论的科学体系。

邓小平理论，是在和平与发展成为时代主题的历史条件下，在我国改革开放和社会主义现代化建设的实践过程中，在总结我国社会主义胜利和挫折的历史经验并借鉴其他国家社会主义兴衰成败历史经验的基础上，逐步形成和发展起来的。它是马克思列宁主义基本原理与当代中国实际和时代特征相结合的第二次历史性飞跃，是毛泽东思想的继承和发展，是全党全国人民集体智慧的结晶，是中国共产党和中国人民最珍贵的精神财富。邓小平同志是我国社会主义改革开放和现代化建设的总设计师。他尊重实践，尊重群众，时刻关注最广大人民的利益和愿望，善于概括群众的经验和创造，敏锐地把握时代发展的脉搏和契机，既继承前人又突破陈规，表现出了开辟社会主义建设新道路的巨大政治勇气和开拓马克思主义新境界的巨大理论勇气，对建设有中国特色社会主义理论的创立做出了历史性的重大贡献。

五、全面建设小康社会的根本指针

如何在世界形势的深刻变动之中，在国内改革开放、发展社会主义市场经济的深刻变革之中，在人类社会发展的深刻变化之中，迎接挑战，经受考验，与时俱进，巩固执政地位，带领全国各族人民全面建设小康社会，加快推进社会主义现代化，在中国特色社会主义道路上实现中华民族的伟大复兴，是我们党在新世纪面临的重大课题。

（一）执政为民——80年的历史经验总结

面向21世纪，基于对国内外形势、党肩负的历史任务、党自身建设实际的清醒认识和准确把握，2000年春，江泽民同志提出了“三个代表”的重要思想：只要我们党始终成为中国先进社会生产力的发展要求、中国先进文化的前进方向、中国最广大人民的根本利益的忠实代表，我们党就能永远立于不败之地。

2001年7月1日，中国共产党成立80周年。江泽民同志洪钟般的声音回荡在人民大会堂，传遍长城内外、大江南北。“七一”讲话，第一次全面、系统地阐述了“三个代表”重要思想，再一次引起国内外舆论的高度关注。江泽民同志的“七一”讲话，以马克思主义的巨大政治勇气和理论勇气，创造性地提出了许多新思想、新观点、新论断。例如：关于党的 80 年基本经验的论述；关于坚持和发展马克思主义的论述；关于“三个代表”科学内涵及相互关系的论述；关于坚持党的工人阶级先锋队性质，永葆党的先进性的论述；关于以改革的精神研究和解决党的阶级基础和扩大党的群众基础、不断提高党的社会影响力的论述；关于中国共产党人是最低纲领与最高纲领的统一论者的论述；关于促进人的全面发展的论述；关于世界发展主题和各国文明多样性的论述；等等。这些论述，既坚持马克思主义老祖宗不能丢，又从新的实际出发说出了具有科学根据和时代精神的新话，深刻回答了这些年来经常困扰人们的重大思想理论问题，丰富了马克思主义理论宝库，是理论与实际相结合的典范，是继承与创新相结合的典范，是解放思想与实事求是相结合的典范。江泽民同志在十六大所做的政治报告，回答了在新世纪新阶段中国共产党举什么旗、走什么路、实现什么目标的重大问题，内容博大精深且富有新意，“是中国共产党在新世纪新阶段的政治宣言”。

执政为民是“三个代表”重要思想的精髓，是新时期党的执政理念、执政纲领和执政宣言。“情为民所系，权为民所用，利为民所谋”，这是对执政为民思想的进一步诠释。执政为民反映了执政兴国的根本目的，也是新时期党的先进性的本质体现，是我党必须牢固树立的执政理念。《“三个代表”重要思想学习纲要》强调：“人民，只有人民，才是我们工作价值的最高裁决者。我们想事情，做工作，想得对不对，做得好不好，根本的衡量尺度，就是人民拥护不拥护，人民赞成不赞成，人民高兴不高兴，人民答应不答应。党和国家的一切工作和方针政策，都要以是否符合最广大人民群众的利益为最高衡量标准。”坚持这一最高衡量标准，就是要自觉地把执政为民作为一切行动的出发点和归宿。我们讲“三个代表”，发展先进生产力和先进文化，归根到底是为了满足人民群众日益增长的物质文化生活需要，不断实现最广大人民的根本利益。因此，贯彻“三个代表”的本质在坚持执政为民。能否真正坚持执政为民，是衡量领导干部实践“三个代表”重要思想好不好的重要试金石。

【资料链接】

江泽民同志在十六大报告中深刻指出：十三年来的实践，加深了我们对什么是社会主义、怎样建设社会主义，建设什么样的党、怎样建设党的认识，积累了十分宝贵的经验。

一、坚持以邓小平理论为指导，不断推进理论创新，邓小平理论是我们的旗帜，党的基本路线和基本纲领是各项工作的根本指针。无论遇到什么困难和风险，都必须坚持党的基本理论、基本路线和基本纲领不动摇。坚持用马克思列宁主义、毛泽东思想和邓小平理论武装全党、教育人民，不断解放思想、实事求是，与时俱进、开拓创新，尊重群众的首创精神，通过实践来检验和发展党的理论和路线方针政策。

二、坚持以经济建设为中心，用发展的办法解决前进中的问题。发展是硬道理。必须抓住一切机遇加快发展。发展要有新思路。坚持扩大内需的方针，实施科教兴国和可持续发展战略，实现速度和结构、质量、效益相统一，经济发展和人口、资源、环境相协调。在经济发展的基础上，促进社会全面进步，不断提高人民生活水平，保证人民共享发展成果。

三、坚持改革开放，不断完善社会主义市场经济体制。改革开放是强国之路，必须坚定不移地推进各方面改革。改革要从实际出发，整体推进，重点突破，循序渐进，注重制度建设和创新。坚持社会主义市场经济的改革方向，使市场在国家宏观调控下对资源配置起基础性作用。坚持“引进来”和“走出去”相结合，积极参与国际经济技术合作和竞争，不断提高对外开放水平。

四、坚持四项基本原则，发展社会主义民主政治。四项基本原则是立国之本。坚持中国共产党的领导，巩固和完善人民民主专政的国体和人民代表大会制度的政体，坚持和完善共产党领导的多党合作和政治协商制度以及民族区域自治制度。推进政治体制改革，发展民主，健全法制，依法治国，建设社会主义法治国家，保证人民行使当家作主的权利。

五、坚持物质文明和精神文明两手抓，实行依法治国和以德治国相结合。社会主义精神文明是中国特色社会主义的重要特征。必须立足中国现实，继承民族文化优秀传统，吸取外国文化有益成果，建设社会主义精神文明，不断提高全民族的思想道德素质和科学文化素质，为现代化建设提供强大的精神动力和智力支持。

六、坚持稳定压倒一切的方针，正确处理改革发展稳定的关系。稳定是改革和发展的前提。要把改革的力度、发展的速度和社会可承受的程度统一起来，把不断改善人民生活作为处理改革发展稳定关系的重要结合点，在社会稳定中推进改革发展，通过改革发展促进社会稳定。

七、坚持党对军队的绝对领导，走中国特色的精兵之路。人民军队是人民民主专政的坚强柱石。按照政治合格、军事过硬、作风优良、纪律严明、保障有力的总要求，着眼于打得赢、不变质，注重科技强军，全面推进革命化现代化正规化建设，确保军队永远忠于党，忠于社会主义，忠于祖国，忠于人民。

八、坚持团结一切可以团结的力量，不断增强中华民族的凝聚力高举爱国主义、社会主义的旗帜，加强全国各族人民的大团结，巩固和发展最广泛的爱国统一战线。加强同民主党派和无党派人士的团结，做好民族工作、宗教工作和侨务工作，坚持“一国两制”方针，调动一切积极因素，为完成祖国统一大业和实现中华民族的伟大复兴而共同奋斗。

九、坚持独立自主的和平外交政策，维护世界和平与促进共同发展，始终把国家的主权和安全放在第一位。在和平共处五项原则的基础上，同各国发展友好合作关系，反对霸权主义和强权政治，推动建立公正合理的国际政治经济新秩序。按照冷静观察、沉着应对的方针和相互尊重、求同存异的精神处理国际事务，尊重世界多样性，促进国际关系民主化，争取和平的国际环境和良好的周边环境。

十、坚持加强和改善党的领导，全面推进党的建设新的伟大工程。治国必先治党，治党务必从严。坚持党的性质和宗旨，以改革的精神加强和改进党的建设，不断提高党的领导水平和执政水平，提高拒局防变和抵御风险的能力，坚持不懈地开展反腐败斗争，保持党同人民群众的血肉联系，保持党的先进性、纯洁性和团结统一。

以上10条，是党领导人民建设中国特色社会主义必须坚持的基本经验。这些经验，联系党成立以来的历史经验，归结起来就是，我们党必须始终代表中国先进生产力的发展要求，代表中国先进文化的前进方向，代表中国最广大人民的根本利益。这是坚持和发展社会主义的必然要求，是我们党艰辛探索和伟大实践的必然结论。

（资料来源：党的十六大报告
《全面建设小康社会，开创中国特色社会主义事业新局面》节选）

（二）与时俱进——“三个代表”重要思想形成科学体系

为什么说“三个代表”重要思想不仅仅是“三句话”，而且是一个系统的科学思想体系呢？

【资料链接】

我们知道，所谓思想理论体系，就是指由若干相互联系又互相制约的理论观点构成的一个整体。看一种理论有没有一个科学体系，一是要看这种理论是否来源于实践又能反过来指导实践，正如毛泽东同志所说：“真正的理论在世界上只有一种，就是从客观实际抽出来又在客观实际中得到了证明的理论，没有任何别的东西可以称得起我们所讲的理论。”二是要看它是否有一个科学的世界观、方法论作基础，并且把它贯穿全部理论的始终。三是要看它有没有一个贯彻始终要解决的基本问题；四是看这种理论有没有一系列具有内在联系的基本观点。同时具备了以上四个条件，那么我们就可以说这个理论构成了科学的理论体系。

“三个代表”重要思想是一个科学的思想理论体系，主要是因为：其一，“三个代表”重要思想，是江泽民同志集中全党智慧，根据时代发展的新要求和国际国内形势的新发展而得出的重要结论，它反映了当代世界和中国的发展变化对党和国家工作的新要求，是加强和改进党的建设、推进我国社会主义自我完善和发展的强大理论武器，是党必须长期坚持的指导思想。作为党的指导思想的“三个代表”重要思想只能是科学的思想体系。“三个代表”重要思想的形成有其特定的时代背景、历史条件和实践基础，它来源于实践，又能反过来指导实践。正因为如此，所以它才能成为我们党必须长期坚持的指导思想。其二，“三个代表”重要思想贯彻始终的基本线索或者说哲学基础，是辩证唯物主义和历史唯物主义的科学世界观和方法论。“代表中国先进生产力的发展要求”，体现的是历史唯物主义关于生产力是社会发展最终动力的基本原理；“代表中国先进文化的前进方向”，体现的是社会意识、先进文化对社会存在的反作用原理；“代表中国最广大人民的根本利益”体现的是人民群众是社会历史创造者的原理，等等。其三，“三个代表”重要思想所围绕解决的基本问题，就是在进一步加深对“什么是社会主义，怎样建设社会主义”认识的基础上，创造性地解决新的历史时期“建设什么样的党，怎样建设党”的问题。正是围绕解决上述基本问题，江泽民同志在改革发展稳定、内政外交国防、治党治国治军各个方面，提出了一系列紧密联系、相互贯通的新思想、新观点、新论断，构成了一个系统的科学理论。其四，“三个代表”重要思想包含一系列具有内在联系的理论和思想观点，这些观点不仅深化了对当代中国特色社会主义的一系列基本问题的回答，而且还在建设中国特色社会主义的思想路线、发展道路、发展阶段和发展战略、根本任务、发展动力、依靠力量、国际战略、领导力量和根本目的等重大问题上取得了丰硕成果。“三个代表”重要思想的具体内容贯通哲学、政治经济学、科学社会主义等领域，涵盖经济、政治、科技、教育、文化、民族、军事、外交、统一战线、党的建设等多方面，构成了一个比较系统的科学理论体系。

（资料来源：韩振峰，《中国教育报》，2003 年 7 月 16 日第 3 版）

“三个代表”重要思想紧密结合时代发展的新形势，进一步把理论和实践、继承和发展结合起来，坚持以我国改革开放和现代化建设的实际问题、以我们正在做的事情为中心，着眼于马克思主义理论的运用，着眼于对实际问题的理论思考，着眼于新的实践和新的发展，回应我国广大人民群众的新要求，创造性地运用了马克思列宁主义、毛泽东思想特别是邓小平理论，形成了富有独创性的新的理论成果。“三个代表”重要思想是对马克思列宁主义、毛泽东思想和邓小平理论的继承和发展，是中国特色社会主义理论体系的重要组成部分。始终做到“三个代表”，是我们党的立党之本、执政之基、力量之源。

（三）求真务实——坚持科学发展观

求真务实，是辩证唯物主义和历史唯物主义的基本精神，是党的思想路线的核心内容和本质要求，是党的优良传统和一贯倡导的优良作风；求真务实，就是求客观真理之真，务执政为民之实。求真务实是一种科学的精神，一种严谨的作风。这种精神和作风，要求我们要实事求是、追求真理、掌握规律，要严谨扎实、一丝不苟，干实事、求实效，因此也是党执政理念创新的灵魂，执政能力建设是党执政后的一项根本建设，也是关系社会主义事业兴衰成败、关系中华民族前途命运、关系党的生死存亡和国家长治久安的一个重大战略课题。

1. 树立科学发展观——新时期党的执政理念的飞跃

发展观是关于发展的本质、目的、内涵和要求的总体看法和根本观点，是党的执政理念的重要组成部分，在一定程度上标志着党的执政理念发展和进步的水平。它是在实践的基础上，通过不断总结发展的经验教训，总结共产党执政规律、社会主义建设规律和人类社会发展规律而逐步形成的。

有什么样的发展观，就会有什么样的发展道路、发展模式和发展战略，也就会引导和推动着发展的实践朝着一定的方向前进。因此，发展观对于整个国家的经济和社会发展起着全局性和根本性的作用。

我们党关于发展问题的一系列理论和观念，是在治国理政的过程中，随着实践的发展而不断深化的。在新的历史条件下，以胡锦涛同志为总书记的党中央认真研究和解决中国发展的许多重大问题，在邓小平理论和“三个代表”重要思想指导下，根据新的形势和任务，特别是抗击“非典”斗争的重要启示，明确提出了科学发展观。党的十六届三中全会指出：“坚持以人为本，树立全面、协调、可持续的发展观，促进经济社会和人的全面发展”；要“按照统筹城乡发展、统筹区域发展、统筹经济社会发展、统筹人与自然和谐发展、统筹国内发展和对外开放的要求”，推进改革和发展。胡锦涛同志在 2003 年底的中央经济工作会议上指出：牢固确立和认真落实以人为本，全面、协调、可持续的发展观，对于提高党领导经济工作的水平和驾驭全局的能力，实现全面建设小康社会的宏伟目标至关重要。这既是我国经济工作必须长期坚持的重要指导思想，也是解决当前经济社会发展中诸多矛盾必须遵循的基本原则。

科学发展观是在坚持毛泽东、邓小平和江泽民同志关于发展的重要思想，充分肯定新时期特别是十三届四中全会以来我国重大发展成就的基础上，从新的实际出发，适应全面建设小康社会的需要，着眼于把握发展规律、丰富发展内涵、创新发展观念、开拓发展思路、破解发展难题而提出来的。

科学发展观站在时代的高度，深刻总结国内外在发展问题上的经验教训，科学分析我国发展过程中面临的各种新情况新问题，进一步回答了为何发展、怎样发展、发展什么等重大问题，丰富和完善了新世纪新阶段我国现代化建设的发展道路、发展模式和发展战略。

科学发展观坚持以经济建设为中心，坚持经济社会协调发展，坚持城乡协调发展，坚持区域协调发展，坚持可持续发展，坚持改革开放，坚持以人为本；坚持社会主义物质文明、政治文明和精神文明的协调发展，强调在经济发展的基础上，促进社会全面进步和人的全面发展；更加注重宏观调控，更加注重统筹兼顾，更加注重改革创新，着力解决经济社会发展中的突出矛盾，解决关系人民切身利益的突出问题。

十七大报告明确指出：“科学发展观，是对党的三代中央领导集体关于发展的重要思想的继承和发展，是马克思主义关于发展的世界观和方法论的集中体现，是同马克思列宁主义、毛泽东思想、邓小平理论和“三个代表”重要思想既一脉相承又与时俱进的科学理论，是我国经济社会发展的重要指导方针，是发展中国特色社会主义必须坚持和贯彻的重大战略思想。”十七大报告提出了“中国特色社会主义理论体系”的科学概念，把科学发展观与邓小平理论、“三个代表”重要思想一道作为中国特色社会主义理论体系的重要组成部分，并把科学发展观与马克思列宁主义、毛泽东思想、邓小平理论和“三个代表”重要思想一道写入党章，成为党必须长期坚持的指导思想。

科学发展观的提出，标志着我们党对社会主义现代化建设规律的认识更加深入、更加全面，也标志着我们党的执政理念有了新的升华。树立科学发展观是我们党以邓小平理论和“三个代表”重要思想为指导，从新世纪新阶段党和国家事业发展全局出发提出的重大战略思想，是我们党对社会主义市场经济条件下经济社会发展规律在认识上的深化和升华，也是我党执政理念的一个革命性飞跃。

2. 构建和谐社会——新时期执政理念的完善

“社会主义和谐社会”是一个很重要的新概念、新思想，新就新在它清晰地反映了党从革命党到执政党的深刻转变，科学地表达了我们党与时俱进的执政理念。

在任何一个健康的、理性的、人道的、发展的社会，不断促进社会和谐，防止和消弭社会冲突和对抗，都是执政者的重大责任。利益整合是执政党必须履行的职责，是执政党必须坚持的一项重要原则。执政党的利益整合是国家范围的整合，是全社会范围的整合，其作用在于弥合社会各方面之间的裂缝，化解它们之间的矛盾，减少社会冲突，使社会成员和谐共处，增强民族凝聚力。在这个意义上说，执政理念的基础不是斗争哲学，而是和谐哲学。中国古代思想家孔子和他的学生就认为，治国理政之道在于“和”。所谓“礼之用，和为贵”。治国处事，以“和”为价值标准。尤其是在今天的中国，有 13 亿人口，不和行吗？我们党作为执政党，必须始终代表中国最广大人民的根本利益，代表全民族的利益，代表全社会的利益。人民的利益就是天下太平、安居乐业、共同富裕。“太平盛世”总是为人民所追求、所向往、所称道。构建社会主义和谐社会，既是我们党执政的目标，又是执政的职责。从执政目标来说，把和谐社会建设放到同经济建设、政治建设、文化建设并列的位置，构成社会主义经济建设、政治建设、文化建设与和谐社会建设的四位一体的总体布局，而且经济建设、政治建设、文化建设都要落实到和谐社会建设，都要通过构建和谐社会来体现、来实现。从执政职责来说，我们党必须团结全国各族人民，建成一个全社会成员各尽所能、各得其所而又和谐相处的社会。不致力于和谐社会建设，就没有履行好执政职责，就谈不上领导 13 亿人实现中华民族的伟大复兴，而党执政的合法性亦有随之耗散流失的危险。提出构建社会主义和谐社会，反映了我们党在新的历史条件下对执政职责的高度清醒，体现党的执政理念达到一个新的高度。

党的十六大提出了全面建设小康社会的宏伟目标，小康社会的重要特征之一就是“社会和谐”。十六届三中全会提出了“以人为本、全面协调可持续的科学发展观”，要以科学发展观统领经济社会发展的全局，而科学发展观是一种和谐的发展观。十六届四中全会明确提出，要“形成全体人民各尽所能、各得其所而又和谐相处的社会”。“构建和谐社会”是我们党执政理念的升华，构建社会主义和谐社会深刻体现了科学发展观的内涵，集中反映了我国当今社会发展的历史要求，是巩固党的执政地位的需要，体现了人民群众的根本愿望，反映了社会发展的客观规律，是我们党用发展着的马克思主义指导新的社会实践的重大成果，是中国共产党对社会主义基本问题认识的重大创新，是中国共产党执政理念的重要升华。

在2003年十六届三中全会《关于进一步深化经济体制改革的若干问题的决定》中，中共中央提出“科学发展观”之后，又提出“和谐社会”的概念，从二者的关系看，这是胡锦涛同志在十六大报告的基础上提出的我国经济社会发展的新的战略指导思想，实际上也是对中国特色社会主义理论进一步的丰富和发展。从二者的关系来说，既可以说是前提与保证的关系，也可以说是途径与目标的关系。因为只有树立科学发展观，坚持以人为本，全面、协调和可持续发展，才能真正构建社会主义和谐社会。也只有不断构建社会主义和谐社会，也才能保证科学发展观的真正落实和目标的真正实现，所以二者是统一的。它们都统一于全面建设小康社会的奋斗目标之中，统一于中国特色社会主义的建设之中。科学发展观是构建社会主义和谐社会的根本价值指针。坚持以人为本，全面、协调、可持续的发展观，是我们党以邓小平理论和“三个代表”重要思想为指导，从新世纪新阶段党和国家事业发展全局出发提出的重大战略思想，是我们党的执政理念的又一次重大飞跃，也是中国共产党保持先进性，加强执政能力建设，构建社会主义和谐社会的新的价值指导方针。

【资料链接】

我国构建和谐社会的总体目标是：扩大社会中间层，减少低收入和贫困群体，理顺收入分配秩序，严厉打击腐败和非法致富，加大政府转移支付力度，把扩大就业作为发展的重要目标，努力改善社会关系和劳动关系，正确处理新形势下的各种社会矛盾，建立一个更加幸福、公正、和谐、节约和充满活力的全面小康社会。为实现这个总体目标，特别要做好以下七方面的工作：（1）扭转财力过分向上集中的态势，加强转移支付力度，缓解基层财政的困难；（2）继续加大反腐败、反贿赂的力度，逐步理顺收入分配秩序；（3）完善个人所得税制度，加大税收执法力度，打击非法致富；（4）改变农村的落后面貌，缩小城乡和地区差距，减少贫困；（5）促进城市化，改变就业结构；（6）变“人口大国”为“人力资源大国”；（7）建立全民的节约型社会。

（资料来源：中国社科院，《2005年社会蓝皮书》）

六、中华民族强起来的思想保障

十八大以来，国内外形势变化和我国各项事业发展都给我们提出了一个重大时代课题，这就是必须从理论和实践结合上系统回答新时代坚持和发展什么样的中国特色社会主义、怎样坚持和发展中国特色社会主义，包括新时代坚持和发展中国特色社会主义的总目标、总任务、总体布局、战略布局和发展方向、发展方式、发展动力、战略步骤、外部条件、政治保证等基本问题，并且要根据新的实践对经济、政治、法治、科技、文化、教育、民生、民族、宗教、社会、生态文明、国家安全、国防和军队、“一国两制”和祖国统一、统一战线、外交、党的建设等各方面作出理论分析和政策指导，以利于更好坚持和发展中国特色社会主义。围绕这个重大时代课题，以习近平同志为核心的党中央进行了艰辛的理论探索，形成了习近平新时代中国特色社会主义思想。

（一）新时代——中国特色社会主义进入了新时代

改革开放之初，我们党发出了走自己的路、建设中国特色社会主义的伟大号召。从那时以来，我们党团结带领全国各族人民不懈奋斗，推动我国经济实力、科技实力、国防实力、综合国力进入世界前列，推动我国国际地位实现前所未有的提升，党的面貌、国家的面貌、人民的面貌、军队的面貌、中华民族的面貌发生了前所未有的变化，中华民族正以崭新姿态屹立于世界的东方。

经过长期努力，中国特色社会主义进入了新时代，这是我国发展新的历史方位。

【资料链接】

中国特色社会主义进入新时代的基本依据

中国共产党是顺应时代潮流诞生的，也是在把握时代脉搏的历史进程中发展、壮大和成熟的。在当代中国，坚持和发展中国特色社会主义，必须把握时代特点、直面时代课题，在体现时代性、把握规律性、富于创造性中不断展现蓬勃的生机活力。中国特色社会主义进入了新时代这一重大政治判断，正是在准确把握我国发展所处新的历史方位基础上作出的，具有充分的时代依据、理论依据和实践依据。

这一判断首先基于中国特色社会主义进入新的发展阶段。党的十八大以来，以习近平同志为核心的党中央科学把握国内外发展大势，顺应实践要求和人民愿望，以巨大的政治勇气和强烈的责任担当，举旗定向、谋篇布局，迎难而上、开拓进取，取得改革开放和社会主义现代化建设的历史性成就，推动党和国家事业发生历史性变革。这些变革力度之大、范围之广、效果之显著、影响之深远，在党的历史上、在新中国发展史上、在中华民族发展史上都具有开创性意义。这表明，在新中国成立以来特别是改革开放以来我国发展取得的重大成就基础上，我国发展站到新的历史起点上，中国特色社会主义进入新的发展阶段。这个新的发展阶段，既同改革开放近40年来的发展一脉相承，又有很多与时俱进的新特征，比如党的理论创新实现了新飞跃，党的执政方式和执政方略有重大创新，党推动发展的理念和方式有重大转变，我国发展的环境和条件有重大变化，对发展水平和质量的要求比以往更高，等等。科学认识和全面把握中国特色社会主义新的发展阶段，需要从新的历史方位、新的时代坐标来思考来谋划。

这一判断基于我国社会主要矛盾发生了新变化。党的十九大提出，我国社会主要矛盾已经由人民日益增长的物质文化需要同落后的社会生产之间的矛盾，转化为人民日益增长的美好生活需要和不平衡不充分的发展之间的矛盾。这个论断，反映了我国发展的实际状况，揭示了制约我国发展的症结所在，指明了解决当代中国发展问题的根本着力点。经过改革开放近40年努力，我国稳定解决了十几亿人的温饱问题，总体上实现了小康，不久将全面建成小康社会，人民美好生活需要日益广泛，不仅对物质文化生活提出了更高要求，而且在民主、法治、公平、正义、安全、环境等方面的要求日益增长。同时，我国社会生产力水平显著提高，社会生产能力在很多方面进入世界前列，当前和今后面临的突出问题是发展不平衡不充分。发展不平衡，主要指各区域各领域各方面发展不够平衡，制约了全国水平的提升；发展不充分，主要指一些地区、一些领域、一些方面还存在发展不足的问题，发展的任务仍然很重。这已经成为满足人民美好生活需要的主要制约因素。我国社会主要矛盾发生变化，对我国发展全局必将产生广泛而深刻的影响。科学认识和全面把握我国社会主要矛盾的变化，也需要从新的历史方位、新的时代坐标来思考来谋划。

这一判断同时基于党的奋斗目标有了新要求。从党的十九大到党的二十大，是“两个一百年”奋斗目标的历史交汇期，我们既要全面建成小康社会、实现第一个百年奋斗目标，又要乘势而上开启全面建设社会主义现代化国家新征程，向第二个百年奋斗目标进军，使命光荣、责任重大，有必要进一步进行顶层设计和精心谋划。党的十九大综合分析国际国内形势和我国发展条件，对决胜全面建成小康社会提出明确要求，将实现第二个百年奋斗目标分为两个阶段安排。从2020年到2035年，在全面建成小康社会基础上，再奋斗15年，基本实现社会主义现代化；在基本实现现代化的基础上再奋斗15年，到本世纪中叶把我国建成富强民主文明和谐美丽的社会主义现代化强国。这是新时代中国特色社会主义发展的战略安排，不仅使实现“两个一百年”奋斗目标的路线图、时间表更加清晰，而且意味着原定的我国基本实现现代化的目标将提前15年完成，第二个百年奋斗目标则充实提升为把我国建成富强民主文明和谐美丽的社会主义现代化强国。科学认识和把握这一既鼓舞人心又切实可行的奋斗目标、宏伟新蓝图，同样需要从新的历史方位、新的时代坐标来思考来谋划。

这一判断还基于我国面临的国际环境发生了新变化。世界正处于大发展大变革大调整时期，我国发展仍处于重要战略机遇期，前景十分光明，挑战也十分严峻。我国正处在从大国走向强国的关键时期，“树大招风”效应日益显现，外部环境更加复杂，一些国家和国际势力对我们的阻遏、忧惧、施压有所增大，这同样是需要面对的重大问题。现在，我国发展同外部世界的交融性、关联性、互动性不断增强，中国正日益走近世界舞台中央。作出中国特色社会主义进入新时代的判断，也充分考量了国际局势和周边环境的新变化。

总体来说，中国特色社会主义进入了新时代这一重大政治判断，是在科学把握时代趋势和国际局势重大变化，科学把握世情国情党情深刻变化，科学把握实现“两个一百年”奋斗目标历史交汇期已经遇到、将要遇到、可能遇到和难以预料的新情况新问题新矛盾基础上作出的。这一判断，符合中国特色社会主义实际，是改革开放以来我国社会发展进步的必然结果，是我国社会主要矛盾运动的必然结果，更是党的十八大之后5年来全党全国人民推进党和国家事业发生历史性变革的必然结果，也是我们党团结带领全国各族人民开创光明未来的必然要求。

中国特色社会主义进入新时代的主要内涵

中国特色社会主义进入了新时代这一重大政治判断，既不是凭空产生的，更不是一个简单的新概念表述，而是具有丰富深厚思想内涵的。

这个新时代，是承前启后、继往开来、在新的历史条件下继续夺取中国特色社会主义伟大胜利的时代。中国特色社会主义是党和人民96年来奋斗、创造、积累的根本成就。特别是改革开放以来，我们党带领人民走中国特色社会主义道路，极大激发了中国人民的创造力，极大解放和发展了社会生产力，极大增强了社会活力，极大提升了我国国际地位，党的面貌、国家的面貌、人民的面貌、军队的面貌、中华民族的面貌发生了前所未有的变化，社会主义在中国展现出强大生命力。邓小平同志上个世纪80年代曾经指出："最终说服不相信社会主义的人要靠我们的发展。如果我们本世纪内达到了小康水平，那就可以使他们清醒一点；到下世纪中叶我们建成中等发达水平的社会主义国家时，就会大进一步地说服他们。"在中国特色社会主义新时代，我们党治国理政第一位的任务，就是紧紧围绕坚持和发展中国特色社会主义这个主题，团结带领人民奋力实现"两个一百年"奋斗目标，谱写中国特色社会主义新的伟大篇章，让社会主义在中国展现出更加强大的生命力。

这个新时代，是决胜全面建成小康社会、进而全面建设社会主义现代化强国的时代。党的十九大围绕实现"两个一百年"奋斗目标，对经济建设、政治建设、文化建设、社会建设和生态文明建设等提出明确要求，思想含量、政治含量、改革含量都很大，具有很强的战略性、前瞻性、针对性。到2020年如期全面建成小康社会，是我们党向人民、向历史作出的庄严承诺，完成这个目标，今后还有不少难关要过。从现在到2020年，是全面建成小康社会决胜期，决胜就是冲锋号、就是总动员，必须举全党全国之力不懈奋斗。全面建设社会主义现代化强国，是第二个百年奋斗目标，更有不少难关要过。从世界发展史看，已经实现现代化的国家和地区，其现代化大多经历了产业革命以来近300年时间才逐步完成的，而我国要用100年时间走完发达国家几百年走过的现代化路程，这种转变不但速度、规模超乎寻常，变化的广度、深度和难度也超乎寻常。因此，坚忍不拔、锲而不舍地为全面建成小康社会、全面建设社会主义现代化强国而奋斗，是中国特色社会主义新时代的必然要求和历史任务。

这个新时代，是全国各族人民团结奋斗、不断创造美好生活、逐步实现全体人民共同富裕的时代。人民对美好生活的向往，始终是我们党的奋斗目标。社会主义的本质是解放生产力，发展生产力，消灭剥削，消除两极分化，最终达到共同富裕。党的十九大把不断创造美好生活、逐步实现全体人民共同富裕作为发展的目标和归宿，体现了以人民为中心的发展思想，体现了我们党全心全意为人民服务的根本宗旨，体现了中国特色社会主义的本质要求。在中国特色社会主义新时代，我们党的重大任务，就是更加关注人民对美好生活新的多样化需求，更加关注社会公平正义，更加注重多谋民生之利、多解民生之忧，着力使全体人民在共建共享发展中有更多获得感，着力使全体人民享有更加幸福安康的生活，着力在实现全体人民共同富裕上不断取得实实在在的新进展。

这个新时代，是全体中华儿女勠力同心、奋力实现中华民族伟大复兴中国梦的时代。实现中华民族伟大复兴，是鸦片战争以来中国人民最伟大的梦想，凝聚了几代中国人的夙愿。新中国的成立，为民族复兴奠定了坚实基础。改革开放这场新的伟大革命，为民族复兴注入了强大生机活力。在中国共产党领导下，中国这个世界上最大的发展中国家创造了人类社会发展史上惊天动地的发展奇迹，中华民族焕发出新的蓬勃生机。经过党的十八大以来的历史性变革，今天我们比历史上任何时期都更接近、更有信心和能力实现中华民族伟大复兴的目标。在中国特色社会主义新时代，凝聚起全体中华儿女同心共筑中国梦的磅礴力量，接续奋斗、砥砺前行，我们就一定能够到达民族复兴的光辉彼岸，中华民族必将以更加昂扬的姿态屹立于世界民族之林。

这个新时代，是我国日益走近世界舞台中央、不断为人类作出更大贡献的时代。当今世界，中国人民的梦想同各国人民的梦想息息相通，实现中国梦离不开和平的国际环境和稳定的国际秩序。在中国特色社会主义新时代，面对国际格局和国际关系的深度调整，面对局部冲突和动荡频发、人类需要应对许多共同挑战的外部环境，我们必须统筹国内国际两个大局，始终高举和平、发展、合作、共赢的旗帜，恪守维护世界和平、促进共同发展的外交政策宗旨，牢牢把握构建人类命运共同体的目标追求，始终不渝走和平发展道路、奉行互利共赢的开放战略，坚持正确义利观，树立共同、综合、合作、可持续的新安全观，谋求开放创新、包容互惠的发展前景，促进和而不同、兼收并蓄的文明交流，构筑尊崇自然、绿色发展的生态体系，始终做世界和平的建设者、全球发展的贡献者、国际秩序的维护者。历史上，中国曾为人类文明做出过卓越贡献。在中国特色社会主义新时代，中国一定能为世界的和平与发展、人类的繁荣与进步做出新的更大贡献。

（以上两则资料来源：栗战书《全面把握中国特色社会主义进入新时代》，《人民日报》，2017 年 11 月 9 日）

进入新时代的重要标志是我国社会主要矛盾的变化

事物发展的阶段性主要表现为主要矛盾的变化或矛盾主要方面的变化。习近平同志在党的十九大报告中作出中国特色社会主义进入新时代的重大政治论断，最关键的理论和实践基础是我国社会主要矛盾已经从“人民日益增长的物质文化需要同落后的社会生产之间的矛盾”转化为“人民日益增长的美好生活需要和不平衡不充分的发展之间的矛盾”。我国社会主要矛盾的变化，是中国特色社会主义进入新时代的重要标志，也是新时代的重要特征。

在马克思主义发展史上，社会主要矛盾这一提法是中国共产党的一大理论创新。1956 年，在中国进入全面建设社会主义时期的重大历史关头，党的八大第一次明确提出并阐释“我们国内的主要矛盾”。党的十一届三中全会实现了党和国家事业发展的重大历史转折，反映在对社会主要矛盾的认识上，就是重回党的八大的有关表述。邓小平同志 1979 年 3 月在中央召开的理论务虚会上，明确把什么是我国当前的社会主要矛盾作为一个重大课题提了出来，他说：“我们的生产力发展水平很低，远远不能满足人民和国家的需要，这就是我们目前时期的主要矛盾，解决这个主要矛盾就是我们的中心任务。”这个社会主要矛盾是党的十一届三中全会作出把党和国家工作中心转移到经济建设上来、实行改革开放的历史性决策的依据和前提。

1981 年党的十一届六中全会通过的《关于建国以来党的若干历史问题的决议》，正式对社会主要矛盾作了概括：“社会主义改造基本完成以后，我国所要解决的主要矛盾，是人民日益增长的物质文化需要同落后的社会生产之间的矛盾。”从那以后，我们党一再强调社会主要矛盾问题，并且都是将其同国情、同解放和发展社会生产力的历史任务联系起来讲。党的十九大报告正式提出“人民日益增长的美好生活需要和不平衡不充分的发展”这一新的社会主要矛盾，也是同国情问题、同解放和发展社会生产力问题紧密联系的。

关于“人民日益增长的美好生活需要”，可以从两个方面来看。一是人民需要的内涵大大扩展。不仅对物质文化生活提出更高要求，而且从人的全面发展和社会全面进步的角度提出更多要求，比如民主、法治、公平、正义、安全、环境等方面的需要日益增长起来。也就是说，人民的需要从物质文化领域向物质文明、政治文明、精神文明、社会文明、生态文明全面拓展。二是人民需要的层次大大提升。比如，期待有更好的教育、更稳定的工作、更满意的收入、更可靠的社会保障、更高水平的医疗卫生服务、更舒适的居住条件、更优美的环境、更丰富的精神文化生活。这些需要呈现多样化多层次多方面的特点。

关于“不平衡不充分的发展”，主要是指我国社会生产力水平总体上显著提高，已经不是“落后的社会生产”那样一种局面了。但面对新的社会需要，我们的供给还有许多差距，发展不平衡不充分的问题在新时代凸显出来，成为满足人民日益增长的美好生活需要的主要制约因素。所谓发展不平衡，有区域发展不平衡，比如东部和西部发展不平衡；有城乡发展不平衡；有供需结构不平衡，比如既存在落后产能过剩的情况，又存在有效供给不足的问题；也有群体发展不平衡，比如收入分配差距依然较大。所谓发展不充分，主要指创新能力不够强，发展的能力和水平、质量和效益还需要提高，转变发展方式还处于攻坚阶段，等等。这就要求努力实现更高质量、更有效率、更加公平、更可持续的发展。

我国社会主要矛盾的变化是关系全局的历史性变化，对党和国家工作提出了许多新要求，成为我国制定各方面政策的重要依据。但是这个变化还不足以改变我国仍处于并将长期处于社会主义初级阶段这个最大的国情，不足以改变我国仍是世界最大发展中国家这个最大的实际。因此，应把对最大国情的清醒认识和对社会主要矛盾的科学分析有机统一起来，这样才能在与时代同行中既不割断历史、又不迷失方向，既不落后于时代、又不超越阶段。

（资料来源：陈晋《深刻理解中国特色社会主义进入新时代》,《人民日报》, 2017 年 11 月 9 日）

中国特色社会主义进入了新时代，这是党的十九大作出的一个重大政治判断。这一判断，明确了我国发展新的历史方位，赋予党的历史使命、理论遵循、目标任务以及新的时代内涵，为我们深刻把握当代中国发展变革的新特征，增强贯彻落实习近平新时代中国特色社会主义思想的自觉性和坚定性，提供了时代坐标和科学依据。

（二）新思想——习近平新时代中国特色社会主义思想

党的十八大以来，以习近平同志为核心的党中央坚持以马克思列宁主义、毛泽东思想、邓小平理论、“三个代表”重要思想、科学发展观为指导，坚持解放思想、实事求是、与时俱进、求真务实，坚持辩证唯物主义和历史唯物主义，紧密结合新的时代条件和实践要求，以全新的视野深化对共产党执政规律、社会主义建设规律、人类社会发展规律的认识，进行艰辛理论探索，取得重大理论创新成果，形成了习近平新时代中国特色社会主义思想。

新时代中国特色社会主义思想，明确坚持和发展中国特色社会主义，总任务是实现社会主义现代化和中华民族伟大复兴，在全面建成小康社会的基础上，分两步走，在本世纪中叶建成富强、民主、文明、和谐、美丽的社会主义现代化强国；明确新时代我国社会主要矛盾是人民日益增长的美好生活需要和不平衡不充分的发展之间的矛盾，必须坚持以人民为中心的发展思想，不断促进人的全面发展、全体人民共同富裕；明确中国特色社会主义事业总体布局是“五位一体”、战略布局是“四个全面”，强调坚定道路自信、理论自信、制度自信、文化自信；明确全面深化改革总目标是完善和发展中国特色社会主义制度、推进国家治理体系和治理能力现代化；明确全面推进依法治国总目标是建设中国特色社会主义法治体系、建设社会主义法治国家；明确党在新时代的强军目标是建设一支听党指挥、能打胜仗、作风优良的人民军队，把人民军队建设成为世界一流军队；明确中国特色大国外交要推动构建新型国际关系，推动构建人类命运共同体；明确中国特色社会主义最本质的特征是中国共产党领导，中国特色社会主义制度的最大优势是中国共产党领导，党是最高政治领导力量，提出新时代党的建设总要求，突出政治建设在党的建设中的重要地位。

党的十九大明确指出，习近平新时代中国特色社会主义思想，是对马克思列宁主义、毛泽东思想、邓小平理论、“三个代表”重要思想、科学发展观的继承和发展，是马克思主义中国化最新成果，是党和人民实践经验和集体智慧的结晶，是中国特色社会主义理论体系的重要组成部分，是全党全国人民为实现中华民族伟大复兴而奋斗的行动指南，必须长期坚持并不断发展。这一重大思想开辟了马克思主义新境界、中国特色社会主义新境界、党治国理政新境界、管党治党新境界，使马克思主义中国化实现了一次新的飞跃、达到了一个新的起点。要坚持不懈用习近平新时代中国特色社会主义思想武装全党、教育人民，推动全党全社会深入理解和把握这一重大思想的科学体系、精神实质、实践要求，更加自觉地用这一重大思想武装头脑、指导实践、推动工作。

【资料链接】

全党要深刻领会新时代中国特色社会主义思想的精神实质和丰富内涵，在各项工作中全面准确贯彻落实。

坚持党对一切工作的领导。党政军民学，东西南北中，党是领导一切的。必须增强政治意识、大局意识、核心意识、看齐意识，自觉维护党中央权威和集中统一领导，自觉在思想上政治上行动上同党中央保持高度一致，完善坚持党的领导的体制机制，坚持稳中求进工作总基调，统筹推进“五位一体”总体布局，协调推进“四个全面”战略布局，提高党把方向、谋大局、定政策、促改革的能力和定力，确保党始终总揽全局、协调各方。

坚持以人民为中心。人民是历史的创造者，是决定党和国家前途命运的根本力量。必须坚持人民主体地位，坚持立党为公、执政为民，践行全心全意为人民服务的根本宗旨，把党的群众路线贯彻到治国理政全部活动之中，把人民对美好生活的向往作为奋斗目标，依靠人民创造历史伟业。

坚持全面深化改革。只有社会主义才能救中国，只有改革开放才能发展中国、发展社会主义、发展马克思主义。必须坚持和完善中国特色社会主义制度，不断推进国家治理体系和治理能力现代化，坚决破除一切不合时宜的思想观念和体制机制弊端，突破利益固化的藩篱，吸收人类文明有益成果，构建系统完备、科学规范、运行有效的制度体系，充分发挥我国社会主义制度优越性坚持新发展理念。发展是解决我国一切问题的基础和关键，发展必须是科学发展，必须坚定不移贯彻创新、协调、绿色、开放、共享的发展理念。必须坚持和完善我国社会主义基本经济制度和分配制度，毫不动摇巩固和发展公有制经济，毫不动摇鼓励、支持、引导非公有制经济发展，使市场在资源配置中起决定性作用，更好发挥政府作用，推动新型工业化、信息化、城镇化、农业现代化同步发展，主动参与和推动经济全球化进程，发展更高层次的开放型经济，不断壮大我国经济实力和综合国力。

坚持人民当家作主。坚持党的领导、人民当家作主、依法治国有机统一是社会主义政治发展的必然要求。必须坚持中国特色社会主义政治发展道路，坚持和完善人民代表大会制度、中国共产党领导的多党合作和政治协商制度、民族区域自治制度、基层群众自治制度，巩固和发展最广泛的爱国统一战线，发展社会主义协商民主，健全民主制度，丰富民主形式，拓宽民主渠道，保证人民当家作主落实到国家政治生活和社会生活之中。

坚持全面依法治国。全面依法治国是中国特色社会主义的本质要求和重要保障。必须把党的领导贯彻落实到依法治国全过程和各方面，坚定不移走中国特色社会主义法治道路，完善以宪法为核心的中国特色社会主义法律体系，建设中国特色社会主义法治体系，建设社会主义法治国家，发展中国特色社会主义法治理论，坚持依法治国、依法执政、依法行政共同推进，坚持法治国家、法治政府、法治社会一体建设，坚持依法治国和以德治国相结合，依法治国和依规治党有机统一，深化司法体制改革，提高全民族法治素养和道德素质。

坚持社会主义核心价值体系。文化自信是一个国家、一个民族发展中更基本、更深沉、更持久的力量。必须坚持马克思主义，牢固树立共产主义远大理想和中国特色社会主义共同理想，培育和践行社会主义核心价值观，不断增强意识形态领域主导权和话语权，推动中华优秀传统文化创造性转化、创新性发展，继承革命文化，发展社会主义先进文化，不忘本来、吸收外来、面向未来，更好构筑中国精神、中国价值、中国力量，为人民提供精神指引。

坚持在发展中保障和改善民生。增进民生福祉是发展的根本目的。必须多谋民生之利、多解民生之忧，在发展中补齐民生短板、促进社会公平正义，在幼有所育、学有所教、劳有所得、病有所医、老有所养、住有所居、弱有所扶上不断取得新进展，深入开展脱贫攻坚，保证全体人民在共建共享发展中有更多获得感，不断促进人的全面发展、全体人民共同富裕。建设平安中国，加强和创新社会治理，维护社会和谐稳定，确保国家长治久安、人民安居乐业。

坚持人与自然和谐共生。建设生态文明是中华民族永续发展的千年大计。必须树立和践行绿水青山就是金山银山的理念，坚持节约资源和保护环境的基本国策，像对待生命一样对待生态环境，统筹山水林田湖草系统治理，实行最严格的生态环境保护制度，形成绿色发展方式和生活方式，坚定走生产发展、生活富裕、生态良好的文明发展道路，建设美丽中国，为人民创造良好生产生活环境，为全球生态安全做出贡献。

坚持总体国家安全观。统筹发展和安全，增强忧患意识，做到居安思危，是我们党治国理政的一个重大原则。必须坚持国家利益至上，以人民安全为宗旨，以政治安全为根本，统筹外部安全和内部安全、国土安全和国民安全、传统安全和非传统安全、自身安全和共同安全，完善国家安全制度体系，加强国家安全能力建设，坚决维护国家主权、安全、发展利益。

坚持党对人民军队的绝对领导。建设一支听党指挥、能打胜仗、作风优良的人民军队，是实现“两个一百年”奋斗目标、实现中华民族伟大复兴的战略支撑。必须全面贯彻党领导人民军队的一系列根本原则和制度，确立新时代党的强军思想在国防和军队建设中的指导地位，坚持政治建军、改革强军、科技兴军、依法治军，更加注重聚焦实战，更加注重创新驱动，更加注重体系建设，更加注重集约高效，更加注重军民融合，实现党在新时代的强军目标。

坚持“一国两制”和推进祖国统一。保持香港、澳门长期繁荣稳定，实现祖国完全统一，是实现中华民族伟大复兴的必然要求。必须把维护中央对香港、澳门特别行政区全面管治权和保障特别行政区高度自治权有机结合起来，确保“一国两制”方针不会变、不动摇，确保“一国两制”实践不变形、不走样。必须坚持一个中国原则，坚持“九二共识”，推动两岸关系和平发展，深化两岸经济合作和文化往来，推动两岸同胞共同反对一切分裂国家的活动，共同为实现中华民族伟大复兴而奋斗。

坚持推动构建人类命运共同体。中国人民的梦想同各国人民的梦想息息相通，实现中国梦离不开和平的国际环境和稳定的国际秩序。必须统筹国内国际两个大局，始终不渝走和平发展道路、奉行互利共赢的开放战略，坚持正确义利观，树立共同、综合、合作、可持续的新安全观，谋求开放创新、包容互惠的发展前景，促进和而不同、兼收并蓄的文明交流，构筑尊崇自然、绿色发展的生态体系，始终做世界和平的建设者、全球发展的贡献者、国际秩序的维护者。

坚持全面从严治党。勇于自我革命，从严管党治党，是我们党最鲜明的品格。必须以党章为根本遵循，把党的政治建设摆在首位，思想建党和制度治党同向发力，统筹推进党的各项建设，抓住"关键少数"，坚持"三严三实"，坚持民主集中制，严肃党内政治生活，严明党的纪律，强化党内监督，发展积极健康的党内政治文化，全面净化党内政治生态，坚决纠正各种不正之风，以零容忍态度惩治腐败，不断增强党自我净化、自我完善、自我革新、自我提高的能力，始终保持党同人民群众的血肉联系。

以上十四条，构成新时代坚持和发展中国特色社会主义的基本方略。全党同志必须全面贯彻党的基本理论、基本路线、基本方略，更好引领党和人民事业发展。

（资料来源：党的十九大报告《决胜全面建成小康社会 夺取新时代中国特色社会主义伟大胜利》）

海外专家学者及媒体指出，习近平新时代中国特色社会主义思想是马克思主义中国化的最新成果，相信中国的实践将推动马克思主义进一步发展。期待中国共产党更好地将马克思主义理论运用到实践中，引领中国应对未来各种挑战。

越南社会科学院中国研究所前所长杜进森说，习近平的讲话强调了马克思主义对中国的意义，马克思主义通过与中国实际相结合，不仅在过去改变了中国的命运，还将继续助力中国发展，实现中华民族伟大复兴的梦想。期待中国共产党更好地将马克思主义运用到实践中，引领中国应对未来各种挑战。

俄罗斯知名智库瓦尔代国际辩论俱乐部的东亚问题研究专家亚历山大·洛马诺夫说，中国运用马克思主义的立场观点研究本国社会现状和发展前景，推动经济发展，这是马克思主义基本原理与中国实际相结合的过程。这些探索成效巨大，确保中国实现发展，为其他社会主义国家树立了榜样。

老挝国立大学中国研究中心主任西提赛·赛亚冯认为，习近平新时代中国特色社会主义思想是马克思列宁主义与中国具体实际相结合的最新成果，一定会让中国更加强有力地发展。

墨西哥学者迪特里希认为，中国共产党成立以来，马克思主义中国化经历多次理论和实践的创新飞跃，习近平新时代中国特色社会主义思想是马克思主义中国化的最新成果，在世界范围内掀起了马克思主义研究热潮。

【心灵导航】

马克思列宁主义、毛泽东思想、邓小平理论、"三个代表"重要思想、科学发展观和习近平新时代中国特色社会主义思想作为一个完整的科学体系，其内容博大精深，同时它又是一个开放的理论体系，与时俱进是它的理论品质。"解放思想、实事求是、与时俱进、求真务实"

是中国化的马克思主义的灵魂。要想彻底搞明白其来龙去脉，必须与中国革命和中国社会主义实践相联系、与我们的社会生活实际相联系、与我们正做的事情相联系，深入思考，广泛探究，围绕“社会主义初级阶段”这一基本国情，来寻找现实问题的马克思主义答案。

※ 活动链接 ※

活动理念和指导思想

加深大学生对中国共产党的指导思想的认识和了解。任何一个政党的行动，都要受一定的思想、观点或理论的指导和支配。指导一个政党一切行动思想、观点或理论的理论体系，就是这个政党的指导思想，亦称行动指南。一个革命政党要指导革命取得成功，就必须具有正确的思想、理论，并且善于把这种思想、理论和革命的实践密切结合起来，使它真正成为党的指导思想。党的指导思想不仅关系到这个政党的性质，也关系到这个政党及其所代表的阶级的前途和命运。

当代大学生肩负着振兴中华民族的伟大历史使命，对其进行党的理论知识的教育，坚定共产主义的理想信念，使大学生能够知党、信党、跟党走，就显得尤为重要，这是专题活动和训练的目的之所在。

活动方案

活动一：与时俱进的马克思主义

1. *活动目的*

通过围绕问题查找相关资料，交流、讨论最终达到正确认识马克思主义的科学性，学习和了解中国共产党指导思想上的发展历程，培养积极主动的学习马克思主义理论的学习兴趣，从而达到坚定马克思主义信仰的目的。

2. *活动实施*

（1）将全班同学分成若干小组，围绕“马克思对整个人类的贡献有哪些？你认为马克思是否当得起‘千年思想家’的美誉”等问题查找相关资料。

（2）阅读《共产党宣言》《新民主主义论》《论十大关系）《邓小平文选》《三个代表学习纲要》《树立和落实科学发展观》《习近平谈治国理政》《习近平总书记在纪念马克思诞辰 200 周年大会上的讲话》等。各小组同学谈自己的感受和体会。进行资料分析、整理、讨论、交流。

（3）教师讲解“如何正确认识马克思主义是科学的世界观和方法论”。

3. *活动成果*

整理全班讨论结果，写出活动总结。

活动二：马克思主义是否过时了？

1. 活动目的

围绕对马克思主义的态度“坚持与发展的问题”展开辩论，使学生对马克思主义的科学性有一个比较清晰、全面、客观的认识。

2. 活动实施

确定辩论主题：马克思主义是否过时了？

正方观点：马克思主义没有过时；反方观点：马克思主义已经过时。

（1）按照学生支持观点的不同将学生分成两组，各组选出四名辩手，明确各自的目标，进行精心的准备论据。

（2）邀请有经验的教师担任评委。

（3）主持人介绍辩论双方的组成人员及各位评委。

（4）主持人宣布辩论规则及评分标准。

（5）开始辩论，评委打分。

（6）教师点评，结合辩论情况，阐述马克思主义坚持与发展的关系。

3. 活动成果

评选优秀辩手，优胜队。进行活动总结。

活动三：感受马克思主义的生命力

1. 活动目的

通过观看专题节目“马克思是对的”和“纪念马克思诞辰 200 周年大会”，了解和感悟马克思主义的内容及其生命力。

2. 实施方法

（1）观看专题节目“马克思是对的”，并实时开展课堂讨论。

（2）观看“纪念马克思诞辰 200 周年大会”实况，研习《习近平总书记在纪念马克思诞辰 200 周年大会上的讲话》，领会习近平总书记讲话精神。

3. 活动成果

根据课堂讨论和学习研讨，撰写专题论文或学习体会。

活动四：领袖的风采

1. 活动目的

通过观看纪录片《习近平治国方略：中国这五年》，了解习近平总书记治国理政思想和为探索建设新时代中国特色社会主义所做出的贡献，感悟他的人格魅力。

2. 活动实施

写出收获和感受。

3. 活动成果

在学校内做一次大型的观后感展评。

活动五：新时代之我见

1. 活动目的

通过对近年来经济社会发展变化的调查研究，加深对我国国情的了解，从而深化对新时代的理解。

2. 活动实施

（1）制定调研提纲和社会发展变化调查表。

（2）分组开展社会发展变化调查工作。

（3）各小组梳理调查结果，汇总分析。

（4）写出新时代发展变化的调研报告。

3. 活动成果

评选出优秀调研报告。

专题七　时代先锋 永葆党员先进本色

引　航

九十多年来，为了民族的独立和解放，为了国家的富强和人民的幸福，无数共产党人抛头颅洒热血，艰苦奋斗，无私奉献。一部新中国的历史，就是中国共产党人带领人民团结奋斗的历史；一部中国共产党发展壮大的历史，就是中国共产党人发挥先锋模范作用、永葆先进性的历史！鲜红的党旗上凝结着革命英烈的鲜血，共和国的旗帜上飞扬着先进模范的风采，现代化进程中处处可见共产党人的风范。

※ 问题聚焦 ※

时代不同　先锋依旧

手术台上的他，在无影灯下神情严肃，握着手术刀的手毫不颤抖；手术台下的他，手指脚趾都已变形，像普通老人一样，走路需要人搀扶。这位老人，年近百岁，却依然拿着手术刀，在手术室的方寸之地，挽救着患者们的生命。他就是吴孟超，共产党员，我国“肝脏外科之父”、国家最高科学技术奖得主、中国科学院院士。从医 75 年，他创立了肝脏“五叶四段”理论，奠定了我国肝脏外科的解剖和理念基础；创造了间歇性肝门阻断切肝法和无血切肝法，使肝癌手术成功率由 16%提高到 98%以上；主刀世界第一例成功的中肝叶肿瘤切除手术，使中国肝脏外科一跃而领先于世界……为了顾及吴老的身体，医院不让他多做手术，一周只做两三台；但他却说：“我是党员，我知道自己的岗位在哪里！冲锋陷阵是没有年龄限制的！”

鲁迅先生曾说：“我们从古以来，就有埋头苦干的人，有拼命硬干的人，有为民请命的人，有舍身求法的人……这就是中国的脊梁。”中国共产党从诞生之日起，之所以取得一个又一个胜利，克服一个又一个艰难险阻，靠的就是一大批“脊梁式人物”和坚贞不屈的“脊梁精神”。从革命战争年代的张思德、刘胡兰、董存瑞……到建设时期的雷锋、王进喜、焦裕禄……到改革开放时期的徐虎、牛玉儒、任长霞、黄大年、廖俊波……共产党英雄辈出，群星灿烂。他们牢记党的全心全意为人民服务宗旨，牢记使命和责任，在自己平凡的岗位上，艰苦奋斗，无私奉献，甚至不惜献出宝贵生命。从救国、建国到强国的每一场伟大斗争，最需要献身时，有共产党员的身影；最需要流汗时，有共产党员的劳作；最需要付出时，有共产党员的奉献！

“砍头不要紧，只要主义真!”这是共产党人无比坚定的信仰之歌，其声壮烈如同惊涛拍岸!“我是共产党员，有危险我来!”这是共产党人为理想献身，为使命赴死的宣言，其声恢宏、感人肺腑。“我是中国人民的儿子，我深情地热爱着我的祖国和人民!”共产党人和人民的血肉情谊，更是其胜利之本，力量之源。

一部中国共产党的史册，写满了共产党人乱云飞渡中的从容，记录着从领袖到普通党员的奋斗和牺牲，构成一座座巍峨的丰碑。没有这些桥墩一样的共产党人的支撑，就难以铺就社会主义的金光大道！没有这一座座大坝般的共产党人的耸立，就难以在短短几十年的时间里积聚起让整个世界惊叹的强盛和发展!

【思考园地】

1. 无论是战争年代还是和平年代，处处可见共产党员无私奉献、报效祖国与人民的典范，这是为什么？

2. 我们非常熟悉革命年代的英雄人物，他们为祖国的昌盛和人民的解放抛头颅、洒热血，不惜用生命换取人民的幸福和祖国的独立。讲述几个你最熟悉的革命英烈的故事，并总结革命时期共产党的先锋特征。

3. 在和平年代，为了经济的繁荣、人民生活的富裕，涌现出像焦裕禄、牛玉儒、廖俊波、柴生芳等一大批“心系人民群众”的好领导、好干部，请你讲述几个生活中的共产党人事例，并总结和平时期共产党的先锋特征。

4. 青年是祖国的希望，做好大学生党员教育与发展工作，是实施人才强国战略的迫切需要，也是广大青年的内在需求，校园里处处可见学生党员的风采。新时期大学生党员的标准是什么？大学生党员如何才能发挥先锋作用？

※ 学习指南 ※

中国共产党的先进性是通过千千万万个优秀的共产党员的具体行为表现出来的。通常我们认识一个政党是要看它的理论、它的纲领、它的章程等是否先进，但是更直接的、具体的还是要通过我们周围的共产党员的行为表现来认识。

中国共产党党员在战争年代、建设时期，尤其在我们大学校园里，其先进性表现在哪些方面呢？划分学习小组，分工协作，深入企业、乡村、城市，宽领域、多途径，展开调研，共同探究。

1. 探究思路

围绕“不同时期党员先进性的标准是什么？新时期大学生党员的标准是什么？”探究不同时期共产党员先进事迹（战争年代优秀共产党员的先进事迹、建设时期优秀共产党员的先进事迹、改革开放时期优秀共产党员的先进事迹、大学生党员先进事迹），认识先进共产党员的形象。

2. 文献查询

《中国共产党章程》《保持共产党员的先进性教育读本》《半月谈》《党的生活》《支部生活》《民族脊梁 时代先锋》《十八大以来总书记点赞的优秀共产党员》。

3. 网络查询

人民网 http://www.people.com.cn.
新华网 http://news.xinhuanet.com.
中华网 http://news.china.com.
共产党员网 http://www.12371.cn.
中国共产党新闻网 http:// cpc.people.com.cn.
时代先锋网 http://www.zjsdxf.cn.

4. 影视作品欣赏

《赵尚志》《杨靖宇》《赵一曼》《孔繁森》《信仰的力量》《我是共产党员》《厉害了，我的国》《榜样》《榜样 2》。

5. 社会调研

可根据学生及学校情况，结合学生专业，从下列中选择适宜的调研：
（1）企业调研：选择当地知名企业，让学生深入企业感受党员在企业中发挥的作用。
（2）校园调研：收集学生党员先锋事迹，感受学生党员的风采。
（3）走访老革命，缅怀先烈。
（4）参观革命教育基地：酒泉烈士陵园、酒泉起义纪念馆、王进喜纪念馆。

※ 实践探究 ※

让我们走进历史，追寻英烈们的足迹，回到那烽火硝烟的革命年代。看看我们的革命先辈是如何抛头颅、洒热血，用他们的青春和热血谱写一曲曲可歌可泣的青春乐章的。再看和平年代的共产党员又是如何为祖国的社会主义事业艰苦奋斗、顽强拼搏的。他们为实现民族解放、国家富强和人民幸福而义无反顾地献出了自己宝贵的生命，激励着一代又一代人奋发进取，涌现出焦裕禄、蒋筑英、牛玉儒、任长霞、黄大年、廖俊波、柴生芳等一大批令人爱戴的优秀共产党员。

一、砍头不要紧 只要主义真

共产党员的先进性总是与党的政治路线和党所要解决的历史任务紧密联系的。不同的时代条件和不同时期党的政治路线相联系，就为共产党员保持先进性赋予了不同的时代内涵，提出了不同的时代要求，打上了不同的时代烙印。在战争年代，人民群众身处水深火热之中，国家与民族正处危亡的紧要关头，党的历史使命是领导全国人民推翻帝国主义、封建主义、官僚主义三座大山建立新中国。因此，这一时期共产党员鲜明的时代特征是：冲锋在前，退却在后，英勇战斗、不怕牺牲，为人民的解放事业勇于献身。

（一）永远的丰碑，不朽的精神

“救国救民英烈奋，献身革命意坚贞。头颅不悔男儿志，血肉难移赤子心。沙场舍身驱豹虎，魔群忘死泣蛇神。先驱肇造新华夏，信念铸成民族魂。”回顾神州大地发生的翻天覆地的历史性变化，我们更加怀念为祖国的独立、统一、民主、富强建立了不朽功勋的革命先烈们。

1. 引来天火救中国

李大钊，河北乐亭县人。生于1889年10月29日，中国共产党的创始人之一，新文化运动和五四爱国运动的直接组织者和领导者，对中国早期马克思主义的传播起过重要作用。1913年冬，李大钊怀着忧国忧民的情怀，东渡日本，考入东京早稻田大学政治本科学习。1916年李大钊回国后，积极参与正在兴起的新文化运动。俄国十月社会主义革命的胜利极大地鼓舞和启发了李大钊，他先后发表了《法俄革命之比较观》《庶民的胜利》和《布尔什维主义的胜利》等文章和演说。他宣称：“试看将来的环球，必是赤旗的世界!”1920年3月，李大钊在北京大学发起组织马克思学说研究会。10月，在李大钊发起下，北京共产主义小组建立。1921年中国共产党成立后，李大钊代表党中央指导北方的工作。1922年在中国共产党的第二次全国代表大会上被选为中央委员。曾任中共北方区委书记，领导了北方的工人运动和革命斗争。1927年4月6日，奉系军阀张作霖在帝国主义的指使下，逮捕了李大钊同志。在监狱中，他始终大义凛然，坚贞不屈。4月28日，反动军阀竟不顾社会舆论和人民义愤，悍然下令于4月28日用绞刑杀害了李大钊同志。在绞架面前，李大钊同志做了最后的演说，他说：“我们已经培养了许多同志，如同红花的种子，撒遍各地。我们深信，共产主义在世界，在中国，必然要得到光荣的胜利。”时年38岁。

李大钊同志为了解救苦难的中国人民，为了崇高的共产主义理想，英勇奋斗了一生，最后献出了他的宝贵生命。他顺应时代的需要，率先在中国大地上高举起马克思列宁主义的旗帜，为中国昭示了新的社会主义的发展方向。作为中国共产党早期的卓越领导人，他在中国共产主义运动中，在中国人民的民族解放和社会解放事业中，占有崇高的历史地位。李大钊同志是一个无畏的播火者，他是马克思主义在中国的最早传播者，坚信共产主义在世界和中国，必然取得最后的胜利。今天，我们正在把建设有中国特色社会主义的伟大事业全面推向新的世纪，青年学生一定要认真学习中国特色社会主义理论，牢固树立马克思主义的世界观人生观和价值观，坚定正确的理想信念，在敌对势力“西化”“分化”的图谋面前不丧失立场，在各种封建迷信和歪理邪说面前不迷失方向，始终保持政治上的清醒和坚定。

2. 留得浩气万古存

方志敏，1900年出生，1923年加入中国共产党，参与创建江西的中共党、团组织。曾任江西省农民协会秘书长、主席，领导农民运动。1934年11月初，方志敏奉命率红军北上抗日先遣队北上，任红10军团军政委员会主席。至皖南遭国民党军重兵围追堵截，被7倍于己的敌军围困，终因寡不敌众，于1935年1月27日在江西玉山陇首村被捕。在狱中，面对敌人的严刑和诱降，他正气凛然，坚贞不屈。在狱中写下了《可爱的中国》等著作，留下了“敌人只能砍下我们的头颅，决不能动摇我们的信仰！因为我们信仰的主义，乃是宇宙的真理！为着共产主义牺牲，为着苏维埃流血，那是我们十分情愿的啊！”之不朽诗篇。1935 年 8 月 6 日在江西南昌英勇就义，时年 36 岁。

方志敏同志的一生是短暂的，但是，他的光辉业绩和崇高品德，将永垂青史。方志敏同志是我们党的骄傲、人民的骄傲。在他身上体现的崇高品格和浩然正气，是我们党的宝贵精神财富，必将激励一代又一代人，为党和人民的事业不懈奋斗。我们要像他那样，一身正气，清正廉洁，始终保持共产党人的政治本色和革命气节。方志敏虽为党的重要领导干部，但与普通工作人员一样，过着极为清贫的生活。当他被捕遭到敌人搜查时，敌人十分惊讶，像他这样重要的领导人，身上除了一支钢笔和一块旧表外，竟然什么值钱的东西也没有。方志敏同志在狱中写道：“为着阶级和民族的解放，为着党的事业的成功，我毫不稀罕那华丽的大厦，却宁愿居住在卑陋潮湿的茅棚；不稀罕美味的西餐大菜，宁愿吞嚼刺口的苞粟和菜根……我能舍弃一切，但是不能舍弃党，舍弃阶级，舍弃革命事业。”他的高尚情操和优良品质，感动了千千万万的人。当时许多党外人士和群众正是通过方志敏等共产党人的革命气节和人格魅力，进一步加深了对我们党的根本性质与宗旨的认识。今天，虽然我们党所处的环境和条件发生了很大变化，但共产党人的高尚情操和革命气节绝不能丢掉。在新的时代条件下，继承和发扬我们党的优良传统，大力弘扬革命前辈的崇高精神，这是实现中华民族的伟大复兴，把我国建设成为富强、民主、文明的社会主义现代化国家的强大精神力量和重要思想保证。

3. 林海雪原铸英魂

杨靖宇，1905 年生于河南省确山县。1926 年加入中国共产主义青年团。1927 年 4 月参与领导确山农民暴动，同年 6 月转入中国共产党。大革命失败后，组织确山起义，任农民革命军总指挥。1928 年后，在河南、东北等地从事秘密革命工作。曾五次被捕入狱，屡受酷刑，坚贞不屈。1931 年九一八事变后，他任中共哈尔滨市委书记、兼满洲省委军委代理书记。1932 年秋被派往南满，组建中国工农红军第 32 军南满游击队，任政治委员，创建了以磐石红石砬子为中心的游击根据地。1933 年 9 月任东北人民革命军第 1 军第 1 独立师师长兼政治委员。1934 年 4 月联合 17 支抗日武装成立抗日联合军总指挥部，任总指挥。后任东北抗日联军第 1 军军长兼政治委员、东北抗日联军第 1 路军总司令兼政治委员。率部长期转战东南满大地，威震东北，配合了全国的抗日战争。在十分艰苦的环境中坚持抗日游击战争，被誉为“不怕困苦艰难奋斗之模范”。1939 年在东南满地区秋冬季反“讨伐”作战中，他与魏拯民等指挥部队化整为零、分散游击。自己率警卫旅转战于濛江一带，最后只身与敌周旋五昼夜。1940 年 2 月 23 日在吉林蒙江三道崴子壮烈牺牲，时年 35 岁。

百折不挠的艰苦奋斗作风在杨靖宇身上展现得非常强烈、感人。事实上，杨靖宇和他的战友们身处的艰苦、恶劣的环境，在古今中外的战争史上都是十分罕见的。他领导的南满抗日，是在敌强我弱、敌众我寡，敌人占据了我城市和大部分乡村，而我方缺少稳定和巩固根据地的情况下坚持下来的，当时既远离上级组织的领导，又没有稳定的兵源和物质补给，只能靠自筹或以战养战；抗联战士缺衣少粮、孤悬敌后，只能以长白山区的深山密林为依托，这里为冰雪覆盖的时间长达半年，气温经常在零下二三十摄氏度，甚至达到零下四十多摄氏度。杨靖宇率领抗联战士，就是在这样艰苦卓绝的情况下与敌斗争了近八年。

强烈的爱国主义精神，是杨靖宇精神突出的时代特征。在杨靖宇那个时代，人民群众处于水深火热之中。在民族危亡的紧要关头，杨靖宇同所有中国人民的先进分子一样，挺身而出，共赴国难，以自己的实际行动参与到救国救民的伟大斗争中，充分表现了一个共产党员视国家和人民的利益为最高利益，将其置于最重要的地位，并努力使自己的每一步具体行动都符合这个根本宗旨的先进性。在对敌斗争中，他提出了“四不打”原则，其一就是“给当地人民带来大的损害的仗不打”，这在当时是难能可贵的。在为部队筹集给养时，他也考虑尽量不给群众造成过重的负担。忧国忧民，全心全意为人民谋幸福，在杨靖宇短暂的一生中得到了充分的展现。

大半个世纪以来，杨靖宇的伟大精神曾经激励我们几代人，在革命和建设的道路上，继续为先烈所追求的理想和目标努力奋斗。杨靖宇当年所期望并为之殊死奋斗的目标，有许多方面也早已成为现实。但是，我们党在新世纪新阶段的历史任务仍很艰巨，而且，距离最终目标仍很远。为此，依然要求共产党员与时俱进，保持与时代和人民的要求相适应的先进性。

4. 甘洒热血写春秋

“砍头不要紧，只要主义真，杀了夏明翰，还有后来人!”这是中国共产党党员夏明翰在被国民党反动派杀害前，写下的一首气壮山河的就义诗，一直为人们所传颂。夏明翰祖籍湖南衡阳县，1919 年，他和同学们走出校门，开展大规模的爱国宣传活动，声援北京学生的反帝反封建斗争。1921 年经毛泽东、何叔衡介绍，夏明翰加入中国共产党，并在长沙参与领导人力车工人的罢工斗争。1926 年 2 月，夏明翰被党调到武汉工作，担任全国农民协会秘书长，兼任毛泽东和中央农民运动讲习所秘书。大革命失败后，夏明翰参与发动秋收起义并领导发动了平江农民暴动。1928 年 3 月 18 日，不幸在武汉被敌逮捕。3 月 20 日清晨，在汉口余记里刑场，当敌执行官问夏明翰还有什么话要说时，他大声说：“有，给我拿纸笔来!”于是，夏明翰在刑场上写下了这首大义凛然的就义诗，牺牲时年仅 28 岁。

夏明翰，他挥笔写下了“砍头不要紧”这一正气凛然的词句，当时就被人称作热血谱写的革命战歌，激励了无数后人为之奋斗。这位只有短短 28 岁生命的烈士，留下的不仅是那首光照千秋的就义诗，也以自己的奋斗经历在党的历史上写下了重要篇章。在他的身上，凸显了共产党员坚定的理想和信念。理想和信念是共产党员的灵魂和精神支柱，共产党人的信仰，在行动上具体表现为党员要为完成每个阶段的历史任务而努力奋斗。这种理想和信念不是空喊口号，也不是“乌托邦”式的精神崇拜，而是以踏实的行动能够逐步实现的目标。只有不断地完成每个阶段的历史任务，才能逐步靠近共产主义这个最高理想。而且，每当我们前进一步，都会在社会生活的各个方面增添若干共产主义因素。夏明翰之所以能够宁死不屈、从容赴死，正是因为他有坚定的理想和信念，坚信共产主义一定会实现，坚信自己的每一步行动，都是向理想目标靠近一步。今天，我们正在面向新世纪全面推进建设有中国特色社会主义的伟大事业。广大党员、干部，更需要进一步坚定正确的理想和信念，站稳党和人民的立场，积极投身改革开放和现代化建设的伟大实践，为国家富强和民族振兴，不断做出新的贡献。

5. 怕死不当共产党

刘胡兰，山西文水人。10 岁参加儿童团。1945 年 10 月参加文水县委妇女工作干部训练班。11 月被分配回云周西村工作，担任村妇女抗日救国联合会秘书。后任区妇女干事，1946

年 6 月，参加了该县的土地改革试点工作。区委决定破格吸收 14 岁的刘胡兰为中国共产党候补党员。1947 年 1 月 12 日清晨，国民党军偷袭云周西村，由于叛徒的出卖，国民党军把她和另外六人抓了起来。她在敌人威胁面前，坚贞不屈，视死如归，以“怕死不当共产党”的英雄气概，痛斥了敌人的利诱和威逼，在刀刃绷卷的铡刀面前，以问敌人“我咋个死法”的大无畏精神宣告敌人阴谋的破产。牺牲时，年仅 15 岁。

刘胡兰为了中国人民的解放，为了伟大的共产主义事业，从容就义。她的大无畏英雄气概早已成为中国共产党员为人民的解放事业不屈不挠奋斗终生的象征，她身上充分体现了为党和人民而奋斗的无私奉献精神。为了革命需要，不顾个人安危，关键时刻，不惜牺牲自己的宝贵生命。她的英雄气概和献身精神，是无数先进的共产党人的一个缩影。她把党和人民的利益看得高于一切，宁愿舍生赴死，也不出卖党的机密。她为共产主义事业在中国的胜利献出了自己的生命，表现了一个共产党人无私奉献的崇高气节和浩然正气。建设中国特色社会主义的小康社会更需要党员充分发挥无私奉献精神。讲奉献是衡量新时期党员先进性的一个重要标志。

（二）烽火岁月，使命锤炼先进性

党的先进性不是空洞的，而是具体的、历史的，总是同党的历史任务相联系的。它不仅仅表现在党的理论、路线和纲领上，更重要的是体现在党的实践中。共产党员先进性的具体内涵不是固定的、一成不变的，而是与时俱进的，随着时代和实践的发展而发展。那么，革命时期，共产党员的先进性标准是什么？

1. 承认党纲和党章

从 1921 年中国共产党成立到 1945 年在延安召开党的七大，党在民主革命时期历届全国代表大会制定和修改的党章，始终把承认党纲和党章作为发展党员的首要条件和原则。这一时期，吸收新党员的标准并不强调社会成分，而是能否为我们党提出的主张而坚决奋斗。

党纲和党章规定了党的性质、党的宗旨、党的指导思想等，是统一全党思想和行动的最高准则，是党的建立、生存和发展的基础。承认党纲和党章是全党在思想上、政治上、组织上、行动上保持高度一致的前提。因此，无论是革命时期还是和平时期，承认党纲和党章都是每个申请入党的人的基本要求。

2. 一不怕苦，二不怕死，敢于牺牲一切甚至生命

在革命战争时期，反动派仍然统治着中国，民不聊生，而共产党处在严酷的战争环境和白色恐怖下。那时生活的艰难是可想而知的。此外，“加入共产党的人，还要担负遭受反动派迫害的危险”。因此，革命战争时期，党要求党员要不惜牺牲一切以至自己的生命，“要把革命的和党的利益放在第一位”，以革命的和党的利益高于一切的原则来处理一切个人问题。

在战争年代，无数优秀的共产党员，他们的先进性大多是靠点点滴滴的平凡小事和持之以恒的默默奉献累积而成的。这种奉献表现在对个人利益的一种合理取舍，表现在能不能在党和人民需要的时候，自觉地放弃个人利益。这不仅是一种人生境界，更是共产党人先进性的一种基本要求。

【资料链接】

共产党员标准的科学内涵

共产党员标准是一个完整的体系，它包括入党资格、基本条件、具体条件和党员权利等内容。这些内容又可分为两个层次。第一个层次包括入党资格和基本条件的规定；第二层次是党员义务和相联系的党员权利的规定。第一层次的内容具有原则性和相对稳定性，党的基本标准不会改变；第二层次的内容具有时代性和现实性，它随着党的建设所处的环境、工作重心、党员队伍状况变化而不断充实、完善。因此，党的先进性具有鲜明的时代特征。

（资料来源：任铁缨,《论共产党员标准》，广西人民出版社，2003 年）

在革命时期，共产党员的先进性集中表现在为中华民族的独立和中国人民的解放事业英勇斗争中，体现在为了共产主义的信念和理想而抛头颅、洒热血中。革命烈士邓中夏在英勇就义前，给党中央的一封信中深情地写道：“同志们，我快要到雨花台去了，你们继续努力奋斗吧！最后胜利终究是我们的!”正是因为有了千千万万优秀共产党员为了革命理想和信念的前仆后继，才夺取了革命的胜利，才有了新中国的建立。这种理想和信念，是共产党人的庄严的人生追求，是他们的力量源泉和精神支柱。邓小平同志曾指出：“为什么我们过去能在非常困难的情况下奋斗出来，战胜千难万险使革命胜利呢？就是因为我们有理想，有马克思主义信念，有共产主义信念。”坚持共产主义的理想，为这个理想而奋斗，是共产党人无产阶级世界观的核心内容和先进性的集中体现。正是这种理想、信念使得无数共产党员成为“富贵不能淫、贫贱不能移，威武不能屈”的钢铁战士。

二、岗位做奉献　真心为人民

如果说战争年代对共产党员最大的考验莫过于牺牲，那么和平时期对共产党员最大的考验就是奉献。中华人民共和国建立后，战斗在祖国各条战线上一代又一代的共产党员，以其赤胆忠心和满腔热忱，谱写着中华民族壮丽的篇章。

（一）时代的先锋　民族的脊梁

中国共产党的先进性，是通过党员及其干部队伍的模范带头作用来实现的。近五年评选的 2985 名全国劳动模范中，共产党员 2541 名，占 85.1%；4292 名全国“三八红旗手”和“三八红旗手标兵”中，共产党员 3693 名，占 86.04%。基层党组织战斗堡垒作用和党员先锋模范作用得到充分发挥。党员在经济建设的各行各业，处处走在前面，被群众称作“平时能看得出来，关键时刻能站得出来，生死关头能豁得出来”的民族脊梁。

1. 毕生研究为祖国

钱学森是我国杰出的科学家、航天科学的奠基人之一。是我国航天科技事业的先驱和杰出代表，被誉为“中国航天之父”和“火箭之王”。1955 年，他毅然放弃国外优厚待遇，冲破重重阻碍回到祖国。几十年来，这位享誉世界的航空火箭专家、空气动力学家、应用力学和系统工程学家，为新中国的科技事业、航天事业和国防建设呕心沥血，做出了开创性的贡献，被党中央、国务院、中央军委授予“两弹一星”功勋奖章和“国家杰出贡献科学家”荣誉称号。钱学森参与创建的“导弹航天”事业举世瞩目，震撼全球，但他从不居功自傲。他总是以实事求是的态度告诉大家：像“两弹一星”这样的大科学工程，不是哪一个两个人能干成功的，“一切成就归于党，归于集体”。他即使年事已高，仍壮心不已，勤奋学习和工作，担任中国科协名誉主席等职务。他还指导多位学者从事系统工程和系统科学的研究与发展工作，始终关注着科学前沿领域。钱老这种活到老、学到老、前进到老的坚忍不拔毅力，使他的思想不断升华，境界不断提高，从早年的一位爱国者，成长为一名共产党员，并进而成为一名优秀党员、科技界的楷模。

科学没有国界，但科学家有自己的祖国。科学不带成见，但科学家有自己的信念。报效祖国、造福人类的人生信念，让钱学森始终坚守党性原则，紧跟党的前进步伐。探索真理，破解未知世界的谜团，追随真理，创造人类共同的幸福。在近一个世纪的人生历程中，钱学森把一名科学家的理性、良知和一名共产党员的理想信念完美地结合在一起，取得了震惊世界的科学成就，达到了超乎常人的人生境界。科学上的巨大成就，让钱学森越发严谨谦逊、孜孜以求，直到九旬高龄仍在思考祖国社会主义建设的重大问题。他忘我奉献的精神，无愧于“人民科学家”的光荣称号。钱学森身上充分体现了党员热爱祖国和人民的崇高精神，体现了坚定的理想与政治信念，体现了把自己的知识和智慧全部无私地奉献给祖国和人民的无私奉献精神。

2. 鞠躬尽瘁为小康

史来贺，河南省新乡市刘庄村原党委书记，全国著名劳动模范。1952 年 12 月，年仅 21 岁的史来贺当选为刘庄村党支部书记，挑起了带领全村人治穷致富的重担。从任村支书的那天起他就立下誓言：“跟党走，拔掉穷根，让老百姓过上好日子!”从 1953 年开始，史来贺带领刘庄人用了整整 20 年，把刘庄周围 750 多块凹凸不平的“盐碱洼”“蛤蟆窝”荒地改造成了现代化农业园区。他潜心研究棉花种植经验，使皮棉平均亩产量达到当时全国平均产量的 3 倍。随后，史来贺带领刘庄人兴办起畜牧场，由三头小奶牛起家的小畜牧场迅速发展成为拥有上千头牲畜的大畜牧场，成为刘庄发展商品经济的突破口。为了让刘庄群众富起来，史来贺又向工业挺进，兴办起机械厂。机械厂生产的小喇叭曾响遍全国各地，小型奶粉机销往全国二十多个省区市。接着，史来贺带领刘庄人又陆续建起了食品厂、造纸厂、淀粉厂等。中共十一届三中全会以后，史来贺带领群众向高科技进军，建起全国最大的生产肌苷的华星药厂……使得刘庄这个昔日有名的“长工村”，2003 年各业年产值达 8.8 亿元，农民人均年收入 7000 元，户均存款 20 万元，每户 4 层 472 平方米，人均 120 平方米的别墅式新村公寓正在兴建中……

史来贺有一个心愿，就是要赶上和超过资本主义发达地区的农村，真正把中国的农民带富，体现社会主义制度的优越性。正是这一信念支持着他带领刘庄村党支部一班人奋力开拓，不断进取，使刘庄村由穷变富，由落后变先进、变文明，成为中国农村一面光辉的旗帜。

人生如屋，信念是柱。理想信念是支撑党员先进性的第一要素。离开了正确的理想信念，先进性就无所依存。共产主义理想和社会主义信念，是共产党员先进性的坚强柱石，也是保持先进性的精神动力。但在不同的历史时期，共产党员则要把追求党的最高理想与实现党在特定时期的具体任务统一起来。党的十九大把全面建成小康社会作为现阶段的战略目标。新时期的党员标准，不但要求每一个共产党员胸怀实现共产主义的崇高理想，而且更要坚定走建设中国特色社会主义道路的信念，脚踏实地地为全面建成小康社会而努力奋斗，扎扎实实地做好当前的每一项工作。从这个意义上说，一个党员的坚定理想信念，应该具体地体现在站在改革开放和现代化建设的前列，锐意进取、开拓创新、努力创造一流业绩上，体现在在全面建成小康社会中无私奉献自己的聪明才智和全部力量上，体现在在本职岗位上辛勤劳动、忘我工作甚至付出必要的自我牺牲上。

3. 舍生忘死为人民

2002 年，柴生芳留学归来，带着对黄土地的深深热爱，加入到建设家乡的行列当中，殚精竭虑、夙夜在公、一心为民、忘我奉献，直到生命的最后一刻。1997 年 5 月，柴生芳赴日本国立神户大学留学。留洋博士的光环，让他有更多到发达地区工作的机会，但是，他毅然决然地回到了生他养他的黄土地。2006 年，柴生芳主动请缨从甘肃省委办公厅调任有“苦甲天下”之称的定西工作，这一干就是 8 年。“出门招商、回家下乡。”这是他给自己制定的两条工作法之一。为了尽快改善当地农民落后的生产生活条件，推进农村路、水、房、电等基础设施建设，通过多次汇报衔接，柴生芳争取到了总投资 9.1 亿元的“六盘山片区交通扶贫攻坚示范试点县”项目。在临洮工作期间，他跑遍了全县 323 个行政村，全面深入了解掌握县情实际。面对国家级扶贫开发重点县临洮，柴生芳提出了建立“五个到村到户”的精准扶贫思路。“开门办公、马上就办。”这是柴生芳为自己制定的第二条工作法。“开门办公”，群众来说事情，对他来说是“送上门的社情民意”“送上门的群众工作”和“送上门的发展点子”。柴生芳的生活非常简朴，他乘坐的公车上，除了雨鞋、雨衣、草帽、茶杯、笔记本外，再无他物；他逝世时，脚上还穿着满是破洞的袜子。“升官发财，莫入此门。”这句话被醒目地写在柴生芳一本工作日志的扉页上。2014 年 8 月 15 日凌晨，柴生芳同志因长期超负荷工作，劳累过度，诱发心源性猝死，在办公室不幸去世，年仅 45 岁。

为民、务实、清廉，是柴生芳同志一生的写照。他是在党长期培养下成长起来的优秀干部，是践行党的根本宗旨和群众路线的典型楷模，是教育实践活动中涌现出来的榜样标兵。为了党和人民的事业，他舍小家而顾大家，夙夜在公、忘我工作，直至生命的最后一刻。他用满腔的热血，抒写自己的使命担当，换来群众的幸福安康，忠诚履行了一名共产党员的庄严承诺，深刻诠释了一名共产党员的价值追求。在他身上，集中体现了新时期基层干部的良好形象，充分折射出信念坚定、对党忠诚的政治品格，牢记宗旨、一心为民的公仆情怀，敬业奉献、鞠躬尽瘁的高尚情操，勇挑重担、敢于负责的担当精神，严于律己、清正廉洁的优良作风。

4. 甘化我身守正义

任长霞，河南省登封市公安局党委书记、局长。她自 1983 年加入公安队伍，作预审工作 13 年，在郑州公安系统、市政法战线及省预审岗位练兵大比武中均夺取过第一名，协助破获了大案要案 1072 起，追捕犯罪嫌疑人 950 人。1998 年被任命为郑州市局技侦支队长后，她多次深入虎穴，化装侦察，亲自抓获了中原第一盗窃高档轿车主犯，先后打掉了七个涉黑团伙，抓获犯罪嫌疑人 370 多名，被誉为“警界女神警”。2001 年，她调任登封市公安局局长，始终把人民群众的疾苦和安危放在心上，解决了十多年来的控申积案，共查结控申案件 230 多起。她带领全局民警共破获各种刑事案件 2870 多起，抓获犯罪嫌疑人 3200 余人，有力地维护了登封社会治安和稳定的政治大局。

“公安、公安，心中只有‘公’，人民才能‘安’。”这是任长霞对公安工作担负神圣使命的深刻理解，更是她心目中不可动摇的信念和追求。在二十多年的从警生涯中，任长霞忠于党、忠于祖国、忠于人民、忠于法律，以打击犯罪、保护人民为己任，攻坚克难，孜孜以求，不断加强学习，刻苦钻研业务，处处追求卓越。当她猝然牺牲在工作岗位上之后，当地十多万人民群众，从白发老人到垂髫少年，从机关干部到乡村农民，自发地为她送行。任长霞同志的事迹报道后，在全国各地人民群众中引起强烈反响，大家无不为她感人至深的事迹而潸然泪下，无不因她的崇高思想和优秀品质而受到心灵的震撼和精神的洗礼。一名普通的公安局长，为什么能感动这么多干部群众，赢得老百姓如此的爱戴和崇敬？就是因为她忠实履行党和人民赋予的神圣职责，执法为民，服务群众，清正廉洁，惩恶扬善，把美好的青春和全部心血奉献给了党和人民。任长霞对百姓无私的爱、深厚的情，在老百姓心中画出了一道永志不忘的长虹，映出了一片深切怀念的彩霞。任长霞的事迹昭示：群众在干部心中的分量有多重，干部在群众心中的分量就有多重。任长霞同志是党的好女儿，是新形势下坚持立党为公、执政为民，身体力行“三个代表”重要思想的楷模。

5. 当代愚公黄大发

黄大发曾担任贵州省遵义市播州区平正仡佬族乡团结村党支部书记，20 世纪 60 年代起，他带领 200 多名群众，历时 30 余年，靠着锄头、钢钎、铁锤和双手，硬生生在绝壁上凿出一条长 9400 米、地跨 3 个村的“生命渠”，结束了当地长期缺水的历史，使草王坝每年粮食产量从原来的 6 万斤增加到近百万斤，被当地群众亲切誉为“大发渠”。他带领群众树立主体意识，发扬自力更生精神，修村路、架电线、“坡改梯”、建学校，改变了当地贫穷落后的面貌，用实际行动践行了新时期愚公移山精神。

黄大发这位平凡的人，在平凡的岗位上，却有着不平凡的事迹，他是新时期基层党员干部的优秀代表，更是打赢扶贫攻坚战的时代楷模。他以不忘初心的坚定信念、不等不靠的责任担当、无私奉献的高尚情操、坚强乐观的生活态度，践行了共产党员全心全意为人民服务的根本宗旨，诠释了社会主义核心价值观的深刻内涵，展示了贫困地区基层干部带领群众克服困难、脱贫攻坚、同步小康的坚强意志。本职岗位是共产党员保持先进性的平台，做好本职工作就是保持先进性的体现。我们应该向黄大发学习，学习他牢记使命、忠诚执着；学习他爱岗敬业、尽心尽责；学习他利民为民、无私奉献；学习他乐观豁达、积极向上。广大党员干部要以黄大发为行动标杆，向他看齐，并从他身上汲取不断前行的智慧和力量。

6. 个人国家命相连

黄大年，1958 年 8 月生，吉林大学教授，著名地球物理学家。1992 年他到英国攻读博士学位，成为地球物理领域研究高科技敏感技术的少数华人之一。2009 年，当得知国家启动引进海外高层次人才的“千人计划”时，黄大年第一时间向母校表示要回国。为了实现祖国在科学技术上的多处弯道超车，回国 7 年间，黄大年惜时如金，夜以继日，用无私奉献、勇于担当的实际行动，带领由院士、大学校长、研究所所长等 400 多名高级别研究人员组成的团队协同攻关，创造了多项“中国第一”，为我国“巡天探地潜海”填补了多项技术空白，以他的团队研制出的我国第一台万米科学钻——“地壳一号”为标志，配备自主研制综合地球物理数据分析一体化的软件系统，我国的深部探测能力已经达到国际一流水平，局部处于国际领先地位。国际学界惊叹中国正式进入“深地时代”。2016 年 12 月 8 日，积劳成疾的黄大年因胆管癌住进医院，打着吊瓶还在给学生答疑解难。2017 年 1 月 8 日，年仅 58 岁的黄大年因病逝世。

黄大年身上充分体现了新时期党员的爱国情怀和敬业精神。习近平总书记强调，我们要以黄大年同志为榜样，学习他心有大我、至诚报国的爱国情怀，学习他教书育人、敢为人先的敬业精神，学习他淡泊名利、甘于奉献的高尚情操，把爱国之情、报国之志融入祖国改革发展的伟大事业之中、融入人民创造历史的伟大奋斗之中，从自己做起，从本职岗位做起，为实现“两个一百年”奋斗目标、实现中华民族伟大复兴的中国梦贡献智慧和力量。

7. 肝胆相照两昆仑

廖俊波，男，汉族，1968 年 8 月出生，福建浦城人，1990 年 8 月参加工作，1992 年 7 月加入中国共产党，中央党校研究生学历。曾任福建省南平市委常委、常务副市长、武夷新区党工委书记。

“廖书记不是在基层，就是在去基层的路上。”廖俊波出身普通家庭，南平师专毕业后当过中学老师、乡镇干部，在县乡两级做过主要领导，在产业园区等经济建设主战场经过磨砺，工作勤奋努力，多次对家人讲，“组织给了我这么高的荣誉，唯有加倍努力，才能报答党的厚爱和人民的信任”。

廖俊波对群众充满感情，始终惦记着群众的冷暖安危。在政和县工作的几年，在群众最关切的脱贫攻坚、教育医疗、基础设施等方面都交出了一份出色答卷，全县贫困人口减少了 3 万多人，脱贫率达 69.1%。他把群众当亲人，用心用情为群众办实事、解难事，用自己的“辛勤指数”换来群众的“幸福指数”。短短 4 年，政和县山乡巨变，财政总收入、GDP、固定资产投资、规模以上工业产值等都实现了极大的增长，一个全新的生机勃勃的政和展现在人们面前。

廖俊波经历的岗位，都是“背石头上山”的重活累活，需要比别人付出更多的艰辛和努力。但他始终把工作当事业干，乐在其中，总有使不完的劲。在政和县任职期间，创造了在传统农业县建起省级工业园区的“政和速度”。离开政和时，全县财政总收入翻了两倍多，连续 3 年进入全省县域经济发展“十佳”，实现了贫困县脱胎换骨的蜕变。他敢于担当、勇于创新，经常鼓励干部：“只要是为了发展、为了群众就大胆去干，有责任我来担。”

廖俊波把“肝胆干事、干净做人”作为座右铭。只要“朋友关系”，不要“利益关系”，是他做人和交友的原则。他到武夷新区任职后公开表态：“谁要是打着我的旗号搞工程，你们要马上拒绝，我没有这样的亲戚！”生活中，他始终廉洁自守，加班熬夜是常态，却从不给自己开小灶。他十分注重家风家教，爱人工作 27 年，至今仍然在教学第一线。一家人都住在普通居民楼里，家中装修简朴、陈设简单。同事朋友们都说，他浑身阳光、清澈透亮，满满的都是正能量。

廖俊波同志牢固树立政治意识、大局意识、核心意识、看齐意识，坚决贯彻党中央决策部署，面对贫困县、革命老区、经济发展长期全省倒数第一的政和县，不打退堂鼓，不当太

平官，把担当放在首位，率领全县党员干部撸起袖子加油干，用勤奋、实干、严谨描绘出一幅幅美丽画卷，成为新时期共产党人的楷模。

8. 大国工匠胡双钱

胡双钱，35 年零差错的“大国工匠”。2015 年 5 月 27 日，北京。一间敞亮的会议室里，受中央电视台、全国总工会特别邀请，来自祖国建设各条战线的八位“大国工匠”在这里座谈交流。“学技术是其次，学做人是首位，干活要凭良心。”一名身形精干，两鬓斑白的“大国工匠”代表的发言引起了参会领导和专家的共鸣。他就是全国劳模、上海飞机制造有限公司高级技师胡双钱。一位坚守航空事业 35 年、加工数十万飞机零件无一差错的普通钳工工人。

他经手的零件没有出过一次质量差错，连续十二年被公司评为“质量信得过岗位”，并授予产品免检荣誉证书。2009 年，他获得了全国五一劳动奖章，2015 年又被评为全国劳动模范，平生第一次走进庄严的人民大会堂接受表彰。当他再次现场聆听习近平总书记讲话时，不禁想起总书记 2014 年 5 月 23 日视察中国商飞公司时讲的那些话：大飞机梦是中国梦的重要组成部分，一定要把我们自己的装备制造业搞上去，一定要把大飞机搞上去。已经 55 岁的胡双钱现在最大的愿望是：“最好再干 10 年、20 年，为中国大飞机多做一点。”

核准、划线，锯掉多余的部分，拿起气动钻头依线点导孔，握着锉刀将零件的锐边倒圆、去毛刺、打光……这，是他每天的工作。在这日复一日的工作中，他秉承“一次做好、缺陷为零”的质量理念，用产品质量践行对生命的尊重。这就是新时代大国工匠精神，中国制造需要这样的精神支撑我们转型升级。

9. 时代弄潮好“村官”

张璇，1987 年 6 月出生于甘肃成县，中共党员，毕业于甘肃农业大学，2012 年 10 月参加工作，本科学历，现为成县鸡峰镇扶贫站干部。作为“80 后”的她，甘愿深处大山与农民为伴，在农村的舞台上寻找生活的真谛。2015 年 4 月张璇被评选为“全国向上向善好青年”，5 月被授予“甘肃五四青年奖章”，7 月被选举为“中华全国青年联合会第十二届委员”。张璇这个名字已响遍陇原大地。

长沟村是一个偏远村落，信息闭塞，经济发展落后。2012 年刚到长沟村工作的张璇，发现村里有许多优质土特产，却没好的销售渠道，不是堆积变不成钱，就是廉价卖给了外地商贩。她心想，如果把这些土特产收购，精装贴牌在网上销售，不但可以改变村里单一、粗放的经营模式，而且还能提高村民的收入。

经过多次入户了解、市场调查和精心协调，在镇党委的大力支持下，张璇开始了自己的村务淘宝网店筹划工作。起初，村民对互联网、网购知识了解不多，认可度不高，没有农户真正愿意把自家的东西交给张璇网上销售。面对困难，张璇没有被吓倒。她白天自己垫资从农户手中收购货源，晚上把村里的货源大户动员到村委会办公室，让他们了解电商业务知识，在张璇的引导下，村民对电子商务逐渐了解。2013 年年初，经过半年的努力，张璇在镇党委的帮助和支持下成立了“鸡峰山珍品”淘宝店铺，土鸡蛋、土蜂蜜、核桃等 30 多种土特产实现网上销售。

开网店并不容易，刚开始网店的销路一直打不开，为此，张璇借助微博、微信在网上宣传，还自己跑到酒店、农家乐、餐厅去推销土鸡。在张璇的努力下，不到一个月，长沟村 1 万多只生态放养土鸡以高出市场 20%的价格被预订一空。长沟村走出了一条“农户+网店+市场”的黄金大道。

如今，在张璇的动员帮助下，鸡峰镇 27 个行政村开办淘宝网店 34 家，全镇土特产实现了网上销售，销售额达 50 余万元。同时，张璇还利用电商平台，为村民提供火车票代售、电话费代缴、电费及农副产品信息咨询等便民服务。

“既然选择做“村官”，就应该兑现当初的诺言，就应该用自己学到的新知识帮助农户做点事情”，张璇这样说道。她是村民眼中的大学生“村官”，更是致富带头人。她通过“鸡峰山珍品”淘宝店，将村里的土特产热销网络。在她的努力带动下，长沟村走出了一条“农户+网店+市场”的黄金大道。她就是成县鸡峰镇长沟村大学生“村官”、电商创富道德模范候选人张璇。她的所作所为体现了当代大学生的责任担当。

10. 灵活可靠的年轻工程师

陈袁兴，甘肃礼县人，2010 年考入酒泉职业技术学院，就读建筑工程技术专业，毕业后在中国机械工业建设集团有限公司工作。

2014 年陈袁兴来到印尼，担任中国建设印尼宏发韦立氧化铝项目一个子项目的负责人，他平常的工作就是向业主提供技术支持和保证工程进度，在他所负责的项目开工不久，便出现了设计跟施工不能同步、缺少图纸的问题。在和当地的施工队伍交流的时候，他发现这种缺少图纸的情况以前也出现过，而一般的施工队伍为了避免承担责任，都会选择消极等待，陈袁兴当时也去找过业主咨询图纸的问题，但是业主始终没有给出一个确切的答复，工作开展不下去，陈袁兴比业主还着急。他干脆决定，由中国团队自己来设计图纸，设计相关节点做法，设计一部分没有到的图纸，尽量将人工等各方面的损失降到最小。

当陈袁兴将我们中方员工设计的图纸拿给业主之后，业主有点惊讶，由施工方自己设计图纸他们是闻所未闻。带着怀疑，业主和陈袁兴带着图纸一起来到了当地的设计院进行研究，结果发现这份由中方给出的图纸既合理，又安全，于是同意按照这个图纸来进行施工。虽然在施工图纸的问题上，业主已经见识了陈袁兴团队的灵活和可靠，但是在施工初期，他们对陈袁兴还是没有完全信任，当时陈袁兴承担了一个车间深基坑的施工任务，这个深基坑深达 8.5 米，为了保证工程质量和工人安全，陈袁兴提出用木桩进行支护、混凝土护坡的方案，但是这个方案被业主以造价太高给驳回了。业主强行要求改成塑料薄膜覆盖施工，以防止雨水冲刷护坡。由于施工现场环境复杂，现场土质非常松软，施工时期恰好处在当地的雨季，按照业主方给出的方案施工很可能出现安全问题。在与业主多次交涉未果的情况下，陈袁兴决定，在可控的范围之内先按照业主的要求施工，并且叮嘱施工人员，不求速度只求安全。即便如此，在施工过程中还是出现了小部分的塌方，正是有了之前的嘱咐，所以没有出现施工人员的伤情，作为技术负责人，他还是承担了很大的思想压力。不过他也用实际行动说服了业主，出色解决了工程问题，最终业主采纳了意见，让工程得以顺利进行。

“严谨的数据计算，无处不在的安全意识”，陈袁兴运用自己扎实的专业所学、严谨的工作作风，展示着大国风采，用自己的实际行动，诠释了工匠精神。

“桥的价值在于承载，人的价值在于担当。”勇于担当是一种境界，是人生观、世界观和价值观的集中体现。陈袁兴同志对工作、事业、任务、困难，敢于负责，勇于担当，这是使命所在，是强烈事业感的表现，是良好精神状态的反映，充分体现了我国技术工人对国家产业发展的奉献精神和实干品格。

11. 尽职尽责育英才

2018 年 6 月 11 日 17 时 50 分许，信阳市浉河区董家河镇绿之风希望小学教师李芳在护送学生放学回家时，一辆满载西瓜的摩托三轮车突然闯红灯急速冲向正在过马路的学生，危急时刻，她奋不顾身冲上前去，用自己的身体挡护学生，并奋力将学生推开。学生得救了，她却遭受严重撞击，经多方抢救无效，于 6 月 13 日 4 时 40 分不幸殉职，年仅 49 岁。

“爱能使普通的灵魂伟大。”在车祸发生那一刻，容不得李芳有丝毫的犹豫和迟疑，她在危急时刻挺身而出，用自己的血肉之躯为学生筑起了一道安全屏障。她的奋力一推，避免了一场重大事故的发生，拯救了许多孩子的生命。

1989 年，李芳从师范学校毕业后，便一直坚守在农村小学的讲台，先是在偏远的黄龙寺小学、谢畈小学任教，后来由于学校撤并等原因，来到绿之风希望小学任教。“李芳老师是一名非常优秀的老师，爱岗敬业，多次在县市获得优秀班主任、师德先进个人称号。教学能手评选中，每次都能够评上，这次为了救孩子走了，我们全体师生都一直沉浸在悲痛之中。”河南信阳董家镇绿之风希望小学校长王斌说。

李芳同志作为一名共产党员和人民教师，始终不忘初心、牢记使命，长期坚守乡村教学一线，对党的教育事业满腔热忱，在平凡的岗位上践行党的宗旨，危难关头用自己的实际行动兑现了入党誓言，是新时代共产党员的优秀代表，是践行有理想信念、有道德情操、有扎实学识、有仁爱之心的“四有”好教师要求的先锋模范，是当之无愧的时代英雄，是全国广大党员干部学习的榜样，新时期我们要学习她不忘初心、对党忠诚的政治品格；学习她扎根基层、无私奉献的道德情操；学习她倾心育人、师德高尚的职业操守；学习她临危不惧、敢于担险的牺牲精神。

【资料链接】

教师党员先进性的基本要求

★职业理想高远：志存高远，爱岗敬业，忠于职守，乐于奉献，有强烈的职业光荣感、历史使命感和社会责任感，成为为人民服务践履笃行的典范。

★教育理念先进：认真学习先进的教育理论，树立现代的职业教育理念，遵循职业教育规律，积极投身人才培养模式的创新。

★为人师表模范：牢固树立育人为本，德育为先的思想，热爱学生、尊重学生，以身作则，言传身教，为人师表，以自己良好的思想和道德风范去影响和培养学生。

★治学态度严谨：具有求真务实、勇于创新、严谨自律的治学态度和学术精神，具有团结协作、共同进步的团队精神。

★教学水平一流：勤奋学习是楷模，科学研究出成果，教学改革创新招，社会实践重实效。

（资料来源：《酒泉职业技术学院教师党员先进性具体要求》）

（二）新时期党员先进性的基本要求

2013 年 1 月 5 日，新进中央委员会的委员、候补委员学习贯彻党的十八大精神研讨班在中央党校开班。中共中央总书记、中共中央军委主席习近平在开班式上发表重要讲话。习近平指出，共产党员特别是党员领导干部要做共产主义远大理想和中国特色社会主义共同理想的坚定信仰者和忠实践行者。衡量一名共产党员、一名领导干部是否具有共产主义远大理想，是有客观标准的，那就要看他能否坚持全心全意为人民服务的根本宗旨，能否吃苦在前、享受在后，能否勤奋工作、廉洁奉公，能否为理想而奋不顾身去拼搏、去奋斗、去献出自己的全部精力乃至生命。

党的执政能力建设、先进性和纯洁性建设是党的建设的永恒主题。党的先进性，最终要靠千千万万共产党员的先进性来体现。党的先进性是历史的、具体的，在不同的历史时期，有着不同的具体标准。如果说，不怕牺牲、勇于战斗、冲锋在先这些是战争时期党员先进性的标准的话，那么习近平总书记这次提出的“四个能否”，就是新时期党员先进性的客观标准。

1. 习近平“四个能否”为党员先进性定标准

“能否坚持全心全意为人民服务的根本宗旨”是思想基础。全心全意为人民服务是党的根本宗旨。作为党员，应该牢固树立群众观点、群众路线，应该时刻把群众的安危冷暖放在心上，应该把群众放在心中最高的位置、把群众当亲人，应该把实践好、发展好、维护好最广大人民群众的根本利益作为一切工作的出发点和落脚点。我党最大的政治优势是密切联系群众，只有坚持了这个基本原则，党员为人民服务才有动力、有活力。

“能否吃苦在前、享受在后”是具体体现。宋代范仲淹就曾说过“先天下之忧而忧、后天下之乐而乐”，作为以马克思主义武装起来的中国共产党人，理应比古人有更高的精神境界。吃苦在前，享乐在后，是对共产党员做事、做人的具体要求。作为一名共产党员，面对工作的时候要走在群众前头，面对利益的时候要站在群众的后头，要做到平时工作看得出来，关键时候站得出来。

“勤奋工作、廉洁奉公”是职业道德。党员的先进性，最终要体现在具体工作中。在工作中走在前、作表率，尽心竭力为党和人民干更多更好的工作，做更多更实的事，是党员的一项基本义务。“民不服吾能而服吾公，吏不畏吾严而畏吾廉。公则民不敢慢，廉则吏不敢欺。公生明、廉生威。”古代官员留下的这个官箴，即使放在当今社会的道德体系里，放在对党员干部的行为要求中也同样具有指导意义。

“能否为理想而奋不顾身去拼搏、去奋斗、去献出自己的全部精力乃至生命”是不懈追求。理想是精神的旗帜，是指路的明灯。实现理想就要一步一个脚印地去干。新一届中央领导多次强调空谈误国、实干兴邦，并且以身作则在改进作风、强化落实上为全党作了示范，带了好头。每一名共产党员都要自觉向中央领导看齐，要在本职岗位上脚踏实地干实事，确保党中央的各项决策部署在基层得到不折不扣的贯彻和落实，这样才无愧于党的培养教育，才无愧于共产党员的光荣称号。

没有规矩不能成方圆。习近平总书记的“四个能否”已经为全党党员立了一个规矩，提出了一个客观标准。我们坚信，全党 8260 万党员如果都能严格按照这个标准去执行、去实践、去拼搏、去奋斗，全面建成小康社会、实现中华民族伟大复兴的“中国梦”就会早日实现。

（资料来源：中共共产党新闻网，2013 年 1 月 9 日）

2. 习近平“24 字教诲”对新时代共产党员提出新要求

十九大报告开篇，习近平总书记对全体党员提出“登高望远、居安思危、勇于变革、勇于创新、永不僵化、永不停滞”的殷殷教诲。这是新时代每一名党员应有的政治态度和精神状态，是新时代每一名党员的立身立行之本，也是每一名党员在新时代马克思主义中国化的立场、观点、方法的系统性集成。作为党员，应该不忘初心、牢记使命、高举旗帜、团结一心，尊崇教诲，奋力前行。

“登高望远”是站位。只有登高，才能望远。登高是胸襟，是气魄，是“四个自信”的坚强底蕴。我们必须站在理论的制高点，用马克思主义同中国实际相结合的最新理论成果——习近平新时代中国特色社会主义思想指导中国实践，才能“一览众山小”。如何看待中国特色社会主义建设与发展，需要我们看清、看明、看透更深远的未来，不能“雾里看花”，应该“不忘本来、吸收外来、面向未来”。站在“高处”，什么是“远方”，那就是习近平新时代中国特色社会主义思想中关于未来两个阶段的战略安排。“基本实现社会主义现代化”“建设富强民主文明和谐美丽的社会主义现代化强国”是“远方”望得见的目标，“远方”即在眼前，每一名党员唯有奋力向前，才能方得始终。

“居安思危”是定力。十八大以来的五年，是党和国家发展进程中极不平凡的五年。我们坚持稳中求进工作总基调，迎难而上，开拓进取，取得了改革开放和社会主义现代化建设的全方位、开创性的历史性成就。“居安”的前提是“思危”，“居安”的关键是“思危”。当前，我们还面临不少困难和挑战，包括削弱、歪曲、否定党的领导和我国社会主义制度的言行；损害人民利益、脱离群众的行为；全面深化改革过程中的顽瘴痼疾；分裂祖国、破坏民族团结和社会和谐稳定的行为，以及在政治、经济、文化、社会等领域和自然界出现的困难和挑战。“思危”需要每一名党员进一步增强政治定力、纪律定力、道德定力、抵腐定力，充分认识具有许多新的历史特点的伟大斗争的长期性、复杂性、艰巨性，认清新时代中国特色社会主义建设与发展形势和社会主要矛盾，见微知著，将“思危”变成共产党员的政治习惯，这样“居安”才有更为广阔的历史纵深。

“勇于变革、勇于创新”是立场与方法。“变革”与“创新”需要勇气，就是要突破一切旧的观点认识、旧的体制机制、旧的方法手段，冲破藩篱，正所谓“不破不立”。“勇于”的本质要求每一名共产党员不忘初心、牢记使命，那就是全心全意为人民服务、为人民谋幸福、为人民福祉奋斗。只有牢固树立“以人民为中心”，才能排除万难，凝聚起实现中华民族伟大复兴中国梦的强大动力。“变革”与“创新”是“以人民为中心”发展思想指引下的方法。习近平新时代中国特色社会主义思想给出了基本方略，那就是坚持党对一切工作的领导、坚持以人民为中心、坚持全面深化改革、坚持新发展理念、坚持人民当家作主、坚持全面依法治国、坚持社会主义核心价值体系、坚持在发展中保障和改善民生、坚持人与自然和谐共生、坚持总体国家安全观、坚持党对人民军队的绝对领导、坚持“一国两制”和推进祖国统一、坚持推动构建人类命运共同体、坚持全面从严治党。在基本方略的具体指引下，“变革”与“创新”才能稳步推进。

“永不僵化、永不停滞”是指令与底线。推进伟大事业，不能僵化、不能停滞。中国特色社会主义是改革开放以来党的全部理论和实践的主题，是党和人民历尽千辛万苦、付出巨大代价取得的根本成就。我们所走的中国特色社会主义道路是被实践证明了的实现社会主义现代化、创造人民美好生活的必由之路。通过实践所形成的中国特色社会主义理论体系是指导党和人民实现中华民族伟大复兴的正确理论。我们所建立的中国特色社会主义制度是当代中国发展进步的根本制度保障。我们所建设的中国特色社会主义文化是激励全党全国各族人民奋勇前进的强大精神力量。僵化，代表着不向前发展，甚至是倒退。历史证明，封闭僵化的老路、改旗易帜的邪路，都将使中国人民走向不归路。新时代中国特色社会主义伟大征程中，难免遇到阻力和困难，停滞将会使我们贻误时机，懈怠将会使我们走向深渊。每一名党员只有更加自觉地增强道路自信、理论自信、制度自信、文化自信，才能坚定不移地走在中国特色社会主义道路上。历史只会眷顾坚定者、奋进者、搏击者，而不会等待犹豫者、懈怠者、畏难者。开弓没有回头箭，一张蓝图绘到底。每一名党员，只有以永不僵化的思维形态、永不懈怠的精神状态和一往无前的奋斗姿态，才能在永葆新时代坚持和发展中国特色社会主义的信念与活力中展现旺盛生命力和强大战斗力。

习近平总书记在十九大报告开篇的“24 字教诲”是新时代共产党员的坐标，是新时代共产党员党性修养的核心要义，是夺取新时代中国特色社会主义伟大胜利对全体共产党员提出的根本要求。

【资料链接】

新时期党员标准

入党资格：十九大党章明确规定：“年满十八岁的中国工人、农民、军人、知识分子和其他社会阶层的先进分子，承认党的纲领和章程，愿意参加党的一个组织并在其中积极工作、执行党的决议和按期交纳党费的，可以申请加入中国共产党。”

党员的基本条件：党章从党的性质、指导思想、根本宗旨、奋斗目标和执政党的领导地位等方面，提出了共产党员的最基本的标准，即“中国共产党党员是中国工人阶级的有共产主义觉悟的先锋战士”，“中国共产党党员必须全心全意为人民服务，不惜牺牲个人的一切，为实现共产主义奋斗终身”，“中国共产党党员永远是劳动人民的普通一员。除了法律和政策规定范围内的个人利益和工作职权外，所有共产党员都不得谋求任何私利和特权”。

党员的义务：（1）认真学习马克思列宁主义、毛泽东思想、邓小平理论、“三个代表”重要思想、科学发展观、习近平新时代中国特色社会主义思想，学习党的路线、方针、政策和决议，学习党的基本知识，学习科学、文化、法律和业务知识，努力提高为人民服务的本领。（2）贯彻执行党的基本路线和各项方针、政策，带头参加改革开放和社会主义现代化建设，带动群众为经济发展和社会进步艰苦奋斗，在生产、工作、学习和社会生活中起先锋模范作用。（3）坚持党和人民的利益高于一切，个人利益服从党和人民的利益，吃苦在前，享受在后，克己奉公，多做贡献。（4）自觉遵守党的纪律，首先是党的政治纪律和政治规矩，模范遵守国家的法律法规，严格保守党和国家的秘密，执行党的决定，服从组织分配，积极完成党的任务。（5）维护党的团结和统一，对党忠诚老实，言行一致，坚决反对一切派别组织和小集团活动，反对阳奉阴违的两面派行为和一切阴谋诡计。（6）切实开展批评和自我批评，勇于揭露和纠正违反党的原则的言行和工作中的缺点、错误，坚决同消极腐败现象作斗争。（7）密切联系群众，向群众宣传党的主张，遇事同群众商量，及时向党反映群众的意见和要求，维护群众的正当利益。(8)发扬社会主义新风尚，带头实践社会主义核心价值观和社会主义荣辱观，提倡共产主义道德，弘扬中华民族传统美德，为了保护国家和人民的利益，在一切困难和危险的时刻挺身而出，英勇斗争，不怕牺牲。

党员的权利：(1)参加党的有关会议，阅读党的有关文件，接受党的教育和培训。(2)在党的会议上和党报党刊上，参加关于党的政策问题的讨论。(3)对党的工作提出建议和倡议。(4)在党的会议上有根据地批评党的任何组织和任何党员，向党负责地揭发、检举党的任何组织和任何党员违法乱纪的事实，要求处分违法乱纪的党员，要求罢免或撤换不称职的干部。(5)行使表决权、选举权，有被选举权。(6)在党组织讨论决定对党员的党纪处分或作出鉴定时，本人有权参加和进行申辩，其他党员可以为他作证和辩护。(7)对党的决议和政策如有不同意见，在坚决执行的前提下，可以声明保留，并且可以把自己的意见向党的上级组织直至中央提出。(8)向党的上级组织直至中央提出请求、申诉和控告，并要求有关组织给以负责的答复。

新时期中国共产党要保持生机活力，把自己建设成为经得起任何风险和考验的党，更好地发挥中国特色社会主义领导核心的作用，就必须紧紧把握时代的脉搏，深刻认识新时代进步的方向，继续保持在人民群众中和历史发展进程中的先进性，始终走在时代潮流的前列，充分发挥先锋队的作用。惟有始终保持先进性，才能有生命的活力，才能受到人民的拥护，才能不断推动历史的进步，也才能真正跳出历史兴衰周期律的怪圈。党员的先进性主要表现在坚持解放思想、实事求是，自觉学习践行习近平新时代中国特色社会主义思想，坚定共产主义理想和中国特色社会主义信念，胸怀全局、心系群众，奋发进取、开拓创新，立足岗位、无私奉献，充分发挥先锋模范作用，团结带领广大人民群众前进，不断为改革开放和社会主义现代化建设做出贡献。

(资料来源：《中国共产党章程》，2017年10月24日)

三、听时代号角 承伟大使命

大学生是国家宝贵的人才资源，是民族的希望，祖国的未来。大学生要成长为中国特色社会主义事业的合格建设者和可靠接班人，不仅要大力提高科学文化素质，更要大力提高自身的思想政治素质，只有这样，才能确保党和人民的事业代代相传、长治久安。

(一)党员，就要肩负起使命

何洁，女，酒泉职业技术学院土木工程系2014级工程造价专业学生，土木工程系团总支副书记；2014—2015学年获得新生军训“优秀学员”荣誉称号、2014—2015学年获得“优秀志愿者”荣誉称号、2014—2015学年获得院级“三好学生”荣誉称号、2014—2015学年获得“优秀学生干部”荣誉称号、2015—2016学年获得“感恩校园、励志人生”十大学子荣誉称号、2015—2016学年获得土木工程系“第二届职业技能大赛”二等奖，2016年被评为“甘肃省向上向善好青年”。

入校期间，为了响应国家号召，何洁于2011年12月应征入伍，在陕西省中国华阴兵器实验中心服役，担任通讯站新兵训练营女兵班班长一职。入伍两年，先后参与“陕西 7.21 抗洪抢险”“外事活动”执勤任务，荣获部队“嘉奖”一次，“优秀士兵”两次。2013 年 12 月从部队复员。2014 年 9 月返回酒泉职业技术学院继续学习。在担任土木系团总支副书记期间，先后参与了 2014 级新生军训、2015 级新生军训工作，2016 年带领团总支成员完成了“五四”国学经典诗文朗诵、“胡杨夏”艺术展演活动—建筑模型作品展策划组织工作、2015 级新生“迎新晚会”舞蹈《筑梦青春》、2015 级秋季田径运动会团体操《绘梦筑青春》的编排工作。她的座右铭是：只要有斗志，不怕没战场。

何洁身上真实生动地体现着一个人对国家、社会应该承担的责任，展示着人与人之间应该拥有而又最可宝贵的真挚感情。事实证明，青春只有在为祖国和人民的真诚奉献中才能更加绚丽多彩，人生只有融入国家和民族的伟大事业才能闪闪发光。青年是祖国的未来与希望，大学生党员能否保持自身先进性，很大程度上决定了当代青年能否保持先进性，能否保持自身先进性，关系科教兴国的大业，关系中华民族的伟大复兴和社会主义事业的长远发展。我们要学习何洁理想坚定、胸怀祖国、无私奉献的精神风貌；学习她乐观向上、志存高远、艰苦奋斗、自强不息的高贵品质；学习她勤奋学习、勇于实践、回报社会的高尚情操。

（二）党员，就要乐于奉献

张书浩，男，汉族，中共党员，兰州大学社会医学与卫生事业管理专业 2016 级硕士生，现任暖流计划兰大驿站站长、班长、党支部书记。先后获得第十一届中国青年志愿者优秀个人奖、第三届甘肃省青年志愿者优秀个人奖、甘肃省大中专学生与留守儿童结对关爱帮扶行动优秀学生、中国社会福利基金会优秀志愿者、兰州大学三好研究生、优秀共青团员标兵、优秀学生会干部标兵等荣誉。

五年来，他带领志愿者团队为甘肃 10 多个市州的 235 所小学的 2 万名孩子送去价值近 300 万元的各类物资，用脚步丈量陇原大地，用爱心温暖贫困学子，用青春正能量激励留守儿童，在精准扶贫的道路上书写了兰大青年的使命与担当。

作为一名党支部书记，他积极学习宣传贯彻党的十九大精神和习近平新时代中国特色社会主义思想，认真落实“三会一课”与组织生活会制度，不断激发支部生机活力，全力打造规范型、学习型、创新型、服务型的“四型”党支部，支部被评为 2016—2017 年兰州大学“先进学生党支部”。他结合专业特色，创新品牌活动，负责实施“共建共享，健康中国”兰州大学全民健康进社区志愿服务项目，组织开展“健康中国，营养先行”全民营养周、艾滋病、高血压预防宣传健康知识宣讲、义诊、爱老敬老助老志愿服务活动 30 余项，近 800 人次志愿者参与。

作为一名西部学子，他怀揣着自己心中那份志愿服务的决心与誓言，加入了中国青年志愿者扶贫接力计划研究生支教团项目，成为一名西部计划志愿者，来到了甘肃省临夏州广河县支持“1414”两个共同示范县建设。在教学工作中，他注重课堂教学中综合素质的培养，所带学生获得了全县英语竞赛第一、三、五名的好成绩，他本人也被评为全县优秀指导老师。他结合服务地实际情况与支教团成员自身专业特长，针对民族地区留守儿童开设“智慧”课堂，至今已成功开展 20 余期，先后有近 1500 余名留守儿童参与。

作为一名志愿者，他积极通过新媒体推广兰州大学研究生支教团“志青春”助学项目，努力整合社会资源、依托母校资源、借助政策优势开展各项工作。他带领着志愿者团队先后争取到中国社会福利基金会、中海壳牌、读者出版集团等企业和公益组织的支持，依托暖流计划公益基金与拾穗行动，将社会的关爱带到了甘肃10多个市州的235所小学，近2万名贫困儿童从他的手中感受到温暖的力量。5年来，捐赠温暖包6000套、羽绒服4470件、学习包800套、文体包181套、童鞋3000双、新年礼物包556套，援建教室2间，价值近300万元的爱心物资。

“从不后悔，把热心献给了山区纯真又质朴的孩子，因为我们真切体会了一种爱，叫奉献！毫不犹豫，把热情献给了西北贫瘠却多情的土地，因为我们尝试铸就一个梦，叫青春！砥砺前行，把热爱献给了西部温暖且难忘的志愿行，因为我们拥有同一个名字，叫志愿者！”这是张书浩七年来坚守着的初心与誓言，也是信仰点亮人生的真实写照，指引他不断谱写青年担当的新篇章。

奉献是党员先进性的本质体现，是每个共产党员应有的胸怀和品德。改革开放呼唤奉献精神，现代化建设呼唤奉献精神，以德治国需要奉献精神，发展社会主义市场经济更不能舍弃奉献精神。它要求每一个党员在个人利益与人民群众的利益、集体利益、国家整体利益发生冲突时，党员必须坚持党和人民的利益高于一切，就应当是“舍得吃亏”，在整个社会生产力发展还没有达到一定程度，整个社会利益分配不可能使社会若干群体都得到完全满足的条件下，要保持社会的进步和发展秩序，必定要求在个人利益得失上的放弃。一般群众很大程度上正是对党员个体在关键时刻能否主动做到对个人利益的舍弃来认识党员，认识党的组织的。

（三）党员，就要服务群众

张广秀，2009年7月毕业于鲁东大学政法学院，是山东省大学生“村官”群体的优秀代表。她于2009年9月考取烟台市大学生“村官”，扎根基层，虚心学习，吃苦耐劳，服务群众，以实际行动赢得了当地干部群众的好评。2010年9月，张广秀被确诊为急性白血病，但她一直保持积极乐观的态度，坚持同疾病作斗争，同时仍然惦记着工作，挂念着群众。她的事迹在全国引起了强烈反响，也牵动了中央领导同志的心。2011年2月14日，习近平同志作出重要批示，指出，要注意总结宣传张广秀同志这样的先进典型，进一步引导大学生“村官”扎根基层、奉献才干、锻炼成长。习近平同志还要求有关方面组织医疗专家对张广秀进行精心治疗。在习近平等中央领导同志和有关方面的亲切关怀下，张广秀到北京接受了手术治疗。经过专家的精心医治和护理，她的身体完全康复，于2013年6月回到圹上村，继续为村民服务。2014年1月15日，张广秀致信习近平总书记，详细汇报了自己的工作生活情况，表示一定不辜负习总书记的殷切期望，努力工作，服务群众，勤奋学习，不断进步，为实现中国梦做出自己的贡献。

为人民服务，是我们党的根本宗旨，而这一宗旨要具体落实到每一位党员、党的干部的具体行动上。我们的党员，能不能做到为人民服务，就体现在能否为群众办实事，能否急群众所急、想群众所想。大学生党员要牢固树立全心全意为人民服务的宗旨，到国家最需要的岗位上去建功立业，服务群众。

（四）党员，就要创一流

夏白荷，女，汉族，中共党员，兰州大学汉语言文学专业2014级本科生。第十三届中国大学生年度人物。

大学伊始，夏白荷的理想就非常明确：在学生事务中贡献力量，在学业上力争上游，在辩论场上唇枪舌剑。而这最初的梦想只是她的一个起点、一个与众不同的开始。她怀抱着别人眼里难以企及的梦想，满怀热情地投入大学生活，渴望在平淡的生活中，用自己的画笔描绘出不平凡的大学生活。

从干事到主席，从懵懂无知到勇于承担，改变的是角色，不变的是责任。从一开始，她作为小组长，组织收集高校联系方式、商家联系方式，到后来拉赞助、组织参与大型活动，夏白荷的态度一直很明确——源于热爱，忠于责任。大一的时候，她曾经为了拉赞助单枪匹马探访商家分社。面对陌生的环境，她也曾感到无助和慌张，但肩上的责任让她义无反顾地走下去。向着心中的目标勇往直前，她一直在路上。

在担任兰州大学学生会主席期间，举行兰州大学第十八次学生代表大会，解决同学们提出的校园改进提案，切实做到“一切为了同学”；创作学生会会歌与吉祥物，丰富学生会的文化内涵，增强内部凝聚力；举办多场大型文体活动，十大歌手、啦啦操等，为在校师生带来视觉盛宴；多次代表本科同学讲话，表达同学们的诉求，敢于理性发声。

在担任甘肃省学联主席时，两次参与在兰其他高校的学代会，与兄弟高校交流工作开展情况；与其他省学联的同学保持联系，吸取他省宝贵的工作经验；在参加全国的骨干培训时，也多多交流学习；作为代表之一，参与共青团甘肃省第十三次代表大会，参加共青团领导调研兰大的座谈会。学生工作使其收获颇丰，不论从心智还是能力，都有了很大的提升。

创造一流业绩，是共产党员先进性的集中体现。党的先进性是通过每位党员的先进性行动来体现的。所谓“先进”，意即“先行也”，即处处走到前列。正如一位老党员所说的：“平时能看得出来，关键时刻能冲得出来，危难时刻能豁得出来。一句话，先进就是走在群众前面”“担重任先得强自身，讲先进须有高素质”。当代大学生是未来先进生产力的主要缔造者，随着经济和社会发展对知识的依赖性越来越强，当代大学生只有不断学习当代最先进、最前沿的科学文化知识，才能跟上时代前进的步伐。知识就是本领，知识越丰富，本领就越强，对社会发展的贡献就会越大，为人民服务的贡献就会越大。大学生党员的先进性，不仅体现在平时的工作学习生活中要发挥带头作用，更要体现在突发事件和应急状态下的先锋模范作用，能够最大限度地发挥自己的主观能动性和创造性，最大限度地保护和发展人民群众的利益，在群众面临突如其来的大灾大难面前，在群众最需要党的时候，通过无私奉献，冲锋在前，实现自己人格价值的升华和人生境界的深化，为党徽增彩，为党旗增光。

【资料链接】

大学生党员先进性标准

1. 理想远大，信念坚定。坚定走中国特色社会主义道路，确立实现中华民族伟大复兴的共同理想和坚定信念，努力成为具有良好职业道德的高技能人才。

2. 热爱祖国，服务人民。弘扬民族精神，维护国家利益和民族团结、反对民族分裂。增强社会责任感，甘愿为祖国为人民奉献。

3. 勤奋学习，勇于实践。追求真理，崇尚科学，刻苦钻研，严谨求实，积极实践，勇于创新，成绩优良。

4. 诚实守信，严于律己。履约践诺，知行统一，做自尊、自爱、自省、自律的模范。

5. 遵纪守法，弘扬正气。遵守党纪国法，模范遵守校纪校规，敬廉崇洁，公道正派，敢于并善于同各种违法违纪行为做斗争。

大学生党员作为一个知识时代的青年知识分子群体，是我党蓬勃发展的潜在动力和后备力量。大学生党员整体素质的高低直接影响着我党领导全国人民实现中华民族伟大复兴的中国梦的伟大进程。

党的十八大报告明确提出，全党要增强紧迫感和责任感，全面加强党的建设，增强自我净化、自我完善、自我革新、自我提高能力。所以，增强“四自能力”，保持大学生党员的先进性，对于全面贯彻党的教育方针，确保高校坚持社会主义办学方向、培养社会主义合格建设者和可靠接班人，具有重大而深远的意义。从大学生党员增强自我净化、自我完善、自我革新、自我提高能力的角度，大学生党员保持先进性要做到以下四个方面。

一是在坚定理想信念中增强自我净化能力。当今的大学生党员没有经历过复杂的政治斗争，普遍忽视提高自身的政治素质，造成部分学生党员政治意识淡薄、政治观念淡化、政治敏锐性退化。特别是面对学习、工作和生活中出现的新问题、新情况，缺乏正确的政治立场、观点和认识。大学生党员应在坚定理想信念中不断增强自我净化能力，时刻明确共产主义理想和社会主义信念，任何时候都不动摇；时刻注重党性修养的培养，树立正确的世界观、人生观、价值观和全心全意为人民服务的思想。能在每一件事情上处理好组织与个人、纪律与自由、义务与权利、奉献与索取的关系，识大体、顾大局，成为维护学校和社会稳定的中坚力量。

二是在锻造优良品格中增强自我完善能力。全心全意为人民服务的宗旨和艰苦朴素的传统美德是我党传承的优良品格。近几年，高校党建工作步入快速发展阶段，在发展大量学生党员的同时，部分党员在各项活动中没有充分发挥模范作用，不能以党员的标准严格要求自己，影响了党组织在群众中的形象。作为大学生党员，在考虑问题时就不能只停留在“只顾眼前，不顾长远”“及表不及里”的阶段。必须要学会高瞻远瞩地看问题、想问题，并时刻牢记自己的共产主义信仰，还要有全心全意为人民服务的思想品格，树立无产阶级苦乐观和幸福观，继承和发扬艰苦奋斗的优良传统，不断完善党员的优良品格。

三是在提高能力素质中增强自我革新能力。知识越丰富，本领才可能越强，对社会的贡献才会更大，给人民的回报才能更多。作为大学生党员，必须学会学习，时时刻刻记得学习。必须抱有谦恭的心态，积极热情地对待学习，在提高能力素质中不断增强自我革新能力，更新知识、开拓创新。要养成崇尚科学、追求真理、严谨求学、勇于创新的学风；要与同学互教互学，在学习上带动同学共同进步；要注意个人文化修养的培养，增加自己的知识面，丰富自己的文化底蕴；要敢于进行批评和自我批评，在不断学习中自我革新。

四是在改进思想作风中增强自我提高能力。大学生党员是党的新鲜血液和未来社会主义建设的中坚力量。加强和改进大学生党员的思想作风是建设和谐校园的需要，是以党风促校风的需要，是国家未来建设和发展的需要，更是加强学生党员自身建设的必然要求。大学生党员应有良好的个人品行，做道德的楷模，能尊敬师长，诚实守信，言行一致。在杜绝考试作弊、诚信贷款、毕业生文明离校等方面能起带头作用。大学生党员应积极争取担任学生干部或主动要求党组织分配一定的工作，在担任各类学生组织干部和工作中为同学、班级、学院和学校服务，密切与同学间的联系，从而在实践中强化服务意识、群众意识，锻炼能力，增强本领。在自我提高的同时，大学生党员应树立爱国、成材的志向，怀抱服务人民、奉献社会的责任，积极响应国家号召，在就业、深造等问题上把个人理想与祖国的需要自觉结合在一起，为人民服务，带动同学自觉到国家最需要的地方去建功立业。

增强自我净化、自我完善、自我革新、自我提高的能力，既是党组织对大学生党员保持先进性的新要求，又是大学生党员发挥先锋模范作用的新体现。大学生党员只有从政治、学习、工作、生活等各方面发挥好先锋模范作用，才能在同学中树立起大学生党员的良好形象，影响并团结广大同学共同进步，不断增强高校学生党组织的凝聚力和战斗力。

【资料链接】

党的先进性具有鲜明的时代性

不同的历史时期，我们党对先进性的具体内容有不同的要求。只有这样才能把不同时期党的任务通过党的先进性要求转化为全党的实际行动，来达到完成历史使命的目的。在民主革命时期，党对共产党员的先进性要求是“一不怕苦，二不怕死，为人民的解放事业勇于献身”；在建设时期，党对党员的先进性要求是“艰苦奋斗，埋头苦干；大公无私，克己奉公；全心全意为人民服务；坚决抵制资产阶级糖衣炮弹的攻击，坚决反对贪污腐化”；在当代，从总体上讲，最能体现我们党的先进性要求的是“三个代表”，最能体现党员先进性要求的是全心全意为人民服务。

党的先进性是与时俱进的

在时代条件、形势任务、党与国家政权关系等发生变化以后，都会对党进而对共产党员保持先进性提出新的时代要求。在新的历史时期，江泽民同志从党执政和领导现代化建设的实际出发，提出了“三个代表”重要思想，为执政党的先进性赋予了新的历史内涵。用发展的观点看，检验共产党员是否保持先进性的重要标准之一，就是看他能不能正确体现实践和理论发展对保持先进性提出的时代要求。这就要求我们做到两点：一是不能空谈党的先进性，而要把党的先进性体现在党的模范行为上；二是不能满足于党在历史上取得的辉煌，而要在与时俱进中体现党的先进性。

党的先进性具有鲜明的具体性

党员的先进性不是抽象的，而是具体的。具体地认识党员的先进性，就要与党员从事的职业、所做的具体工作、所处的工作环境相联系。譬如，同样是干部党员，普通干部党员和领导干部党员的表现形式就会有所不同。党员的先进性体现在每一个岗位上、每一项工作中。只有具体地认识和提出不同的标准，才能把党员的先进性乃至党的先进性落到实处。

党的先进性需要通过党员具体的先锋行动来体现

党员是构成党的组织的细胞。党的路线纲领方针政策，是依据广大党员的思想共识来制定的，也是通过每一个党员的实践活动来贯彻的；党对于各项事业的领导作用，是通过广大党员结成的组织体系来发挥的，也是通过每一个党员的模范作用来体现的；党与人民群众的血肉联系，是以广大党员为桥梁来连接的，也是以每一个党员的形象来促进的；党治国理政的全部活动及其能力，是由广大党员在不同岗位的执政行为组合起来的，也是由每一个党员的具体工作能力表现出来的。因此，党的先进性与党员个人的先进性有着内在的联系。党的先进性，既要由党的整体来体现，也要由党员个人的表现来体现。坚持党的先进性，不仅需要我们党，也需要我们每一个党员，在建设中国特色社会主义的伟大事业中，在改革开放和现代化建设的伟大实践中，在物质文明、政治文明和精神文明建设的活动中，发挥应有的先进、模范作用。

新时代的大学生党员，更要清楚地知道自己身上所肩负的历史使命，树立崇高的理想和坚定的信念，努力学习，提高自己的综合能力，以适应时代发展的要求和社会主义现代化建设的需要。在专业学习中走在前面。做出表率，才能更好地发挥党员的先锋模范作用。首先要有善于学习的本领。掌握科学的学习方法、合理安排好学习内容和学习时间，正确处理好学习、娱乐、交往与社会工作之间的关系。其次，要有创造性实践的本领。当今社会，要想积极迎接挑战，就必须在学习与实践中锻炼并提高自己创造性解决问题的本领，努力培养自己的创新能力。再次，还要有持续发展的本领。要把当前的发展与未来的发展结合起来，以长远的目光来进行自我设计，努力培养自己终身学习、不断进取及开创事业等方面的能力，使自己成为刻苦学习、掌握本领的先锋与模范。大学生党员还要通过积极投身社会工作，一方面使自己的能力得到锻炼与提高，另一方面也使自己的劳动与工作能为同学们的自我教育、自我管理、自我服务做好表率，从而使自己在实践中真正达到“受教育、长才干、做贡献”，最终促进自己的全面发展，塑造自己的先进性形象，从而真正体现“一个党员一面旗帜”。

【心灵导航】

党的先进性是由全体党员的思想和行为来支撑的。党员是党的肌体的细胞，是党的行为的主体。党员的先进性是党的先进性基石，党的先进性最终要靠党员的先锋模范作用来体现。革命战争年代，中国共产党人带领人民群众前仆后继，英勇无畏，为人民解放事业创造了不朽的业绩。和平建设时期，我们既有像雷锋、王进喜、黄大发等一大批在各条战线不同岗位上默默奉献、勇于献身的普通党员和基层干部的楷模，也有如焦裕禄、孔繁森、郑培民、牛玉儒、柴生芳、廖俊波、黄大年等对党的理论、路线和纲领身体力行、率先垂范的领导干部的榜样。他们的先进事迹是对党的先进性的生动诠释和强劲支撑。他们不只是在思想、品格、意志方面，同时在知识、能力和综合素质等方面，也都堪称一流。他们的形象，他们的精神，就是我们的党魂、民族魂，这是战胜任何艰难险阻的强大力量。我们党之所以能够从领导人民为夺取全国政权而奋斗的党，成为领导人民掌握政权并长期执政的党；从受到外部封锁和实行计划经济条件下领导国家建设的党，成为对外开放和发展社会主义市场经济条件下领导国家建设的党，并在实践中不断发展、壮大，显示出强大的生命力，从根本上说，是我们党把马列主义与中国的具体实际相结合，而形成了正确的路线方针政策的结果，但其中有一条重要的经验不可忽视，即中国共产党及中国共产党人在革命的过程中，始终保持和体现了共产党人先进性的原则，且一以贯之，坚持不懈。党的十九大报告指出，要坚定不移全面从严治党，不断提高党的执政能力和领导水平，保持党的先进性是关系党兴衰存亡的根本问题。

※ 活动链接 ※

活动理念和指导思想

新世纪新阶段，我们党肩负着伟大的历史使命，又面临着复杂的国际国内环境。为了切实解决党在先进性问题上遇到的各种挑战，全党开展了“不忘初心，牢记使命”主题教育活动，这是保持党的先进性的重要措施。大学生是小康社会的建设者，肩负着民族复兴和祖国强盛的大任，通过本专题的活动，需重点把握好党员在不同时代的党员先进性要求，了解党员是各时期各战线中的党员先进性的具体表现。尤其是党对作为时代先锋的当代大学生党员的具体要求，切身感受党的先进性，进而焕发“为民族复兴，铸青春辉煌”的内在动力。

活动方案

活动一：感悟不同时期党员的先进性

1. *活动目的*

（1）通过观看系列爱国主义教育影片，在缅怀先烈、继承优良传统的同时，增强对“党的先进性是与时俱进的”的理解。

（2）感悟中国共产党党员在不同历史时期所体现的不同要求，从中发现不同时期的党员标准并予以总结。

2. *活动实施*

（1）各小组选择观看影视作品。推荐影片：《狼牙山五壮士》《英雄儿女》《上甘岭》《赵尚志》《杨靖宇》《赵一曼》《任长霞》《孔繁森》《柴生芳》《生死抉择》《人民的名义》等。

（2）观看影片前进行背景介绍，便于学生理解不同时期党员的时代特征。

（3）观看影片后写出收获和感受，选出观后感在班上传阅，定期开展交流。

（4）开座谈会，谈感受，同时请有关专家、教师对影片进行点评。

3. *活动成果*

写出观后感，在学校内做一次大型的观后感展评。

活动二：新时期大学生党员风采

1. 活动目的

收集优秀学生共产党员的事迹，感悟新时期大学生共产党员的标准。

2. 活动实施

（1）分组，确定调研对象及范围。

（2）拟定调研提纲。

（3）根据调研提纲开展调研。

（4）整理优秀大学生党员先进事迹，并总结新时期大学生党员标准。

（5）各小组交流调研收获，并选择典型事迹向全校推荐。

3. 活动成果

推荐具有典型性的大学生党员先进事例，并在研讨基础上，整理当代大学生党员的先进性标准。

活动三：认识共产党人的优秀品质

1. 活动目的

（1）通过走访老革命活动，了解和感悟中国共产党人的革命事迹和优秀品质，认同民族解放和发展的重任是历史必然地落在中国共产党肩上的道理。

（2）培养大学生崇敬老革命的阶级情感和对无产阶级无私品质的认同，以及对中国革命史的认同。

2. 活动实施

（1）通过市委组织部老干部局或学院离退休管理中心，确定走访人选，了解联系方式，确定采访时间、地点，告知采访意图。

（2）采访组研究确定采访议题。

（3）分组进行走访活动。

（4）做好交流中的记录，录像等。

（5）整理记录，小组讨论，撰写体会。

3. 活动成果

编写《优秀走访心得》选集，供马克思主义学习研究会社团学习和辩论赛参考使用，并择优推荐院报发表。

活动四：对照党员标准，寻找自我差距

1. 活动目的

对照现代大学生党员标准，找出自身存在的差距，重新设计自我，不断提高自身综合素质。

2. 活动准备

（1）学习领会大学生党员标准。

（2）对照优秀大学生党员先进事迹，找出自己的不足与努力方向。

（3）制订出自己的个人素质提升规划。

（4）请同学、教师指导并监督。

3. 活动成果

制订个人素质提升规划以及行动实施和监督的措施。

专题八　时代骄子　让青春在追求中闪光

引　航

当代大学生，肩负着承前启后、继往开来的重任。革命先烈为我们踏出了一条社会主义的光明大道，建设科学发展的和谐社会的重任历史地落到我们肩上这是时代的呼唤。这一使命为我们青年施展才华成就理想提供了广阔舞台，也需要我们以时不我待只争朝夕的精神奋发进取，勤于学习、善于创造、甘于奉献，努力成长为社会主义“四有”新人，更好地肩负起全面建设小康社会、实现中华民族伟大复兴的崇高使命。我们的青春年华与全面建设小康社会的生动实践紧密相连，我们的人生历程与实现中华民族伟大复兴的历史进程紧紧相伴，无数中华儿女为之奋斗的理想，将在我们的手中变为现实，我们当代大学生任重而道远。

※　问题聚焦　※

无悔的青春

王万奇，中共党员，广西大学马克思主义学院2015级研究生，曾任广西大学团委副书记、学院2015级党支部书记、全国学联副主席、研支团团长，现为中央财经大学马克思主义学院2018级博士研究生。自进入广西大学以来，他一直参与并带领同学们参与各类公益实践活动。尤其在2014年7月至2015年8月期间，万奇和团队成员在国家级贫困县广西富川瑶族自治县，累计志愿服务近2万小时，募集资金及爱心物资合计26万余元，帮助留守儿童3000余名。返校读研期间，万奇难忘瑶乡儿童，发起“瑶篮计划”，筹集善款超10万元，帮助贫困地区留守儿童。

进入大学后，王万奇毅然加入学生志愿者组织。虽然家境清贫，但在大学期间，王万奇每个月坚持从生活费中省出一部分，累计捐款3600余元用以关爱农民工子弟爱心活动的开展。他常说，这样做或许可以给弟弟妹妹们的童年多一份温暖吧。

深入基层，勇于担当。临近毕业，王万奇可签下年薪十万的工作，也可直接攻读硕士研究生。然而他梦想着到西部去，到基层去，投身教育事业。2014年8月，他和7位队员一起，赴广西富川县开展支教工作。作为团长，他选择到条件更艰苦、留守儿童更多的富川二中支教。虽然每天晚上都要和老鼠、青蛙还有手掌大的蜘蛛作斗争，但在农村长大的他并不在乎条件的艰苦，刚到服务地他就拿出一贯的服务热情。通过“圆梦大学”的爱心活动，他与县团委的老师们累计募集资金 10 万余元，解决了 100 位学子的路费问题。

在学校，他既是孩子们眼中的王老师，又是留守儿童心目中的大哥哥。富川的大山里，夜晚十分寒冷。一次查寝，万奇发现有很多孩子的床板，只有一半铺着被褥。回到自己的宿舍后，身为班主任的他辗转反侧，久久不能入眠。经过一夜的思考，他决定去孩子的家里了解情况。万奇的第一次家访选择了涝溪山，凛烈的寒风、曲折的道路都没能阻挡他的脚步。到了学生家中，看着简陋的木板房，孩子年迈的爷爷奶奶，万奇想：原来他们就是名符其实的留守儿童。后来，家访成了他和队友们的必修课。一年的时间，支教团累计家访 60 余次，行程逾 1200 余公里。他们的足迹遍布全县 12 个乡镇，30 多个村部。

情系瑶乡，圆梦富川。支教的第一个冬天，王万奇发现班上的学生很多光着脚丫上课，孩子们上课的时候冷得打颤。为了让班上的孩子每人能有一双棉鞋，可以暖和地上课，他马上联系大学同学寻找帮助。为了帮助更多的孩子，王万奇向一些企业发出恳求，希望他们能够伸出援手。然而，企业大都以没有这方面的预算拒绝了他。吃了闭门羹，心里既难受又委屈，万奇不禁流下无助的眼泪。但是想起孩子们光着脚丫，衣衫单薄，他选择了坚强。为了让孩子们在寒冷的冬天感受到温暖，他没有退缩，他继续寻找着社会的帮助。

2014 年末，在王万奇的倡导下，支教团利用微博、微信发起了“关爱富川留守儿童微公益”系列行动，先后组织策划了“蜜桔义卖、暖冬行动、圆蛋计划、圆梦六一”等公益项目。这些项目吸引了来自全国 21 个省市 1200 多位爱心人士的关注，共筹集善款 26 万余元帮助留守儿童。

瑶篮计划，永不止步。2015 年 9 月，王万奇虽回到学校继续读研，但他心中一直放不下瑶乡的留守儿童。为了把这段西部情延续下去，在学校团委的支持下，他组织发起“瑶篮计划”，多次深入那坡、都安等多个贫困县，与驻村第一书记对接，结合当地所需发展特色养殖、种植产业。同时，王万奇利用获得的 2.3 万元奖学金发起“瑶篮计划”，筹集善款 10 万余元，对接 5 个国家级贫困县的多所小学，捐赠图书 5300 余册，图书架 26 个，资助贫困留守儿童 12 名，努力为留守儿童创造摇篮般成长环境。

王万奇的事迹感染带动了众多爱心人士参与到公益实践中，很好地展现了当代大学生的责任与担当。王万奇虽先后被评为中国大学生自强之星、广西区优秀志愿者、广西高校优秀共产党员，但他却常常告诫自己，唯有吃了别人吃不了的苦，才能做别人做不了的事，志愿服务的道路没有终点，青春奉献的心永远不老。

王万奇选择了西部，选择了祖国最需要人才的地方，同时也就选择了他即将度过的两年艰苦生活。从王万奇选择西部的过程中，我们看到了以他为代表的当代大学生心系祖国、情系西部的爱国之心。“祖国终将选择那些选择了祖国的人。”只有将个人的命运与祖国、与人民利益相结合，才是无悔的青春。

【思考园地】

1. 如何理解我们的青春年华与全面建成小康社会的生动实践紧密相连、我们的人生历程与实现中华民族伟大复兴的历史进程紧紧相伴？

2. 当代这瞬息万变的社会要求我们大学生要树立怎样的理想和信念，才能成就未来壮丽的事业？

3. 如何理解“祖国终将选择那些选择了祖国的人”？

4. 什么才是有意义、有价值的人生？我们如何去追求才能无悔青春？

※ 学习指南 ※

青年人都有着对未来生活美好的向往，人不可无志，更不可没有自己的信仰，我们应该追求什么？信仰什么呢？为了更好地学习、思考，全班同学分成学习小组，分工协作，共同探究。

1. 探究思路

围绕“我心中的理想”“我将从事的职业”“我个人理想与社会需求发生矛盾如何选择”等问题进行问卷调查；针对“怎么认识理想信念？为什么说我们要追求真理才能肩负起历史使命”等问题进行查寻，在此基础上进行探究学习。

2. 文献查询

认真阅读《邓小平文选（第三卷）》《加强理想信念教育的实践探讨》《胡锦涛在“三个代表”重要思想理论研讨会上的讲话》《习近平的七年知青岁月》《习近平谈治国理政》《习近平总书记在全国高校思想政治工作会议上的重要讲话》《习近平在北京大学师生座谈会上的讲话》（2018 年）等文章、书目，并写心得或笔记进行交流。

3. 观看影视作品

观看纪录片《中国青年》《大国工匠》《辉煌中国》，电影《志愿者》《德行天下》，全国大中学生文艺晚会录像《筑梦青春——五月的鲜花》。

※ 实践探究 ※

理想和信念是人生的精神支柱和成就事业的动力，坚定的理想信念是做人的核心，是人生航船的罗盘。我们大学生的最高境界是成为有崇高理想信念的人，成为社会主义事业的接班人，成为共产主义者。大学生正处于理想信念成型期，思想活跃，自尊意识突出，成才愿望强烈。当前，虽然大学生理想信念方面主流是健康向上的，但是，伴随着经济全球化进程的日益发展，潮水般涌入的各种文化思潮和价值观念冲击着大学生的思想，某些腐朽落后的生活方式侵蚀着大学生的心灵。我们大学生应当顺应时代进步的潮流，遵循社会发展的规律。自觉树立崇高的理想和坚定的信念，并在其引导和激励下，用自己的双手去开拓人生的理想之路。

一、心系祖国　志存高远

理想是人前进的动力。理想反映了人们不安于现状，要求变革现实，创造适合自己更高需要的现实的强烈愿望。人类发展的历史就是一部在“理想动力”推动下的创造史，理想所提供的动力的大小与理想的层次密切相关。一般来说，理想的层次越高，其所提供的动力就越大，反之则越小。

（一）理想误区面面观

随着市场经济的发展，追求物质利益的热潮一定程度上波及高校校园，学生中出现了急功近利、个人本位等思潮，产生了对社会理想认识上的茫然，若不及时澄清，将会影响大学生的成长、成才。

1. 价值取向的扭曲

陈某是某高校的一名在读学生，在大家眼里可以说是一名好学生，学习好，也遵守纪律。1999年发现她练“法轮功”，院里、系里多次帮助，想把她从“法轮功”的圈子里拉回来，她也曾有过转化，表示不再参加“法轮功”的活动。可是2000年寒假回到家里受到外界不良影响，又出现了反复，最终自焚，被烧成重伤。一个大学生何以会成为歪理邪说的忠实信徒，以致走上自焚的道路？陈某事件引起高校和社会的深刻反思。它暴露出极少数大学生理想信念的扭曲。

在人生的道路上，理想是人生进步的动力和行动的指南。理想信念是人们对未来的向往和追求，一旦形成，就会成为支配和左右人们活动的精神动力。选择了正确的理想，人生就有了强大的精神支柱；而选择了错误的追求，人生就会暗淡无光。一旦形成错误的认识，并且执迷不悟，就有可能抱憾终身，比如陈某事件，引起我们的深刻反思，为我们敲响警钟！

2. 理想信念的迷茫

一位在网络世界中迷失了自我的大学生给华中科技大学校报写信倾吐“郁闷”。在信末，他发出了来自心底的呼喊：“谁能告诉我，上大学到底为了什么？”华中科大以这封信为切入点，迅速在全校学生中开展“上大学到底为了什么”的大讨论。讨论使许多学生认识到：上大学只是人生的一个阶段，绝不是一个人的最终目的；上大学为我们提供了一个机会，一个发展自我、提高素质的机会。这场讨论也引起了高校领导的深思：要培养和造就有理想、有道德、有文化、有纪律的一代新人，必须把理想信念教育作为大学生思想政治工作的一根红线并贯穿始终。

理想，就是人们从自然人转变成文明的、社会的、历史的人的精神发展过程中的一个重要标志。每个人都应该有着自己的理想和对未来的美好憧憬，它指引着我们前进的航向，点燃了我们生活的希望，成为我们不断开拓进取的源泉。有了目标，内心的力量才会找到方向，不会茫无目标地漂荡。人只要有了目标、有了理想、有了希望，就不会虚度时光。

3. 好高骛远的理想

学物业管理专业的小李，一心想找一份与专业相关的工作。他认为，物业管理是一门新兴的学科，而且现在房地产的发展一日千里，市场潜力很大，就业前景乐观。已经考取了物业管理资格书的他满怀信心地应聘到一家知名的房地产开发公司，没想到经理却安排他在一售房大厅打杂，每天迎宾、打扫门厅、散发销售传单等，自觉空有满腹专业知识，却无法施展。同学们都羡慕他能在大公司工作，起点高，前途无量，可以大展宏图了，可他只能苦笑，心想：不就是一个打杂的吗，还有什么宏图可谈，离我的鸿鹄之志实在太远。一个大学生成天打杂，他认为是浪费青春，于是他辞去了工作，现在他依然为自己碌碌无为而苦闷彷徨。

人与人的差别其实很小，但有的人成功，有的人却碌碌无为，造成这一巨大差异的关键是人们对待生活的心态。心态决定着工作态度，虽然态度并不能决定一切，但态度可以创造机会。很多人往往无法改变自己的工作，但却可以改变自己的工作态度。保持积极向上的工作态度，尽力做好自己应做的事，其实就是一种成就，就是一种作为。大学生是天之骄子，社会的栋梁，但是只有从平凡做起，从点滴做起，才能实现理想。命运把你安排在平凡的岗位，不要怨天尤人，自暴自弃，平凡的岗位就是你攀登理想高峰的起点；当你执着于远大理想的时候，伟大的事业将在平凡中崛起。

4. 功利化的理想

据调查，择业时，在专业对口与优厚待遇之间，70%的学生选择优厚待遇，30%的学生选择专业对口；在更能发挥个人才能与高收入之间，56%的学生选择高收入，44%的学生选择更能发挥个人才能；在择业时考虑的众多因素中，按照被选择率，从主到次依次为：经济收入较高、有利于个人才能的发挥、职业比较稳定、地域较好、回到父母身边和与恋爱对象在一起。身处社会转型期的大学生，受西方存在主义、实用主义思潮的影响，受市场经济负面作用的影响，十分关注自身的生活状态和现实利益，强调个人首先应对自身、家庭和现实负责，通过努力，创造自己幸福美好的生活，很少考虑到个人的前途与国家、社会的关联，表现出明显的功利化理想倾向。市场经济社会的消极因素已经渗透到部分大学生的心灵。调查中发现，有近 10%的调查对象选择了钱财作为追求的理想，说明少数大学生的思想中，已经滋生出拜金主义、享乐主义、利己主义的稗草，出现了一定程度的理想危机。

功利化的理想，表面上看虽然不危害社会、他人，但功利化的理想追求，必然导致思想上更重视个人理想，而轻视社会理想。无论是在学习还是在工作中，都会产生“趋利行为”“个人本位主义”，心情浮躁，为小利而失大利，为眼前利益而丧失长远利益，不利于充分发挥个人的潜力，造成人力资源的巨大浪费，这是十分危险的。崇高的理想信念，是建设中国特色社会主义、实现中华民族伟大复兴的精神支柱，是我们党和人民团结奋斗的思想基础，是我们立党立国立身之本。因此，我们要深入开展理想信念教育，使人们深刻认识共产主义、社会主义的必然性和艰巨性，引导人民群众把个人价值和社会价值统一起来，把远大理想和现阶段奋斗目标结合起来，为实现共产主义这个共同的理想而努力。

（二）产生理想误区的原因分析

历史原因。我国经历了漫长的封建社会，小农经济和封建思想根深蒂固，只要一有适当条件，各种封建残余就会沉渣泛起。我们的思想教育工作，更多的是抓反对资产阶级自由化，反对西化，而对肃清封建主义残余影响抓得不多、不力。可以说，如何肃清封建主义的残余影响，始终是我们党长期面临的重要问题之一，也是加强理想信念教育必须解决的主要问题之一。

社会影响。当前，我国正处在社会大转型之中。在各种复杂因素的相互作用下，很容易造成一些人的理想信念发生动摇。比如，发展市场经济所遇到的一些新情况、新问题——“利益分配”“东西部发展不平衡”等容易引起人们的思想困惑；社会上的一些腐败现象和党风廉政建设方面存在的一些问题使一些人对共产党的领导和社会主义建设信念发生动摇；一些国有企业经济困难，部分职工下岗待业生活困难，容易使人们产生悲观感和失落感，甚至可能产生对社会主义制度的错误看法；随着人们生活水平的提高，延年益寿、祛病强身成为人们一个重要的追求目标，但也容易给封建迷信和伪科学提供可乘之机，等等。

国际环境因素。现阶段国内外错综复杂的新形势、新特点、新矛盾带来了许多新的冲击和挑战。国际上，国际共产主义运动处于低潮；国内社会主义建设也没有现成的经验借鉴，遇到这样那样的问题和困难；对外开放以及社会主义市场经济的建立，还很不完善；西方敌对势力加紧对我实施“西化”“分化”阴谋，而且途径多样、手段狡猾。一些大学生由于不能正确判断形势，因而对社会主义、共产主义产生怀疑，甚至悲观失望。

思想教育工作的原因。一段时期以来，一些党组织不重视党的建设工作，治党不严，放松了对党员干部的马克思主义教育；有的即使抓教育也是方法老化，效果很差。可见，加强对大学生党员干部的理想信念教育，是一项长期任务。

【资料链接】

理想是人们在实践中形成的具有实现可能性的对未来的向往和追求，是人们的世界观和政治立场在奋斗目标上的集中体现。理想具有实现可能性、时代性、阶级性、超前性等特征。理想有多种类型，包括社会理想、道德理想、职业理想和生活理想四种。理想的核心是社会理想，它贯穿于一切理想之中，起着支配、制约其他理想的作用，影响着其他理想的发展方向和实现程度。

信念是人们在一定认识基础上确立的对某种理论主张和思想见解，坚信不移并身体力行的状态。信念具有稳定性、执着性等特征。

习近平同志形象地说，理想信念就是共产党人精神上的“钙”，没有理想信念，理想信念不坚定，精神上就会“缺钙”，就会得“软骨病”。 坚定理想信念，坚守共产党人精神追求，始终是共产党人安身立命的根本。对马克思主义的信仰，对社会主义和共产主义的信念，是共产党人的政治灵魂，是共产党人经受住任何考验的精神支柱。

（三）树立正确的理想信念

人要有理想、有目标、有追求，才能充满希望地生活、成才和发展。作为即将走向工作岗位的大学生，我们要正确地确立个人的道德理想、职业理想、生活理想，把个人理想的实现自觉地融入建设中国特色社会主义的伟大事业之中，才能将内在的潜力化为动力，无论在什么情况下，都能坚定不移地为着理想而奋斗，从而实现自我价值，造福社会。

1. 接力奋斗放飞青春梦想　不懈努力书写人生华章

“青年兴则国家兴，青年强则国家强。青年一代有理想、有本领、有担当，国家就有前途，民族就有希望。”这是在党的十九大报告中，习近平同志对青年一代寄予的殷切期望。

“经过长期努力，中国特色社会主义进入了新时代，这是我国发展新的历史方位。”十九大报告中，习近平同志深刻阐述党的十八大以来党和国家事业发生的历史性变革，提出了中国特色社会主义进入新时代这一重大论断。站在承前启后、继往开来的新时代坐标系上，回首极不平凡的五年，青年师生们感到无比振奋。

“你最牛的背景，就是今天的中国！”通过电视直播，北京师范大学数学科学学院教授曹一鸣认真听完十九大报告，过去五年的辉煌成就让他百感交集。“天眼、悟空、蛟龙、高铁、大飞机……这五年，国家的进步与强大有目共睹。我所从事的数学教育研究，在立足服务我国基础教育的同时，还在国际舞台上发出了响亮的中国声音，这一切都离不开我们身后强大的祖国。”

西部首个“县县通高速”省份、全国首个国家级大数据综合试验区、民族文化多样绽放……来自贵州省的中央民族大学少数民族语言文学系 2015 级硕士研究生蒙永翠，为同学们一一列举着家乡五年来的耀眼成就。他说：“作为一名布依族学生，我亲身感受到少数民族地区群众获得了真真切切的实惠，亲眼见到我的家乡在全方位发展。我庆幸自己能见证这样的时代跨越！”

历史性成就，是新时代的生动注脚；历史性变革，是青年一代对未来的信心所在。北京大学物理学院 2014 级博士生屈苗在党的十九大召开前，先后观看了《辉煌中国》《我们这五年》等一系列专题片，并参观了“砥砺奋进的五年”大型成就展。“从 APEC 北京峰会、G20 杭州峰会等一系列主场外交，我们看到了中国的大国地位不断稳固，从‘一带一路’‘人类命运共同体’的提出，世界看到了中国方案与大国担当”，屈苗说，“我为自己是一名中国人感到骄傲，对祖国今天的成就感到自豪，对民族的未来充满信心！”

2. 积蓄新征程的力量

十九大报告指出，从全面建成小康社会到基本实现现代化，再到全面建成社会主义现代化强国，是新时代中国特色社会主义发展的战略安排。我们要坚忍不拔、锲而不舍，奋力谱写社会主义现代化新征程的壮丽篇章。

宁夏职业技术学院 2015 级学生杨洋说：“作为新时代的新青年，我们有义务和责任为这样壮阔的征程贡献力量。”中国人民大学马克思主义学院 2017 级本科生张志强说，我们要努力学习，践行社会主义核心价值观，提高自己的道德情操，增强为人民服务的能力，做到知行合一，成为新时代中国特色社会主义事业的合格建设者和可靠接班人。珍惜韶华、敏于求知，方能练就过硬本领；大胆创新、积极探索，方能谱写人生美丽诗篇。

华南理工大学机械与汽车工程学院 2014 级本科生海好云在校期间获得了多项资助，这让他可以将更多的精力投入到科研学习中。他先后研究了泡沫灭火器、纳米复合阻燃材料等课题，申请了发明专利。“十九大报告说，创新是引领发展的第一动力。我要继续学习，努力创新，把我的家乡建设得更美好。”海好云说。

到祖国最需要的地方去，从最基础的事情做起，向上向善的青春正能量才能得到尽情发挥。听完十九大报告，黑龙江农业工程职业学院动物科技分院学生王雪岩深有感触：“作为当代大学生，不仅要努力学好理论知识，更要勇于担当社会责任，走向社会，融入社会，为社会做一些实实在在的事情。我是学食品加工技术专业的，我希望可以通过自己的努力，为身边的人带去更多健康、绿色食品技术，为祖国的食品安全做出贡献。”

3. 放飞新起点的梦想

近代以来，进步青年秉持“以青春之我，创建青春之中国”的宏愿，将个人理想追求融入挽救国家和民族危亡的历史洪流之中。如今，中国最鲜明的时代主题，就是实现“两个一百年”奋斗目标、实现中华民族伟大复兴的中国梦。

“实现中华民族伟大复兴是中华民族近代以来最伟大的梦想，需要一代又一代人接续奋斗。”重庆大学 2015 级外语专业本科生赵雪认为，面对时刻变化的社会，面对形形色色的思潮，作为青年的我们，更需要有坚定的理想信念，更需要把正确的道德认知、自觉的道德养成、积极的道德实践紧密结合起来，把个人的理想追求融入国家和民族的事业中，书写无愧于时代的青春之歌。

湖南第一师范学院马克思主义学院 2016 级本科生熊婷婷憧憬自己的未来：“2020 年从学校毕业，踏上回乡教书的职业生涯；2035 年，我已成了骨干教师，而此时农村环境已经发生天翻地覆的改变，基本实现了社会主义现代化。到 2050 年时，或许我已经成为某个乡村小学的校长，而此时，已看不到城乡鸿沟，农村也同样富强民主文明”“这些美好场景让我无限向往”。熊婷婷期待，为实现“两个一百年”奋斗目标奉献一己之力，绽放青春力量！

志存高远，脚踏实地。中华民族伟大复兴的中国梦终将在一代代青年的接力奋斗中变为现实。西安电子科技大学教授盛敏在听完十九大报告后，信心满满：“作为站在讲台上从事一线科研工作的教育工作者，我们必然也必须肩负起这个时代赋予的责任。在我们尚未形成突破的科学技术领域，潜心钻研，迸发更多的创新活力。‘长风破浪会有时，直挂云帆济沧海’。我们这代人一定要亲眼见证中华民族的伟大复兴！”（资料来源：新华网，2017 年 10 月 23 日）

4. 服务祖国——在社会需求中放飞个人理想

莫锋，男，26 岁，广东清远人，中共党员，2003 年毕业于北京大学医学部。2003 年“非典”过后，莫锋曾给温家宝总理写信，要求到西部去工作。当他得知团中央、教育部要实施西部计划的消息后，就放弃了到深圳疾病预防控制中心工作的机会，率先报了名。他认为：“最需要我的地方，最能发挥我的作用。”他的事迹在北京大学校园中引起广泛讨论，形成了“莫锋现象”。在服务期间，他一方面认真学习，一方面坚持下乡调研，对基层防疫人员进行预防“非典”、防治禽流感的专题培训。他还建议创办并承担了编辑《巴林右旗卫生防防疫通讯》的任务，得到当地领导和群众的一致好评。2003 年 10 月，他作为西部计划代表参加了“高校毕业生到西部基层工作座谈会”并做了典型发言。2004 年 2 月，他被评为第五届“中国十大杰出青年志愿者”。

最贫困的地方也是最渴望人才的地方，是最需要我们的地方，更是能发挥我们的作用的地方，越是艰苦的地方越是大有作为的地方。我们应处理个人理想与社会需求的关系，主动到艰苦的西部去，到一线去建功立业。我们只有把个人的奋斗目标根植于人民群众的共同理想之中，把自己为之奋斗的事业融入国家和民族的大业，把实现自身价值与服务祖国人民统一起来，到祖国和人民最需要的地方去，到艰苦的环境中去，经历风雨，经受锻炼，努力为祖国和人民建功立业，才能彻底改变我国历史上遗留下来的贫穷落后的面貌，巩固和发展社会主义制度，实现民族复兴的伟大目标。

5. 造福人民——需要练就实现理想的本领

1936 年，华罗庚前往英国，留学剑桥。两年中，他集中精力研究堆垒素数论，并就华林问题、他利问题、奇数哥德巴赫问题发表 18 篇论文，得出了著名的“华氏定理”，向全世界显示了中国数学家出众的智慧与能力。1946 年，华罗庚应邀去美国讲学，并被伊利诺伊大学高薪聘为终身教授，他的家属也随同到美国定居，有洋房和汽车，生活十分优裕。当时，不少人认为华罗庚是不会回来了。新中国的诞生，牵动着热爱祖国的华罗庚的心。1950 年，他毅然放弃在美国的优裕生活，回到了祖国，而且还给留美的中国学生写了一份公开信，动员大家回国参加社会主义建设。他在信中袒露出了一颗热爱中华的赤子之心："朋友们！梁园虽好，非久居之乡。归去来兮，为了国家民族，我们应当回去……"华罗庚从海外归来，受到党和人民的热烈欢迎，他回到清华园，被委任为数学系主任，不久又被任命为中国科学院数学研究所所长。从此，开始了他数学研究真正的黄金时期。他不但连续做出了令世界瞩目的突出成绩，同时满腔热情地关心、培养了一大批数学人才。为摘取数学王冠上的明珠，为应用数学研究、试验和推广，他倾注了大量心血。

华罗庚是我们学习的典范，我们要真正有所作为，不但要有爱祖国爱人民的满腔热血，而且要有服务祖国、造福人民的真才实学，进入新世纪新阶段，知识与人类社会发展空前紧密地联系起来，科学技术是第一生产力的作用更加显现出来。报效祖国，振兴中华，要求大学生与时代同步，要更加勤于学习，善于求知，更加集中精力，只争朝夕。大学生要把学习当做首要任务，牢固树立远大理想，积极汲取中华民族和人类社会创造的一切优秀文明成果。要刻苦钻研专业知识，不断优化知识结构，努力提高综合素质，倍加珍惜大好时光，集中精力，心无旁骛，刻苦学习，掌握本领，为毕业后施展抱负，报效祖国夯实思想和业务基础。

（四）建成小康社会——我们共同的目标

【资料链接】

兰考县作为国家级贫困县，一直受到国家和社会的照顾与支持，并且这些支持与帮助同兰考人民坚持不懈的努力一起共同铸就了新的兰考面貌，兰考形象逐渐深入人心，人民生活富裕，社会发展活力十足。

从兰考县政府工作报告中展示的 2012 年的建设成果来看，在涉及工业、农业等领域成果颇丰：全县生产总值完成 170.7 亿元，增长 11.2%。规模以上工业增加值完成 54.5 亿元，增长 20%。固定资产投资完成 80.6 亿元，增长 26.8%。社会消费品零售总额完成 54.6 亿元，增长 16.1%。公共财政预算收入完成 6.7 亿元，增长 30.6%。具体来看，主要从以下四个方面分析，简而言之，就是涉及了政治，经济等社会各个领域。一是产业集聚进程持续加快，工业经济提质增效。扎实推进产业集聚区基础设施建设，投资 6000 多万元完善了集聚区道路、电网、污水处理等基础设施，建成了集聚区综合服务中心，集聚区的产业承载力和区域竞争力进一步增强。二是农民增收能力持续提高，农村经济稳步发展。认真做好高标准粮田建设，改造中低产田 1.1 万亩；加强农田水利基本建设，改善有效灌溉面积 7.5 万亩，连续 12 年荣获河南省"红旗渠精神杯"；建成小麦良种繁育基地 25 万亩，小麦良种覆盖率达 97%，粮食总产量达到 50.5 万吨，首次突破 10 亿斤大关，连续九年增收。三是人民生活水平持续改善，社会事业全面发展。深入实施科技兴县战略，创建市级工程技术研究中心 3 家。统筹做好就业再就业工作，全年新增城镇就业 4800 人，新增农村劳动力转移就业 9100 人，发放小额担保贷款 9900 多万元。社会保障体系更加完善，城乡居民社会养老保险参保率达到 96%，新型农村合作医疗参合率达到 99.9%。四是政府自身建设持续推进，依法行政得到加强。深入开展"学习焦裕禄精神，整顿干部作风，树正气、树典型"活动，严格实施效能问责，着力整治"庸懒散软”等问题，干部作风明显转变，行政效率进一步提高。

（资料来源：曲冲冲、刘鹏《全面建成小康社会丰富实践的典型案例研究》，现代经济信息，2015年第17期）

党的十九大明确指出：从十九大到二十大，是“两个一百年”奋斗目标的历史交汇期。我们既要全面建成小康社会、实现第一个百年奋斗目标，又要乘势而上开启全面建设社会主义现代化国家新征程，向第二个百年奋斗目标进军。当代青年学生风华正茂，年富力强，这个历史交汇期正是当代青年学生施展才华、奋发有为、谱写壮丽青春之歌的舞台，青年学生要自觉肩负起时代赋予的历史重任，服从国家的利益和人民的需要，到祖国和人民最需要的地方去建功立业。

（五）建成社会主义现代化强国——我们的共同理想

理想，就是人们对未来生活的有科学根据的向往和追求。换句话说，就是人们所向往所追求并为之奋斗的目标。理想是有阶级性的，人们的立场不同，世界观、人生观不同，理想也就不一样，有的崇高，有的单调，有的正确，有的错误。不同的理想，指引人们走不同的道路，对人们的行动起不同的作用。崇高的理想，对一个人来讲，可以培养高尚的情操，产生巨大的精神力量。建设具有中国特色的社会主义，把我国建设成为富强、民主、文明、和谐、美丽的社会主义现代化国家，这就是党的现阶段的理想，也是现阶段我国各族人民的共同理想。这个共同的理想，集中了我国工人、农民、知识分子、其他劳动者和爱国者的利益和愿望，是保证全体人民在政治上、道义上和精神上团结一致、克服困难、争取胜利的强大精神武器。

我国目前仍处在社会主义初级阶段，现阶段我国人民的共同理想，就是加快推进社会主义现代化，把我国建成富强、民主、文明、和谐、美丽的社会主义现代化国家。共同的理想和信念，是团结人民同心同德建设有中国特色社会主义的强大凝聚力。习近平同志指出，从全面建成小康社会到基本实现现代化，再到全面建成社会主义现代化强国，是新时代中国特色社会主义发展的战略安排。我们要坚忍不拔、锲而不舍，奋力谱写社会主义现代化新征程的壮丽篇章！

（六）实现共产主义——我们的最高理想

理想信念是共产党人的精神支柱，毛泽东、朱德等老一辈无产阶级革命家之所以能够面对第一次国内革命战争失败后中国革命处于低潮的严峻形势，又继续战斗，使星星之火燃遍全国，就是因为他们始终具有坚定的革命理想和必胜的信念。在井冈山革命博物馆，有这样一句话可以引起我们的深思，“在困苦到了衣不得暖、食不得饱的时候，还不改英勇直前的精神。这种精神最根本的就是对共产主义理想必定实现，中国革命一定胜利坚信不疑”。

遥想当年，李大钊在绞台上慷慨激昂地说：“你们不能因为绞死了我，就以为绞死了伟大的共产主义，我们已经培养了许多革命同志，我们深信，共产主义在中国必然得到光辉的胜利。”李大钊的豪言壮语里，不是寄寓了他矢志追求理想信仰，甘愿为真理献身的精神吗？在两万五千里长征中，为什么中国工农红军能够战胜几十万敌军的围追堵截，战胜极端艰苦的自然条件？就是因为红军有崇高的理想、坚定的信念革命的目标。“石可破也，而不可夺坚；

丹可磨也，而不可夺赤”，实现共产主义是我们的最高理想。

在残酷的革命战争年代，许许多多的革命战士和共产党员，能够在强大的敌人面前和极端困难的环境里坚持斗争，前仆后继；无数革命先烈能在枪林弹雨中，在敌人的刑场上，无所畏惧，视死如归，就是因为他们有一个崇高的信念，黑暗的旧社会一定要灭亡，光明的新中国一定要诞生，社会主义和共产主义一定会实现。相反，一个人如果没有崇高的理想，就不可能懂得人生的伟大意义，要么碰到某些挫折，就灰心丧气，悲观失望，从而消沉下去；要么只能在生活的大海里随波逐流，庸碌无为地度过一生，甚至“盲人骑瞎马，夜半临深池”，随时都有失足落水的危险，我们要教育党员做一个高尚的人，纯粹的人，有益于人民的人，一个对祖国对人民有用的人，就必须首先做一个有崇高理想的人。实现“各尽所能、按需分配”的共产主义社会制度，这是党的远大奋斗目标，即我们党的最高理想。无论过去、现在和将来，这个最高理想都是我们共产党人和先进分子的力量源泉和精神支柱。我们在为建设社会主义现代化强国的共同理想奋斗的时候，绝不能忘记这个共产主义的远大理想。

现在，有一些共产党员，把自己降低到普通群众的水平，只讲共同理想，不讲共产主义理想，甚至说共产主义理想是空的，看不见，摸不着，做不到。这些人在市场经济条件下完全忘记了入党时的誓言，忘记了“为共产主义奋斗终身”的崇高理想。共产主义的远大理想，是马克思和恩格斯在研究人类社会发展的一般规律和资本主义社会基本矛盾的基础提出来的人类未来的社会制度，列宁在俄国首先把马克思的理论付诸实践，取得了伟大成绩。中国共产党人也把马克思主义普遍真理用于中国，也取得了辉煌成绩。但是，事物的发展不是一帆风顺的事，也必然不会只有坦途。苏联、东欧社会主义国家解体了，中国的社会主义建设在70 年的历程中也有很多曲折。而资本主义制度僵而不死，腐而不朽，还有一定的生命力与吸引力。有些人，包括有些干部对共产主义理想产生了动摇，这实际上是一种政治上的幼稚病。我们承认现代资本主义仍然有生命力，但是这一制度存在着根本的不可调和的劳资矛盾，人类文明的进展，迟早要用更先进的社会——共产主义取而代之。因此，共产主义是必然要实现的。说共产主义一定实现，并不是说共产主义马上实现，这是一个相当漫长的过程，但我们把目光放在历史长河中来看，就要坚持这一理想，并为之奋斗。共产党的历史就是为共产主义奋斗的光辉历史，党在不同历史时期提出的具体纲领和任务，既是以共产主义伟大目标为指导的，又是一定历史时期人民群众实际利益的具体体现，因而也就能够成为人民群众的共同理想。把我国建设成为富强、民主、文明、和谐、美丽的社会主义现代化强国，就是现阶段全国各族人民的共同理想。这个共同理想，集中了全国人民的利益和愿望，是保证全国人民团结一致，克服困难争取胜利的伟大思想武器。每个大学生都应当在树立共产主义理想基础上，坚定建设社会主义现代化强国这一民族共同理想。

【资料链接】

为共产主义而奋斗，既包括为共产主义的初级阶段——社会主义事业而奋斗，也包括为实现共产主义远大理想而奋斗。那么，在党章上为什么要把实现共产主义社会作为自己的远大理想呢？这是因为，在共产主义社会，生产力高度发展，物质产品极大丰富，人们的物质生活需要能够得到充分的满足；全体人民的共产主义思想觉悟、道德品质和科学文化水平，都得到极大的提高，由于生产力的高度发展和产品极大丰富，劳动成为人们生活的第一需要；

实行“各尽所能、按需分配”的原则，从而消除了社会主义存在的事实上的不平等现象，不仅消除了阶级对立和阶级差别，而且工农差别、城乡差别、脑力劳动和体力劳动之间的本质差别也消失了，再也不会产生人剥削人、人压迫人的现象。这是多么美好的社会制度啊！我们千千万万的革命先烈，艰苦奋斗，英勇牺牲，抛头颅、洒热血，为我们奔向共产主义开创了新天地，争得了幸福的今天，难道我们不应该继承革命先烈的事业艰苦奋斗勇于拼搏，为实现共产主义，为我们的子孙后代创造更加美好的明天吗？想一想为革命捐躯的先烈，看一看各条战线的英雄模范，如果我们胸无大志，碌碌无为，还在那里一味追求个人私欲，只是在个人小天地里兜圈子，难道不感到有愧吗？我们应该树雄心，立壮志，把实现壮丽的共产主义社会作为最终奋斗目标，并且要真正落实到自己的行动中去。

二、让青春在追求中闪光

人各有志，然而这志的内涵却有天壤之别。有宏大的，也有渺小的；有高尚的，也有低下的。追求层次不同，成就就有天壤之别。当然，每个人生活道路不同，他们的志向也必然不同。但不论有多么不同，有一点是相同的，那就是要有“鸿鹄之志”，才能产生强大动力，个人的天才与才能得到最大限度的开掘。我们只有顺应社会发展的潮流，把个人的前途和命运与国家民族的前途和命运紧紧地联系在一起，并为之奋斗不息，才能创造无悔的青春和取得毕生的成功。

（一）勤于学习 练就报效祖国的本领

“盛年不重来，一日难再晨，及时当勉励，岁月不待人。”人生可以分成几个时期，每个时期的首要任务各不相同，学生时期的首要任务就是潜心学习、掌握本领。一个人能够接受高等教育的机会非常宝贵，大学生在校期间更应该“及时当勉励”，志存高远，脚踏实地，惜时如金，孜孜不倦，勤奋学习，努力读书，把自己的首要任务完成好，以优异的成绩报效祖国和人民。大学生是祖国未来的建设者，是中国特色社会主义事业接班人。在紧紧抓住并充分用好重要战略机遇期全面建成小康社会，努力构建和谐社会的伟大进程中，大学生任重道远。青春做伴好读书，我们相信，大学生们一定能够牢记使命，不负重托，目标明确，刻苦学习，今天发愤刻苦攻读，明日努力奋发有为，在实现中华民族的伟大复兴中创造出无愧于时代的业绩。

古人云：“吾生也有涯，而知无涯。”21 世纪的今天，科学技术的日新月异，只有不断地学习才能跟上时代的节拍，赶上竞争的大潮。党的十九大报告强调：青年兴则国家兴，青年强则国家强。青年一代有理想、有本领、有担当，国家就有前途，民族就有希望。中国梦是历史的、现实的，也是未来的；是我们这一代的，更是青年一代的。中华民族伟大复兴的中国梦终将在一代代青年的接力奋斗中变为现实。全党要关心和爱护青年，为他们实现人生出彩搭建舞台。广大青年要坚定理想信念，志存高远，脚踏实地，勇做时代的弄潮儿，在实现中国梦的生动实践中放飞青春梦想，在为人民利益的不懈奋斗中书写人生华章！

（二）投身社会实践 形成务实的品格

丁玄是四川省大学生综合素质A级证书获得者。这个来自江西的小伙子就读于计算机科学与技术专业。大学期间，他始终保持着求知的欲望和动力，克服困难，认准目标，不断创新学习方法，最终取得令人欣慰的成绩。他始终相信，要想进入某一领域的更高阶段，除了对本领域进行探索外，更重要的是还需了解更多与之相关的各个学科的发展状况。在老师的关怀下，他脚踏实地走好大学的每一步，朝着自己的理想迈着坚实的脚步。在大学的舞台上，他尽情展现自己的才能，曾担任小班班长、院学生会主要学生干部及助理班主任，并负责院《学生工作动态》的编辑；后又在校学生会纪检部学生稽查大队工作，在校《学生工作简报》做编辑工作。所有的这些工作都锻炼了他的管理、组织能力以及社交能力。在学习和工作之余，他不忘参加学校组织的各种活动，并积极参加社会实践活动，将所学的理论知识运用到实践中去，尽力使自己成为一个全面发展的优秀大学生。由此，他的综合素质测评评分，连续两年全专业第一。同时，他还注重对动手能力的培养。在全国大学生数学建模竞赛上，丁玄和两名同学在老师的指导下，建模论文荣获四川赛区一等奖。

丁玄深信，学习的最大收获不仅仅在于学到了多少知识，而在于是否学会了如何学习，是否拥有良好的学习方法与能力。缘于从小对数学的热爱，丁玄对密码学及系统安全、通信及信息安全等也有非常浓厚的兴趣，在学习过程中始终注意学习能力的培养，经常阅读这方面的书籍，发挥自学潜能，了解密码学和安全方面最新的发展动向。不断的学习和进步促使丁玄的综合能力得到全面提高。他喜欢海伦凯勒的一句话：“如果一个人从他的庇荫所被驱逐出来，他就会去造一所尘世的风雨都不能摧毁的屋子。”因此，他说要脚踏实地、一步步地在实践中实现自己的人生理想。

理想与现实是相对的，好高骛远的理想只能让人对现实产生失望。根植于实践中的个人理想才是有生命力的理想，只有与社会需求的现实接轨，才能对现实充满希望，从而在不断努力之中，实现理想，实现自我价值。脚踏实地、一步一个脚印才能真正实现自己的理想。大学生的成长、成才和创业期，恰好与国家的战略机遇期相吻合，时代命运和历史重任同时落在大学生身上。大学生应不辜负祖国和人民的期望，倍加珍惜大好时光努力学习，奋发向上。

【资料链接】

2018年5月2日，习近平总书记在北京大学师生座谈会上的讲话中对广大青年提出了四点希望。

一是要爱国，忠于祖国，忠于人民。爱国，是人世间最深层、最持久的情感，是一个人立德之源、立功之本。孙中山先生说，做人最大的事情，“就是要知道怎么样爱国”。我们常讲，做人要有气节、要有人格。气节也好，人格也好，爱国是第一位的。我们是中华儿女，要了解中华民族历史，秉承中华文化基因，有民族自豪感和文化自信心。要时时想到国家，处处想到人民，做到“利于国者爱之，害于国者恶之”。爱国，不能停留在口号上，而是要把自己的理想同祖国的前途、把自己的人生同民族的命运紧密联系在一起，扎根人民，奉献国家。

二是要励志，立鸿鹄志，做奋斗者。苏轼说：“古之立大事者，不惟有超世之才，亦必有坚忍不拔之志。”王守仁说：“志不立，天下无可成之事。”可见，立志对一个人的一生具有多么重要的意义。广大青年要培养奋斗精神，做到理想坚定，信念执着，不怕困难，勇于开拓，顽强拼搏，永不气馁。幸福都是奋斗出来的，奋斗本身就是一种幸福。1939 年 5 月，毛泽东同志在延安庆贺模范青年大会上说："中国的青年运动有很好的革命传统，这个传统就是'永久奋斗'。我们共产党是继承这个传统的，现在传下来了，以后更要继续传下去。"为实现中华民族伟大复兴的中国梦而奋斗，是我们人生难得的际遇。每个青年都应该珍惜这个伟大时代，做新时代的奋斗者。

三是要求真，求真学问，练真本领。"玉不琢，不成器；人不学，不知道。"知识是每个人成才的基石，在学习阶段一定要把基石打深、打牢。学习就必须求真学问，求真理、悟道理、明事理，不能满足于碎片化的信息、快餐化的知识。要通过学习知识，掌握事物发展规律，通晓天下道理，丰富学识，增长见识。人的潜力是无限的，只有在不断学习、不断实践中才能充分发掘出来。建设社会主义现代化强国，发展是第一要务，创新是第一动力，人才是第一资源。希望广大青年珍惜大好学习时光，求真学问，练真本领，更好为国争光、为民造福。

四是要力行，知行合一，做实干家。"纸上得来终觉浅，绝知此事要躬行。"学到的东西，不能停留在书本上，不能只装在脑袋里，而应该落实到行动上，做到知行合一、以知促行、以行求知，正所谓"知者行之始，行者知之成"。每一项事业，不论大小，都是靠脚踏实地、一点一滴干出来的。"道虽迩，不行不至；事虽小，不为不成。"这是永恒的道理。做人做事，最怕的就是只说不做，眼高手低。不论学习还是工作，都要面向实际、深入实践，实践出真知；都要严谨务实，一分耕耘一分收获，苦干实干。广大青年要努力成为有理想、有学问、有才干的实干家，在新时代干出一番事业。我在长期工作中最深切的体会就是：社会主义是干出来的。

习近平总书记强调："中国梦是历史的、现实的，也是未来的；是我们这一代的，更是青年一代的。中华民族伟大复兴的中国梦终将在一代代青年的接力奋斗中变为现实。"新时代青年要乘新时代春风，在祖国的万里长空放飞青春梦想，以社会主义建设者和接班人的使命担当，为全面建成小康社会、全面建设社会主义现代化强国而努力奋斗，让中华民族伟大复兴在我们的奋斗中梦想成真！

（资料来源：习近平《在北京大学师生座谈会上的讲话》，2018 年 5 月 2 日）

（三）自强不息　心若向阳无畏绽放

邹勇松，男，湖南省新化县芦茅村人，中共党员，长沙理工大学 2015 级研究生。出身贫寒的他自幼患有肾炎，现已进入终末期，每天用 4 次透析维持生命。他申请授权的专利和软件著作权 6 项。2018 年 6 月，荣获中国好人榜敬业奉献好人。

在广东石油化工学院读本科时，邹勇松担任辅导员助理，每逢周末随"青志盟"开展"爱心包裹"行动（去邮局为山区孩童寄送文具、衣服）。2013 年 12 月 3 日，大三时加入中国共产党。2015 年，在长沙理工大学读研期间将科研与关注民生结合：看到新闻里有救护车因交通堵塞没能及时赶到现场，导致病人去世，他便开始创制"紧急救助方法"，2016 年 3 月申请的专利——"一种紧急救助处理办法"，旨在最短时间内提供给求助者最优选择。研二时，邹勇松提前完成毕业论文，之后在一所高校无人驾驶研究所实习。2017 年 6 月手术以来，邹勇松在没有亲人陪护的情况下，每天给自己做 4 次透析。7 时起床做第一轮透析，半小时后出门，路上买个早餐，边吃边走到单位工作。12 时下班回家做第二轮透析。午饭是前一天做好的，热一热便吃。14 时出门上班。傍晚去菜市场买点菜回家，把饭菜准备好，便开始第三轮透析。透析结束，吃完饭继续科研。23 时睡觉前再透析一次——这便是邹勇松一天的生活。

2017 年 8 月，邹勇松提交了“共享打印机”实用新型专利授权申请；9 月，提交“智能机器人的导航方法与导航系统”发明专利授权申请，以及“多源融合定位系统”“激光雷达自建实时地图软件”“自动打印机软件”等 3 项软件著作权。2018 年 3 月 21 日，邹勇松拿到了中国专利局颁发的新型专利授权通知书：“共享打印机”。2018 年 7 月，教育部下发文件，授予湖南省长沙理工大学计算机与通信工程学院 2015 级研究生邹勇松同学“全国优秀大学生”荣誉称号。

邹勇松同学“心若向阳无畏绽放”的先进事迹展现出了新时代青年百折不挠、自强不息的优秀品格，刻苦钻研、勇攀高峰的积极风貌，乐观向上、仁爱奉献的豁达胸襟，是践行社会主义核心价值观的先进典型，是落实习近平总书记关于青年成长成才系列重要论述的模范代表。广大青年学生要以邹勇松同学为榜样，学习他不畏艰难、自立自强、矢志奋斗、无私奉献的可贵精神，爱国、励志、求真、力行，争做社会主义核心价值观的坚定信仰者、积极传播者、模范践行者，争做担当民族复兴大任的时代新人。

（四）爱岗敬业 开启实现理想的马达

毛腊生，男，汉族，1956 年 12 月生，中共党员，贵州航天风华精密设备有限公司技术人员。40 年来，仅有初中学历的毛腊生怀揣“匠心”，用满腔热情去“读懂”冰冷的砂子；扎根一线，用勤奋进取书写着航天工人的精彩篇章；执着信念，用聪明才智铸造起强大国防的基石。他参与生产的系列型号导弹，4 次亮相国家阅兵仪式。1977 年，知青毛腊生因表现出色被推荐进入贵州航天风华精密设备有限公司从事铸造生产工作。“苦、脏、累”是铸造岗位的“代名词”，与毛腊生一起工作的多名同事因吃不了这份苦，先后转行或跳槽。但身材瘦弱的毛腊生，却干一行、爱一行、专一行、精一行，一步一步实现了自身的质变，完成学徒—高级工—技师—高级技师—全国技术能手—“大国工匠”的华丽蜕变。2006 年，公司承担了为国家某重点型号导弹研发特种舱体的任务。多次失败后，毛腊生主动请缨。有人质疑：“专家都解决不了的问题，你一个工人，能行吗？”毛腊生没有理会闲言冷语，带领项目组全力投入紧张的攻关中。没有任何资料、任何经验可参考，他们加班加点查看产品缺陷、检查原定工艺、跟踪生产过程、计算具体数据……经过半个月的忙碌，毛腊生找到了问题原因，提出具体解决方案，使研制任务顺利完成，也使公司跻身国内极少数掌握该技术的单位之列。40 年里，他凭借丰富经验和高超技能，先后主持完成了多种超大型薄壁舱体试制生产等研制任务，成功解决了多个难题，其中 10 余项课题或项目处于国内行业领先水平。

随着毛腊生功成名就，一些私营企业纷纷向他伸出了“橄榄枝”。他也曾有多次机会进入相对轻松的技术管理岗位，但他仍旧选择在生产一线。毛腊生说：“没有航天的培养，就没有我的今天。我要尽最大努力回报航天！”工作中，他积极利用“毛腊生国家级技能大师工作室”这一平台开展传帮带，提升公司的铸造技能水平。他带的徒弟中 2 名成为国家技师，6 名成为高级技师。

毛腊生荣获全国劳动模范、全国技术能手、“贵州榜样 · 最美人物”等称号。2017 年 11 月，中央文明委决定，授予毛腊生同志第六届全国道德模范荣誉称号。

毛腊生是一个普通技术人员，却因对自己工作的热爱和执着追求，做出了令人惊叹的业绩，他的事迹告诉我们，一个人只要有理想，有抱负，从点滴做起，就能够做出超越寻常的贡献。就能在平凡的岗位干出非凡的事业，实现自己的职业理想，一个人是否有作为，不在于他从事何种职业，而在于他是否尽心尽力把所从事的工作做好。只有热爱自己的职业，才会有工作的积极性，才会在工作中投入自己的精力，才华和心血，才会有战胜困难的勇气和信心。才会有战胜困难的勇气和信心，职业既是每个人服务社会奉献社会的主要手段，也是实现个人理想抱负和自身价值的主要方式，做到干一行，爱一行，专一行，才会做到把职业作为一种精神追求，在主动服务社会、奉献社会之中实现自己的职业理想。

（五）坚定信念　为共同理想执着追求

红军长征的时候，吃不饱，穿不暖，战火纷飞，时时有生命危险，近三分之二的红军战士倒在了长征途中，但为了美好的明天，他们毫不动摇，用生命和热血带来了我们今天的幸福生活。

在毛泽东青年时代，革命是要被杀头的。当时的毛泽东有一份很好的工作，收入也不错，又有一个贤惠的妻子，按照有些人的想法，毛泽东大可不必去革命，何苦呢？但毛泽东没有安于现状，而是积极地投身到滚滚的革命洪流中，为了革命，他一家有多位亲人先后死于国民党的屠刀下，他的妻子杨开慧也未能幸免于难。但他始终没有动摇自己的信念，始终没有放弃自己的追求，理想一直在支持着他，所以才有后来的毛泽东。

邓小平一生三起三落，但他从不言败，从不放弃自己的追求，为中国现代化规划了宏伟的蓝图。外国人称他为“打不倒的东方小个子”。

古今中外，许多优秀人物，无不是在强大的精神动力的感召下而做出巨大的贡献的。今天的和平与老一辈人的追求、奋斗是分不开的。纵观整个人类社会的发展，理想和信念功不可没。一个政党、一个国家、一个民族，只有确立了共同的理想信念才会有强大的凝聚力和向心力。无论过去现在和将来，共同的理想都是保证革命和建设事业取得胜利的精神支柱和精神动力。人在为理想的奋斗中才能真正体会到人生的快乐、幸福和乐趣，才能经得起风吹浪打和失败。一个人的理想，体现着一个人的信念和追求：信念是对理想的支持，没有信念，理想就可能发生动摇，也就无法使理想转化为行动，即便在某一时期转化为行动，但一旦再遇到某种困难或挫折，就不能坚持下去。理想是人生的奋斗目标，是真善美的结晶，但实现理想的实践活动却是十分艰巨的，甚至是曲折的，因此需要强大的精神动力。信念是促使人们坚忍不拔义无反顾、勇往直前乃至屡败屡战的强大精神动力。一个确立了科学信念的人，就会把对理想的追求视为自己的使命并时刻牢记自己的职责，使自己的行动符合追求目标的要求，把理想的实现作为一种不可推卸的义务。坚定的信念可以给人以一种强烈的进取精神，使人不会出现精神空虚、萎靡不振、惶恐不安。不仅在成长道路一帆风顺的情况下是这样，而且在成才的过程中遇到难以想象的挫折和困难时也是这样。所以我们一定要加强对马克思主义的信仰，对社会主义的信念，对建设有中国特色社会主义的信心，对党和政府的信任。

（六）志愿服务　为祖国奉献无悔青春

李金宝是南昌航空学院驻广西壮族自治区东兰县的志愿者，2004 年，西部计划启动时，李金宝放弃了在青岛已经联系好的工作，向学校递交了三份参加西部计划的志愿书，如愿以偿地来到广西。一到广西，他就抓紧时间为自己的理想努力奋斗，为社会多做贡献。“无论我们在哪个岗位，只要努力做好自己的工作就是奉献，我们把工作做好了老百姓得到实惠了，这就足以让人高兴。”李金宝除了做乡镇办公室的工作，还利用空闲时间陪同广东客商叶先生去贫困生家了解情况，促使叶先生资助了三名面临辍学的小学生，他和大同乡的学生交朋友，鼓励他们努力学习、建设家乡。他还和信河村的村民们一起讨论如何更好地利用水资源养鱼，建成了三个拦网养鱼场，并成立股份公司，使村民的生活条件改善了很多。虽然基层工作十分艰苦，但李金宝已经渐渐喜欢上并且离不开这份工作了，听到外面院子里孩子们玩耍时的欢声笑语，看到这里淳朴的父老乡亲为了后代和生活而艰苦奋斗，感受到这里热情好客的人的关怀，他更加坚定了信念。他说：“西部是一个广阔的天地，海阔凭鱼跃，天高任鸟飞，祖国相对贫国的西部也是最需要我们的地方，有了西部计划，我才来到西部，才体验到西部人民的艰苦，我不后悔，我已经将自己的未来与西部的发展联系在一起，千道理，万道理，工作做好才是硬道理。我参加西部计划既不是为了追寻那虚无缥缈的梦，也不是为了沽名钓誉的政治光环，我只想踏踏实实为西部人民多做一些事。虽然微不足道，但我过得殷实，心里踏实，活得充实。”

理想反映了人们不安于现状要求变革现实，创造适合自己更高需要的现实的强烈愿望。树立了远大理想或崇高理想的人，在任何艰难的条件下会充满必胜的勇气和信心，从而一往无前，最大限度地多现自己的人生价值。我们只有把报效祖国的满腔热情化作平凡而又崇高的实际行动，在奉献中成就美好未来，用智慧和汗水书写无悔青春。

（七）深入一线 造就光辉灿烂人生

杜洪涛，一个毕业于辽宁农业职业技术学院（熊岳农业高等专科学校） 的大学生，2001年他从镇机关来到桥子村任村民委员会副主任。桥子村是辽宁省喀喇以左翼蒙古族自治县北公管子镇的一个贫民村，这里十年九旱，人均收入只有千元左右，他决心竭尽全力去帮助村民改变生活。利用自己的专业知识，帮助村民发展蔬菜生产，引进新品种、改进栽培方式，使当地西红柿亩产翻了一番，经济效益提高了30%以上。现在桥子村586户农民建起高效大棚1100多个，人均收入增长了一倍。他不奢求物质享受，立下了为农业献身的宏愿，毅然走向农业生产的最前沿。他带着改变落后现实的决心，下田野，走村落，与农民同吃同住同生产，言传身教，用自己的行动教育农民，帮助农民，转变观念，将科技转化为生产力。“苦心人，天不负”，经过几年的努力，农民人均年增收入400元，他也成为远近闻名的技术专家了。不久前，记者到桥子村采访时，村民庞爽指着一片绿油油的瓜果菜蔬，欣喜地说：“我家这两个大棚，一年能挣2万多元，多亏杜洪涛教给了我们大棚生产技术。”记者问起回村任职两年来的感受，他说：“虽然很苦很累，但一点也不后悔，来这里就是要用自己的知识帮助农民致富，帮他们做一点实实在在的事情。看到农民的日子越过越好，感到很欣慰。”

实践是成才的基石，是知识的源泉，是职业理想得以最终实现的唯一途径。一个人的知识和能力只有在实践中才能发挥作用，才能得到丰富、完善和发展。我们只有立足岗位、深入一线实践，才能焕发出巨大的能量。实践是检验真理的唯一标准，实践产生理论，理论指导实践。实践推动理论前进，理论需要实践检验。理论与实践，永远处在这样一个辩证发展的过程之中。我们只有将所学的知识运用到生产实践中去，才能使自己的能力得到体现，从而实现我们的人生价值。高职的教育特点，决定了学生的就业方向。高职生的优势在生产一线上，只有在最能发挥自己优势的岗位上，才能更好地发挥自己的专长；也只有把个人的追求同社会需要结合起来，才能实现自我价值，才能使青春闪光。把理想变为现实的中介是实践，靠的是不怕困难、毅力坚定。理想的大道并不是一帆风顺的坦途，而是充满了汗水和艰辛。理想是一种设想，要将理想变为现实必须靠实践。人在实现理想的过程中，不可避免地要伴随着困难和挫折，理想之舟的航行处处会碰到急水恶浪。要把理想化为现实，最基本的要求是不怕困难、毅力坚定。离开艰苦奋斗，理想就只能是幻想而已。吃苦是对品格的磨炼，只要坚持住不退缩，它就成了一种财富，能产生战胜自己的成就感，整个人也会变得更坚强。实现中国特色社会主义的共同理想，要不怕困难、毅力坚定和艰苦奋斗。成功离不开立志，立志是成功的起点。但艰苦奋斗才是成功的途径，我们要在艰苦奋斗中磨砺意志和毅力，在奋斗中一步步向目标接近，用辛勤的双手，竖起事业成功的丰碑，用拼搏的汗水铺就通向理想彼岸的金桥。

（八）自主创业　扬起开拓创新的风帆

尹军大学生毕业后，找不到理想的工作。经过深思熟虑和仔细的市场调查，他决定搞养殖业，创办了“司南养殖场”，养殖肉食狗。可是养狗需要先投入一笔资金，如何筹措资金呢？他决定贷款，于是找到县里银行行长，以自己家里的房子和地为抵押向银行贷款 8 万元。养殖场渐渐有了起色，购买的种狗怀上了小狗。尹军喜上眉梢，然而，还没等他笑出声来，一个残酷的打击正悄悄逼近他。狗群突然得了一种怪病，小狗还没生下就死在了母狗的肚子里。100 来条小狗就活了一条！他什么也没有说，决心从头再来。

尹军意识到，大规模养殖动物，不像自己家养几条狗那样简单，光靠吃苦耐劳不行，一定要靠科学管理。他虽然在学校里学习过动物学的一些知识，但是真正喂养起来，其中的学问还大着呢。要懂得防疫、繁殖、接生、配饲料、抗寒、抗高温等。他从书店里买来有关养犬的书，抓紧时间学习，并聘请农学院的李教授担任了养殖场的顾问。

在李教授的帮助下，他仔细钻研，逐渐摸索实验，用生物技术自己制出一种新饲料，总结了一套科学的养殖方法。不久，尹军的养殖场获得了经济效益，“司南养殖场”也有了一点小名气。如今，尹军的养殖场有了一定规模，他已养殖大小犬种 300 多条，其中产子母犬 80 多条。他的养殖场先后招收了几名下岗职工，还招聘了两名大学生。“司南养殖场”的肉食狗不但以数量多、肉质好成为远近闻名的生产基地，而且还用阿拉伯狗、日本狗与我国优良狗杂交，培育出新型的肉食狗。

积极择业，自主创业是大学生就业方式多样化的反映。自主创业是大学生就业过程中的一种新选择，是对传统就业观念的一种挑战，也是对自身智慧能力、气魄胆识的一种全方位的考验。它有利于大学生白手起家、自力更生，在自己开辟的天地里大显身手；有利于大学生在艰苦的磨炼中培养市场意识，锻炼管理才能，迅速成长；同时，自主创业也有利于缓解国家的就业压力。因此，国家和社会扶持大学毕业生不畏艰难、自主创业。

鲁迅先生说过，路“就是从没有路的地方踏出来的，从只有荆棘的地方开辟出来的”。社会为大学生自主创业提供了有利条件和大好机遇。“不经历风雨，怎能见彩虹”，大学生在就业时，也不妨像尹军那样，挑战自我，超越自我，在自主创业的路上实现自己的人生价值，为社会创造财富。当然，自主创业意味着承担更大的风险，也就不排除有失败的可能。大学生在自主创业时不能因暂时的失败而一蹶不振，要用永不言败的顽强意志推动自己的帆船永远前进。

【资料链接】

大众创业，万众创新

李克强总理在公开场合发出“大众创业、万众创新”的号召，最早是在2014年9月的夏季达沃斯论坛上。当时他提出，要在960万平方公里土地上掀起“大众创业”“草根创业”的新浪潮，形成“万众创新”“人人创新”的新势态。此后，他在首届世界互联网大会、国务院常务会议和各种场合中频频阐释这一关键词。每到一地考察，他几乎都要与当地年轻的“创客”会面。他希望激发民族的创业精神和创新基因。

2015年李克强总理在政府工作报告又提出“大众创业、万众创新”。政府工作报告中如此表述：推动大众创业、万众创新，“既可以扩大就业、增加居民收入，又有利于促进社会纵向流动和公平正义”。在论及创业创新文化时，强调“让人们在创造财富的过程中，更好地实现精神追求和自身价值”。

（九）顽强拼搏　肩负起民族复兴使命

竞争进取是成才的动力，是创业途中的开山斧。坚强的意志是人生帆船的铆钉，顽强的拼搏是事业的船桨。只有竞争进取、顽强拼搏的人，才会到达成功的彼岸。

大到国家、民族，小到集体、个人，要想有所发展，没有竞争进取、顽强拼搏的精神，是根本不可能的。正是靠这种竞争进取、顽强拼搏的精神，中国乒乓球队在强手如林的各种世界大赛中勇挫劲敌，长期雄居乒坛霸主地位，为祖国赢得了荣誉，在世界体育史上书写下壮丽的诗篇。正是靠这种精神，航天专家、西安卫星测控中心总工程师李济生，敢于挑战世界航天难题，敢走前人未走过的路，在航天测控领域创造出了“中国模式”，为中国的航天测控技术挤身世界先进行列立下汗马功劳，被誉为太空“牧星人”。

为适应社会主义市场经济的要求，大学生要树立竞争意识，增强竞争能力，敢于竞争，善于竞争；同时，还要有顽强的意志，顺境中不能安于现状，不思进取；逆境中不要自暴自弃，而要自强不息、竞争进取、顽强拼搏。

大学生应该立大志、图伟业，加强思想修养、勤奋学习、勇于实践、大胆实践、积极进取，将自己人生价值的实现与民族的繁荣昌盛结合起来，将自己的远大理想与祖国的富强结合起来，将自己的宏伟志向与社会主义事业结合起来，在社会主义市场经济的浪潮里，在中华民族伟大复兴的征程中，抛洒自己的汗水，奉献自己的青春。

我党的最高理想是建设共产主义社会。党的历史使命就是中华民族的复兴。我们必须把这一历史使命作为人生的精神支柱，并转化为自己认同的自觉行为，为实现共产主义的远大理想做准备。

理想与现实是一对矛盾，既对立又统一。一方面，理想不等同于现实，不是立即可以实现的。如果理想就是现实，理想就失去了存在的意义。反之，现实也不等于理想，要是现实就是理想，人们就没有奋斗目标了。理想与现实之间的这种区别、矛盾是客观存在的，正是这种矛盾推动人们去改造现实，实现理想。另一方面，理想与现实又是统一的，存在着内在联系。理想是在对现实认识的基础上发展起来的。所以现实是理想的基础，理想是未来的现实。理想作为明天的现实，要把它变为直接的现实，需要我们几代人艰苦奋斗。因为现实是不完善、有缺陷的，所以理想的生命力表现为对现实的否定。正因为人们不满足于现状，才要求变革现实，创造比今天更美好的未来。我们决不能因为理想和现实存在着矛盾，就怀疑历史发展规律并对理想产生动摇。

理想是人前进的动力，理想反映了人们不安于现状，要求变革现实，创造适合自己更高需要的现实的强烈愿望。人类发展的历史就是一部在“理想动力”推动下的创造史，理想所提供的动力的大小与理想的层次密切相关。一般来说，理想的层次越高，其所提供的动力就越大，反之则越小。“伟大的精力只是为了伟大的目的而产生的。”树立了远大理想或崇高理想的人，在任何艰难困苦的条件下都会充满必胜的勇气和信心，从而一往无前，最大程度地实现自己的人生价值。如果没有崇高的理想，人就没有明确的奋斗方向和动力来源，只能得过且过，庸庸碌碌地虚度一生。

三、青年成长进步的行动指南

中华民族五千多年的文明历史，靠的是一代又一代中华儿女勇于担当、勇于创造，艰苦奋斗、自强不息，敬业爱国、无私奉献，不断地延续、传承和发展中华民族的优秀传统文化，铸就了中华民族奋发有为的崇高品格。当代大学生要清醒地认识到自己所肩负的历史使命和历史责任，胸怀远大理想和抱负，牢记祖国和人民的辛勤培育和重托，不辜负党寄予的殷切期望，以实现中华民族的伟大复兴为己任，担当起历史赋予的光荣使命和神圣职责，努力成为中国特色社会主义事业的合格建设者和可靠接班人。

（一）肩负责任——当代大学生的历史使命

党的十九大指出实现中华民族伟大复兴是近代以来中华民族最伟大的梦想。今天，我们比历史上任何时期都更接近、更有信心和能力实现中华民族伟大复兴的目标。但行百里者半九十，中华民族伟大复兴，绝不是轻轻松松、敲锣打鼓就能实现的，我们必须准备付出更为艰巨、更为艰苦的努力。这一重任就要落在当代青年的身上。

1. 当代大学生肩负着全面建成小康社会的历史重任

党的十九大指出，从现在到二〇二〇年，是全面建成小康社会决胜期。要按照十六大、十七大、十八大提出的全面建成小康社会各项要求，紧扣我国社会主要矛盾变化，统筹推进经济建设、政治建设、文化建设、社会建设、生态文明建设，坚定实施科教兴国战略、人才强国战略、创新驱动发展战略、乡村振兴战略、区域协调发展战略、可持续发展战略、军民融合发展战略，突出抓重点、补短板、强弱项，特别是要坚决打好防范化解重大风险、精准脱贫、污染防治的攻坚战，使全面建成小康社会得到人民认可、经得起历史检验。

全面建成小康社会，体现着社会主义的本质和优越性；共同富裕，让人们生活更加殷实，达到全面小康水平，是当前党的全部工作的出发点和落脚点。当代大学生是整个社会最有活力、最有生气的力量，代表着祖国的未来、民族的希望，应当勇于站在开创社会主义文明新风的最前列，积极践行社会主义核心价值观，成为全面建成小康社会的优秀人才，勇敢地肩负起全面建成小康社会的历史重任。

2. 当代大学生肩负着实现中华民族伟大复兴的历史使命

复兴中华是近代以来中国先进分子的共同理想，是中国优秀知识青年的强烈愿望。1840年鸦片战争以来，中国人民为了抵御帝国主义列强的侵略和奴役、为了不断探索救国兴国之路付出了巨大的代价和牺牲。中国共产党领导的新民主主义革命，反对帝国主义、封建主义和官僚资本主义，既为社会主义革命和建设准备了必要前提，也为实现中华民族的复兴创造了条件。新民主主义革命胜利后，经过艰苦奋斗。建立了社会主义制度，社会主义建设取得了举世瞩目的成就。然而，我国还处于并将长期处于社会主义初级阶段，与发达国家相比，我们的经济、科技、教育、文化还很落后，我们的发展还有很长的路要走。当今世界已经进入知识经济时代，国家之间综合国力的竞争主要表现为科技竞争、文化竞争，归根结底是人才竞争。当代大学生要牢记落后就要挨打的历史教训，努力学习科学文化知识，勇于开拓创新。掌握过硬本领，勇敢地担当起开创中国特色社会主义事业新局面、实现中华民族伟大复兴的历史使命。

当今世界，经济、科技、文化、教育、综合国力的竞争日趋激烈，科学技术突飞猛进，中国正在发生广泛而深刻的变革。党的十九大准确把握国内外形势的深刻变化，顺应各民族人民过上美好幸福生活的新期待，从新的历史起点出发，描绘了全面建成小康社会的宏伟蓝图，对社会主义经济建设、政治建设、文化建设、社会建设、生态文明建设和党的建设作出了全面部署，指出了中国今后所坚持的理论、道路、旗帜、制度，进一步明确了实现民族复兴的时间表和路线图，勾画出了中国今后一段时间的发展图景，令人鼓舞、催人奋进。这是国家繁荣富强、人民幸福安康的梦想，也是当代大学生成长成才的广阔舞台。实现中国人民的梦想，必须坚持走中国道路，这就是中国特色社会主义道路；必须弘扬中国精神，这就是以爱国主义为核心的民族精冲、以改革创新为核心的时代精神；必须凝聚中国力量，这就是中国各族人民大团结的力量。完成民族复兴的各项战略任务，需要包括大学生在内的全国各族人民的共同努力。党对大学生充满期待，寄予厚望。担负起历史使命，当代大学生就要自觉地把个人抱负、人生追求同祖国和民族的命运前途紧密联系在一起，把报效祖国、实现民族复兴的满腔热情化作勤奋学习的动力，不断提高自身的综合素质、不断开阔视野，勇于进取，做时代进步的带头人，成为社会整体发展前进的主力，在全面建成小康社会的进程中发挥自己的聪明才智，贡献自己的青春和力量，在服务祖国、服务人民的实践中实现自己的爱国热情和人生价值，在建设中国特色社会主义的征程中创造伟业，继续书写伟大中华民族的光辉文明历史。

（二）五个一定要——当代大学生的努力方向

2013年5月4日，习近平总书记在同各界优秀青年代表座谈时发表了重要讲话。讲话中他紧紧围绕实现中华民族伟大复兴的中国梦，充分肯定了广大青年在党的领导下为中国革命建设改革事业做出的突出贡献，阐述了当代青年的历史责任，提出了“五个一定要”的殷切希望。习近平总书记的重要讲话，寄托着党对青年一代的关怀和信任，是广大青年成长进步的行动指南。

1. 广大青年一定要坚定理想信念

“功崇惟志，业广惟勤。”理想指引人生方向，信念决定事业成败。没有理想信念，就会导致精神上“缺钙”。中国梦是全国各族人民的共同理想，也是青年一代应该牢固树立的远大理想。中国特色社会主义是我们党带领人民历经千辛万苦找到的实现中国梦的正确道路，也是广大青年应该牢固确立的人生信念。

广大青年要坚持用邓小平理论、“三个代表”重要思想、科学发展观武装头脑，把理想信念建立在对科学理论的理性认同上，建立在对历史规律的正确认识上，建立在对基本国情的准确把握上，不断增强道路自信、理论自信、制度自信，增强对坚持党的领导的信念，永远紧跟党高高举起中国特色社会主义伟大旗帜。

2. 广大青年一定要练就过硬本领

学习是成长进步的阶梯，实践是提高本领的途径。青年的素质和本领直接影响着实现中国梦的进程。古人说：“学如弓弩，才如箭镞。”说的是学问的根基好比弓弩，才能好比箭头，只要依靠厚实的见识来引导，就可以让才能很好发挥作用。青年人正处于学习的黄金时期，应该把学习作为首要任务，作为一种责任、一种精神追求、一种生活方式，树立梦想从学习开始、事业靠本领成就的观念，让勤奋学习成为青春远航的动力，让增长本领成为青春搏击的能量。

广大青年要坚持面向现代化、面向世界、面向未来，增强知识更新的紧迫感，如饥似渴学习，既扎实打牢基础知识又及时更新知识，既刻苦钻研理论又积极掌握技能，不断提高与时代发展和事业要求相适应的素质和能力。要坚持学以致用，深入基层、深入群众，在改革开放和社会主义现代化建设的大熔炉中，在社会的大学校里，掌握真才实学，增益其所不能，努力成为可堪大用、能担重任的栋梁之材。

3. 广大青年一定要勇于创新创造

创新是民族进步的灵魂，是一个国家兴旺发达的不竭源泉，也是中华民族最深沉的民族禀赋，正所谓“苟日新，日日新，又日新”。生活从不眷顾因循守旧、满足现状者，从不等待不思进取、坐享其成者，而是将更多机遇留给善于和勇于创新的人们。青年是社会上最富活力、创造性的群体，理应走在创新创造前列。

广大青年要有敢为人先的锐气，勇于解放思想、与时俱进，敢于上下求索、开拓进取，树立在继承前人的基础上超越前人的雄心壮志，“以青春之我、奋斗之我创建青春之国家、青春之民族”。要有逢山开路、遇河架桥的意志，为了创新创造而百折不挠、勇往直前。要有探索真知、求真务实的态度，在立足本职的创新创造中不断积累经验、取得成果。

4. 广大青年一定要矢志艰苦奋斗

“宝剑锋从磨砺出，梅花香自苦寒来。”人类的美好理想，都不可能唾手可得，都离不开筚路蓝缕、手胼足胝的艰苦奋斗。我们的国家，我们的民族，从积贫积弱一步一步走到今天的发展繁荣，靠的就是一代又一代人的顽强拼搏，靠的就是中华民族自强不息的奋斗精神。当前，我们既面临着重要发展机遇，也面临着前所未有的困难和挑战。梦在前方，路在脚下。自胜者强，自强者胜。实现我们的发展目标，需要广大青年锲而不舍、驰而不息的奋斗。

广大青年要牢记“空谈误国、实干兴邦”，立足本职、埋头苦干，从自身做起，从点滴做起，用勤劳的双手、一流的业绩成就属于自己的人生精彩。要不怕困难、攻坚克难，勇于到条件艰苦的基层、国家建设的一线、项目攻关的前沿，经受锻炼，增长才干。要勇于创业、敢闯敢干，努力在改革开放中闯新路、创新业，不断开辟事业发展新天地。

5. 广大青年一定要锤炼高尚品格

中国特色社会主义是物质文明和精神文明全面发展的社会主义。一个没有精神力量的民族难以自立自强，一项没有文化支撑的事业难以持续长久。青年是引风气之先的社会力量。一个民族的文明素养很大程度上体现在青年一代的道德水准和精神风貌上。

广大青年要把正确的道德认知、自觉的道德养成、积极的道德实践紧密结合起来，自觉树立和践行社会主义核心价值观，带头倡导良好社会风气。要加强思想道德修养，自觉弘扬爱国主义、集体主义、社会主义思想，积极倡导社会公德、职业道德、家庭美德。要牢记“从善如登，从恶如崩”的道理，始终保持积极的人生态度、良好的道德品质、健康的生活情趣。要倡导社会文明新风，带头学雷锋，积极参加志愿服务，主动承担社会责任，热诚关爱他人，多做扶贫济困、扶弱助残的实事好事，以实际行动促进社会进步。（此段内容来源：习近平《在同各界优秀青年代表座谈时的讲话》，2013 年 5 月 4 日）

【资料链接】

“五个一定要”对青年成长的指导意义

“五个一定要”内涵丰富，思想深刻，揭示了当代青年成长发展的必由之路、对青年成长进步具有十分重要的意义。

理想信念是青年成长成才的精神支柱。有了正确的理想信念，人生就有了努力方向，前进就有了强大动力。中国梦顺应了历史发展大势，顺应了时代进步潮流，顺应了人民过上美好生活的热切期待，是全国各族人民的共同理想，也是青年一代应该牢固树立的远大理想。中国特色社会主义是历史的选择、人民的选择，是实现中国梦的康庄大道、必由之路，也是广大青年应该牢固确立的人生信念。当代青年坚定理想信念，就是要走中国特色社会主义道路，为实现中国梦而奋斗。广大青年要不断深化对邓小平理论、“三个代表”重要思想、科学发展观的学习，深化对党领导人民的奋斗史、创业史、改革开放史的了解，深化对我国经济社会发展进程、发展趋势的认识，掌握思想武器，认清前进方向，不断增强道路自信、理论自信、制度自信、文化自信，坚定不移跟党走，奋力实现中国梦。

练就过硬本领是青年成长成才的基石。古人云：“立身百行，以学为基”“本领若是，事事发出来皆是；本领若不是，事事皆不是也”。本领不是天生的，要通过学习和实践来获得。英国哲学家弗兰西斯·培根讲“知识就是力量”；列宁在 1920 年向共青团提出了学习的任务，指出“只有了解人类创造的一切财富以丰富自己的头脑，才能成为共产主义者”，都是在强调读书学习的极端重要性。知识引导人生，学习成就未来。事有所成，必是学有所成。当今时代，知识信息快速更新，近 50 年来，人类社会创造的知识比过去 3000 年的总和还要多。据此，联合国教科文组织的埃德加·富尔先生预言，未来的文盲不再是不认识字的人，而是没有学会怎样学习的人。在这个知识经济时代，广大青年只有紧紧抓住年轻时期记忆力好、接受力强的黄金时期，像海绵吸水般汲取各种知识、像习近平总书记说的那样，“把学习作为首要任务，作为一种责任、一种精神追求、一种生活方式，树立梦想从学习开始、事业靠本领成就的观念，让勤奋学习成为青春远航的动力，让增长本领成为青春搏击的能量”，才能在激烈竞争中赢得主动、赢得优势。

勇于创新创造是青年成长成才的动力源泉。创新是百舸争流，奋楫者先。创新是一个国家兴旺发达的不竭动力，也是一个人取得成功的关键。青年人思想活跃、精力充沛、易于接受新鲜事物，是创新创造活动的主体。有学者对 1500—1960 年间的世界 1200 多位杰出自然科学家和 1900 多项重大科技成果进行统计分析，发现自然科学发明的最佳年龄段是 25～45 岁，峰值是 37 岁，以实例证明青年时期是开展创新创造的“黄金期”。面对竞争激烈的当今世界，正如习近平总书记所深刻指出的：“迎接挑战，最根本的是改革创新。改革，最本质的要求就是创新。”因此，他要求当代青年要积极投身创新创造实践，有敢为人先的锐气，有上下求索的执着，逢山开路、遇河架桥，勇做时代的开拓者和奋进者。

矢志艰苦奋斗是青年成长成才的重要途径。人间万事出艰辛。越是美好的未来，越需要付出艰辛的努力。有了艰苦奋斗精神，一个民族就能自立自强，一个国家就能发展进步。我们的国家，我们的民族，从积贫积弱一步一步走到今天的发展繁荣，靠的就是一代又一代人的顽强拼搏，靠的就是中华民族自强不息的奋斗精神。人生只有一次青春，当下，青春是用来奋斗和创造的；将来，青春是用来回忆的。正如习近平总书记在同各界优秀青年代表座谈时所指出的：“只有进行了激情奋斗的青春，只有进行了顽强拼搏的青春，只有为人民作出了奉献的青春，才会留下充实、温暖、持久、无悔的青春回忆。”青春是美好的，青春因奋斗而精彩。只有锲而不舍、驰而不息地奋斗，才能收获美好的人生。

锤炼高尚品格是青年成长成才的根本要求。品德修养是立身处世之基，只有把人做好了，才能真正走得远、成大业。实现中国梦的进程，必然是一个全民族文明素养不断提升的过程，尤其需要青年一代勇开风气之先，树立和践行社会主义核心价值观，以实际行动促进社会文明进步。广大青年要自觉弘扬爱国主义、集体主义、社会主义思想，心中有国家、有社会、有人民，做一个肯付出、勇担当的有责青年。要自觉遵守社会基本道德规范，弘扬中华民族传统美德，积极倡导社会公德、职业道德、家庭美德，做一个守底线、讲诚信的有德青年。要带头学雷锋，积极参加志愿服务，多做扶贫济困、扶弱助残的实事好事，倡导良好社会风尚，做一个热心肠、愿助人的有爱青年。

青年时期是一个人理想信念形成的关键时期，能否树立正确的理想和形成坚定的信念，将影响一个人一生的行动方向和努力程度。青年大学生肩负着强国富民、民族复兴的历史重任，就应该树立符合社会发展规律的科学理想，立志将自己的青春和智慧奉献给建设中国特色社会主义的伟大事业。青年大学生要成为理想远大、热爱祖国的人，成为追求真理、勇于创新的人，成为德才兼备、全面发展的人，成为视野开阔、胸怀宽广的人，成为知行统一、脚踏实地的人。青年富有遐想和抱负，憧憬美好的未来，这是青年的特点，也是优点。但需要懂得，个人的抱负不可能孤立地实现，只有把它同时代和人民的要求紧密结合起来，用自己的知识和本领为祖国为人民服务，才能使自身价值得到充分实现。党的十九大报告指出：青年兴则国家兴，青年强则国家强。青年一代有理想、有本领、有担当，国家就有前途，民族就有希望。中国梦是历史的、现实的，也是未来的；是我们这一代的，更是青年一代的。中华民族伟大复兴的中国梦终将在一代代青年的接力奋斗中变为现实。全党要关心和爱护青年，为他们实现人生出彩搭建舞台。广大青年要坚定理想信念，志存高远，脚踏实地，勇做时代的弄潮儿，在实现中国梦的生动实践中放飞青春梦想，在为人民利益的不懈奋斗中书写人生华章！

【心灵导航】

无数事实证明，人有了崇高的理想，就会在黑暗中看到光明，在平凡中创造伟大，在挫折中充满信心，在暂时的失败中坚信胜利。而如果没有理想，就会像一艘没有明确航向的小船，在人生的海洋里随波逐流，不是被大浪抛向礁石，就是被潮水弃在沙滩。理想作为一种信念一经确立，就可以转化为无坚不摧的精神力量，激励着人们自觉地追求既定的目标，从而取得事业的成功。这种精神力量，越是在风浪、坎坷、逆境中，表现得越明显和突出。清代文学家蒲松龄，虽屡试不第，但并未沮丧，坚信“有志者，事竟成，破釜沉舟，百二秦关终属楚；苦心人，天不负，卧薪尝胆，三千越甲可吞吴”。他寒窗苦读，废寝忘食，从不懈息，终于写成了流芳百世的《聊斋志异》……这些人生榜样说明了一个人的一生，不论他们从事什么职业，都存在着方向、道路的问题。人的一生只能享受一次青春，一个人只有在年轻时就把自己的人生同时代和人民的要求紧密结合起来，用自己的知识和本领为祖国为人民服务，才能使自身价值得到充分体现。如果脱离时代、脱离人民，必将一事无成。

※ 活动链接 ※

活动理念和指导思想

1. 在本专题的活动中，需重点感悟“人为什么要有理想？要树立怎样的理想才能青春无悔”，通过社会调研、文献查询等方式，收集生活中成功人士典型案例，总结“他们是如何确定自己的理想的？又是如何实现自己的理想与价值的”。

2. 通过本专题的活动，了解理想对一个人事业成功、价值实现及社会贡献的重要作用，体验只有把自己的命运和献身社会、献身祖国、献身人类联系起来，才能拥有一个丰富多彩的人生，才能实现自我价值，成为一名对社会有用的人。进而总结实现理想的方法与途径，从而根据社会需求和个人情况，设计自己的职业生涯，树立适合自己的职业理想。制定出个人的职业生涯方案。

活动方案

活动一：“祖国在我心中” 专题演讲比赛

1. 活动目的

通过组织“祖国在我心中”专题演讲比赛，使同学们对个人理想、共同理想、共产主义理想有一个清醒的认识。激发大家树立崇高的理想信念，立志报效祖国，服务人民。

2. 活动实施

（1）查询材料、调查研究、撰写演讲稿。

（2）组织演讲活动。

3. 活动成果

评选演讲优胜者，给以表彰，演讲录音在学校广播站播放，优秀演讲稿在校报刊发表。

活动二：“什么样的人才是最受欢迎的”社会调研

1. 活动目的

通过社会调查，了解社会对人才的需求，最受欢迎的人才是什么样的，有哪些要求。了解大学生在社会中的就业情况，准确为自己定位，树立正确的职业观。

2. 活动实施

（1）收集资料，编写、设计调查问卷。发放和回收调查问卷，并向被调查者做一定的说明。

（2）统计调查结果，写出调查报告。

（3）组织交流研讨。

3. 活动成果

组织开展优秀调研报告成果展。

活动三：“我爱我的专业”征文比赛

1. 活动目的

通过“我爱我的专业”为主题的征文比赛，增强学生对所学专业的热爱，使他们树立正确的人才观，珍惜在校学习生活，努力按照未来从事的职业对从业者的要求，提高自身素质，立志成才。

2. 活动实施

（1）题目由作者自定、体裁不限，文章内容应具有真情实感与积极向上的精神。

（2）作者可以就专业学习中的所见、所遇、所感，也可就专业学习、社会实践、谋业求职、职业生活等方面发表自己的见解。

3. 活动成果

“我爱我的专业”主题论文展评，评选出优秀文章，汇编成集。

活动四：“我们的未来不是梦” 职业生涯规划设计

1. 活动目的

通过职业生涯规划设计活动，开展职业生涯规划设计比赛，强化职业意识、职业理想、职业道德和就业观、创业观。树立“成功者”的心态，形成提高自身素质的动力。

2. 活动实施

（1）“职业生涯设计”要求：按“分析自身条件、确定职业目标、规划发展阶段、制定实现措施”四步写清设计思路，做到从职业的角度了解自己、了解社会，从个人条件、发展需要和全面建成小康社会的需要出发，遵循所学专业对应职业群的发展规律和变化趋势，实事求是地确定目标、落实措施。

（2）在老师指导下收集材料、制作规划等。

（3）评选标准：设计思路正确，设计步骤科学，标题鲜明引人，目标具体实在，文字翔实生动，配图贴切美观。

3. 活动成果

（1）交流职业生涯设计方案。

（2）编写《职业生涯设计方案选集》。

专题九　坚定信念　点亮理想之光

引　航

"我志愿加入中国共产党，拥护党的纲领，遵守党的章程，履行党员义务，执行党的决定，严守党的纪律，保守党的秘密，对党忠诚，积极工作，为共产主义奋斗终身，随时准备为党和人民牺牲一切，永不叛党。"

这是入党宣誓词。每一位要求入党的积极分子都必须明白，入党不是要捞取什么好处，而是为人民服务，要想早日成为一名真正的共产党员，必须端正自己的入党动机，主动向党组织汇报自己思想、学习和工作情况，加强实践锻炼，以实际行动争取早日入党。

※ 问题聚焦 ※

入党，为了什么?

请先阅读一篇入党申请书。

入党申请书

敬爱的党支部:

我是一名平凡的大学生，但我有着不平凡的人生理想。在我心中，中国共产党是一个先进和光荣的政治组织，而且随着年龄的增长我越来越坚信，中国共产党全心全意为人民服务的宗旨，是我最根本的人生目标。为建设更加美好的社会，贡献自己的力量，并在此过程中展现自己的人生价值、完善自我是我内心深处的愿望。所以，我再一次恳请加入中国共产党。

在生活中，只要一提到党员，人们就联想到先进人物。记得去年回家时，我告诉只上过小学二年级的母亲我从党校毕业的消息时，她特别欣慰，对我说，我有个长辈，特别有能力，可一生追求入党都未如愿。在母亲心中，她的儿子才二十多岁就从党校毕业，这证明儿子很优秀。后来我对那位已经退休的长辈说起这件事时，他也对我大加赞赏。尽管我们也看到一些党员腐败分子，但是毋庸置疑，在人民的心中，党员几乎成了积极分子的代名词。在人民需要帮助的时候首先想到的就是中国共产党党员。

在2014年刚进入大学的时候，我向党组织递交了第一份入党申请书。我是一个喜欢上进、不甘落后的人，从童年到高中时代的生活经历让我坚信中国共产党是一个先进集体和光荣组织，因此早在中学时代我就盼望着能早日入党。我来自一个普通而艰难的农村家庭，从小就不得不帮着母亲支撑整个家庭。我从小学到大学的学费中相当一部分来自学校和社会的资助，直到今天每年我还领取助学金。贫困让我比一般人更深刻地体会到，没有社会的温暖就没有我今天丰富多彩的大学生活。同时，贫困也锻炼了我，从能力上，也从思想上让我更加成熟。在家里、在社会上，我学会了处理同龄人不曾面对的困难和问题；在学校，也许是因为我更懂得来之不易的学习机会，从小学高年级起一直到高中我的成绩一直都比较突出，并且多次担任过班干部和学生干部的职务，这些宝贵的经历让我体会到做人应该自强不息、力争上游，同时也让我体会到为他人着想和维护整个社会利益的重要意义。生活告诉我：人生的意义，在于奉献而不是索取。中国共产党正是这样一个为全体人民谋福利的政党，所以我向往加入中国共产党。

现在看来，上面的思想并不算成熟。在大学这座大熔炉里，我的思想有了新的提高。我觉得一个人独善其身并不够，还应该积极地用自己的言行去影响他人。一个优秀的人要懂得最大限度地发挥自身的潜力，不仅在自己的岗位上兢兢业业、对周围的人关心爱护，还要切实、灵活地去带动大家都来关心国家、集体和他人的利益。而一个共产党员所负的责任正是这样，既要乐于为他人服务，也要领导人们都来关心大家。我想，成为一名党员我就有机会向更多的优秀分子学习，取他人之长补己之短，在维护集体利益、坚持原则的同时做到与周围的人融洽相处；成为一名共产党员后，我会时时告诉自己要更加严格要求自己，更深刻地增强自己的社会责任意识和克服困难的决心。

在今后的日子里，我一定会保持积极上进的精神面貌，加强思想政治学习，提高自身素养，真正做到心中有党，爱党护党，自觉接受党组织的考验，争取早日成为伟大的中国共产党的一员。请党组织监督、考验我吧！

此致

敬礼！

赵志刚

2017 年 9 月 15 日

【思考园地】

1. 该同学从 2014 年第一次递交入党申请书到 2017 年再一次恳请加入中国共产党，对党的认识有哪些变化？

2. 从小就唱“我们是共产主义接班人”，今天，无论我们准备得如何都真的该接班了，我们如何接这个班？是否愿意跟党走？

3. 在大学生活中要求入党的同学不少，党校的课堂门庭若市，同学们是否认真思考过，入党是为了什么？如何才能早日加入中国共产党？

※ 学习指南 ※

在大学，有志于加入中国共产党的同学很多，执政的中国共产党靠她的无穷魅力吸引着莘莘学子。可是谈到“为什么加入中国共产党”，入党的动机又往往表现得形形色色。面对“入党”这一人生的重大政治抉择，需要我们认真、严肃地思考，慎重地走好人生的每一步。为了深入全面的思考，可以分成学习小组，分工协作，共同探究。

1. 探究思路

围绕为什么要入党，大学生入党动机存在的问题，正确的入党动机是什么，如何树立正确的入党动机，如何才能早日加入党组织等问题进行集体探究活动。

2. 查阅文献

《纪念白求恩》《雷锋的故事》《周恩来》《论共产党员的修养》《入党》《红船》《向党旗宣誓》《坚守共产党人的精神家园》。

3. 观看影视作品

《开国大典》《江姐》《狼牙山五壮士》《英雄儿女》《上甘岭》《毛泽东》《周恩来》《刘少奇》《杨善洲》《柴生芳》《榜样》《厉害了，我的国》等影片。

4. 学唱革命歌曲

《我和我的祖国》《没有共产党就没有新中国》《东方红》《我的祖国》《团结就是力量》等歌曲。

※ 实践探究 ※

面对改革开放和发展社会主义市场经济的形势，为更好地适应和促进社会主义市场经济发展，实现中华民族伟大复兴的中国梦，每一位要求入党的同学，只要认真学习，努力实践，自觉地克服各种不正确的思想，端正入党动机，加强修养，积极争取，就一定能成为一名光荣的共产党员。

一、提高认识　端正动机

要求入党必然会思考这样一个问题：“我为什么要入党？”党组织在培养和发展每一位积极分子入党时，也必然会认真地审查和考察其入党的目的，这些就是我们通常所说的“入党动机”问题。对于要求入党的同学，树立正确的入党动机，这是一个不可回避和必须认真对待的问题。

（一）关键时刻——入党动机的试金石

人可以没有金钱、没有权势、没有地位，没有很多东西，但人不能没有信仰，不能没有精神家园。入党的问题就是寻找自己的精神家园，是寻求崇高理想信念的过程。

1. 入党在危难之时

“晚节全持好，堪为我辈师。救亡曾断指，入党在危时。”这是董必武追悼徐特立所作诗句，对徐老在逆流中勇进、在中国革命处在低潮时加入中国共产党的革命精神予以高度的赞扬。

徐特立本是个刻苦自学，埋头教育事业的人。在中华民族外受帝国主义欺凌、内遭贪官污吏压榨的年代，他曾立志“教育救国”，竭尽心力培养人才。但直至须发染霜之年，救国的事业依然渺茫。后来，中国共产党领导的势如暴风骤雨的工农运动，使他看到了工农团结起来的巨大力量，看到了中国共产党对革命的领导作用。他毅然参加农民协会，从事农运工作。1927 年，国民党反动派发动“四一二”大屠杀，上海、广州、长沙以至整个中国被杀害的工人、农民和共产党人尸横大街、首悬路杆。在这腥风血雨的日子里，徐特立心情异常愤怒和沉重。革命处于低潮了，中国向何处去？不少人动摇了，背叛了信仰，离开了共产党，有些人甚至出卖灵魂，跑到敌人那边去了。然而，就在革命处于极度危难的时刻，为抗议国民党反动派的罪恶行径，徐特立愤然辞去女师校长职务，离开长沙，决心寻找共产党。在距长沙 20 里外的一个村子里，徐特立见到了自己的学生李维汉。他急切地紧握李维汉的手说：我知道你是共产党员，你说说怎么办？”“屠杀吓不倒真正的共产党人。我们现在要重新组织队伍，积蓄力量，与敌人斗下去，直到把一切反动派都埋葬掉!老师，你相信我吗？”李维汉这般说。“相信！”徐特立激动地说，“正是为了这个，我才要找共产党。”李维汉为老师逆流勇进、坚持革命、要求入党的精神所感动。不久，党组织接受了徐特立的要求，郑重宣布吸收他为中国共产党党员。

共产主义是人类空前伟大而壮丽的，又是空前艰苦而困难的事业，尽管它汹涌澎湃、滚滚向前，但必然也有曲折、逆流和险滩，只有那些不仅在顺风之时，而且在逆流之中都能始终如一地坚持自己的信念的人，才是真正的共产主义战士。

翻阅恢宏的中国共产党党史可知，中国共产党自成立之日起，就声明本党以马克思主义为指导，自己是中国工人阶级的政党，是中国工人阶级的先锋队，以阶级的、民族的解放为己任，驱逐列强，恢复中华，建立人民当家作主的新中国。于是，“为共产主义奋斗终身”，就成了中国共产党人最崇高、最神圣的理想信念。正是在这一崇高的理想信念的鼓舞、感召下，无数先烈不惜抛头颅、洒热血，心甘情愿地为之奋斗不息。90 多年来，正是一批又一批具有崇高理想、信念的共产党员，始终站在革命、建设和改革开放的前列，披荆斩棘，无私奉献，才换来今天强大的中华人民共和国。

2. 入党在感悟之后

十九大把习近平新时代中国特色社会主义思想写入了党章，对我国社会主义建设具有长远的战略意义，也给我们大学生党员提出了新的要求。作为当代大学生，在努力学习领会习近平新时代中国特色社会主义思想的同时，应该以自身的切实行动成为新思想的代表者、实践者。以下为某同学的入党感悟：

党的十九大已经胜利闭幕很多天了，壮阔的乐曲还在心头盘旋，豪迈的宣言犹在耳旁萦绕。以我在班里、系团委两年来担任学生干部的体会，我认为，我们入党积极分子要成为习近平新时代中国特色社会主义思想的代表者、实践者，就必须牢牢树立服务意识，树立为同学服务、为班级服务、为系里服务、为学院服务、为社会服务、为国家服务的思想价值观念。同时，努力地提升自己，在未来的社会主义建设大潮中扎扎实实地从小事做起，以自己在学校学到的科学知识为社会发展做出自己应有的贡献。

当代大学生要努力学习科学文化知识，不断提高马列理论水平、提高分析问题和解决问题的能力，走在中国先进文化的前列；要具备优良品性和较高的综合素质以及较高的知识文化水平和为社会主义现代化建设事业服务的科学技术本领，为提高社会生产力做出贡献；还要牢固树立“做先进文化的代表者、传播者和实践者”的思想观念，努力使文化知识理论化、系统化，还要不断提高自身政治素养和强化社会主义核心价值观，勤奋刻苦读书，掌握科学文化技术，牢牢把握中国先进文化的发展趋势和要求。

（二）入党动机面面观

入党，为了什么？这是每一名共产党员在入党前和入党后都要深深思考的问题。因为，共产党员不仅要在组织上入党，更要从思想上入党。在改革开放的环境下，各种社会思潮相互激荡，社会生活也日趋多样化、复杂化，这就难免影响人们的入党动机。我们应当看到，目前在大学校园中，广大要求入党的青年学生的主流是好的，但在入党动机上也出现了一些值得我们注意和需要加以引导的问题。

1. 入党——为了光荣

某同学看到别人入了党，在同学中有一定的威望，羡慕不已，于是自己也写了份入党申请书，企盼有一天自己也能获此荣耀，得到精神上的满足，也可以让父母、高中同学知道，他现在很了不起。

共产党员的称号的确是光荣的。但是我们必须看到，共产党员的称号之所以光荣，就在于他是全心全意为人民服务的，能够为国家和人民的利益不惜牺牲个人的一切。也就是说，共产党员的光荣与责任与奉献是紧密联系在一起的。如果一个人要求入党，只是为了荣耀，为了脸面好看，而不准备为党和人民的事业做艰苦的工作，那与共产党员的光荣称号是不相称的。

加入中国共产党是以全心全意为人民服务为宗旨，不是“党旗为我添光彩”，而是“我为党旗添光彩”。“共产党员”的光荣称号是全心全意为人民服务精神的体现，共产党员得到人民群众的信任和爱戴，是因为他们在各自平凡的工作岗位上，以身作则，身体力行，始终与人民群众在一起，想人民群众所想，急人民群众所急，脚踏实地，埋头苦干，吃苦在前，享受在后。入党的确是个人追求进步的途径，但是这种进步不应是为了面子和狭隘的个人目的，而是为了党的事业、为了个人能在历史进程中正确发挥作用，实现最大的人生价值。

2. 入党——为了报恩

某同学在入党申请中叙述自己入党动机时写道：“我来自青海偏远的一个村子，九岁时家中因电线引起的一场火灾而失去了双亲，那夜我因住在邻居家而幸免于难。父母留给我的只有两间土房子。我是吃东家的饭穿西家的衣长大的，同时在一位署名为‘党员’的无名者帮助下读完了大学。我希望能尽早养活自己，当地的乡政府以‘委托培养’的形式资助了我三年的学费。在这种情况下，我没有成为社会的祸害，而依然能上学，保持着品学兼优，虽然有个人努力的因素，但最根本的是由于这位‘党员’、乡政府和乡亲的关心。为了报答乡政府的培养之恩，也为了报答这位‘党员’，我要求加入中国共产党。”

这位学生为了报答党的培养之恩而要求入党，这种朴素的感恩之情是可贵的。但是，作为一个要求入党的积极分子来说，仅仅有“报恩”的感情是远远不够的。朴素的感恩之情是不能代替共产主义觉悟和信念的，更不能代替一个共产党员应具有的立场、观点和方法。因此，这种朴素的感恩之情应当在不断的自我修养中提高和升华，这样才能经得起考验。

3. 入党——为了从众

某同学的父母都是党员。高中时，父亲就对他说，你要在学业上进步，也要在政治上积极要求进步。对此，他没有深刻的理解，也没有过多的想法。上了大学后，同舍六人，五人都交了入党申请书，并参加了党课培训班，于是该同学也顾不上多想，也很快交了一份入党申请书。

有些同学因为父母是党员，周围的同学也在积极要求入党，每当被问及自己是否要求进步时，感到不入党似乎不光彩，于是自己也写了一份入党申请书。这些学生的入党动机带有很大的盲从性，因为他们没有认识到正确的入党动机不是来自外力的推动，而是申请者发自内心深处的真诚愿望，是以对真理的执着追求和对党的深刻了解为基础的。

4. 入党——为了名利

某同学一入校就交了入党申请书，班主任为此非常欣慰。在班级大加表扬，可在以后的表现中，老师发现他并没有像入党申请书中写的那样“积极表现，服务同学”。经过调查，老师知道了他的叔叔是某县组织部长，入校时就告诉他要在学校入党，这样回到县上，不仅有一份好的工作，而且在单位升职快。

要求入党，必须是经过自己的深思熟虑后做出的人生道路的重大选择，而绝不能是因为一时的冲动，更不应为狭隘的功利目的所驱使，它应是源于自身对共产主义事业的信仰，对真善美的追求以及对为社会、为人民做贡献的赤诚之心。任何以权谋私、贪污腐化的行为，都是党和人民所不允许的。为个人利益而入党的动机是十分有害的。持有这种想法的入党申请者，只想捞好处、得实惠，缺乏远大的理想，根本不可能全心全意为人民服务，不可能自觉按照党员标准约束自己，有甚者会发展到为了捞好处不惜以身试法，这样只会严重地败坏党的形象，降低党的威信。因此，在入党问题上抱有个人功利主义色彩的同学要深刻地剖析自己，抛弃私心杂念，从个人主义的小圈子里跳出来，在学习和实践中彻底洗涤自己的思想，使自己对党的认识有一个根本性的提高，真正树立入党为人民服务的动机。

5. 入党——为了回报社会

某同学入校时带来他的党组织关系，他已是中共预备党员。班主任很感叹地问，“为什么这么早就入党了？”他回答道：“我爸爸是党员，也是村里的村委会主任，他一直告诉我一句话，人一生要活得有价值，要为人民服务，要奉献社会，这对我的影响很大，我立志毕业后到南疆偏远落后的地方去造福一方人民。我要在大学里学好扎实的专业知识，练就过硬的技术，好为今后的工作打好基础。”

中国共产党是工人阶级的先锋队，是中国人民和中华民族的先锋队。大学生是未来建设祖国的主力军。大学生加入中国共产党，无疑给党注入了新鲜的活力，很大程度上能够优化党员队伍的结构。作为积极要求进步的大学生，就应该牢固树立为建设中国特色社会主义和实现共产主义而奋斗终身的坚定信念，把回报社会、造福一方人民作为自己的奋斗目标，使自我价值与国家富强、人民幸福有机统一起来，才能无愧为新时代的中国共产党党员。有不少大学生有着坚定的共产主义信仰，他们自觉地把入党作为一种精神追求。所以，无论在学习上，还是日常生活上，他们都积极以一个共产党员的标准要求自己。

6. 入党——为了提高政治素质

我们每一位立志成才的青年，都应当更重视自身政治素质的提高，积极靠拢党的组织，在党的教育和帮助下在政治上更快地成长起来，成熟起来，使自己成为一个全面发展的人才。

社会的发展是由多因素相互作用生成的，它包括经济的因素、政治的因素、文化的因素、社会意识的因素，等等，而其中政治与经济间的相互作用更是十分的重要。今天，我们要把祖国建设成为一个富强、民主、文明、和谐、美丽的社会主义现代化强国，首先就要有一条正确的政治路线做保证。作为社会成员，每个人的生存和发展总是要受到社会政治因素的影响和制约，它常常决定一个人成长的方向和道路。就每个人的自身发展而言，政治也是个十分重要的因素。具有良好的政治素质也是现代社会对人才素质的一项要求。社会的现代化是建立在经济现代化、政治现代化、科学技术现代化等多方面的。而一个国家政治上的现代化发展程度又取决于国民的现代政治意识。作为一个现代社会的人才，就必须按照时代要求不断提高自身的政治素质，培养政治意识，增强民主法制观念，提高参政议政能力，学会正确行使民主权利，用自身良好的政治素质积极促进社会、经济、文化和安定和谐政治局面的发展。

具有正确的政治观点和思维方式，有助于个人视野开阔、头脑清晰，能在错综复杂的社会生活中审时度势，正确把握社会发展和个人发展的趋势和契机，具有敏锐的洞察力和判断力，能识别和抵制错误思想的腐蚀和侵蚀，从而更好地促使自己发展。同样，在市场竞争中，许多厂长、经理要对企业的发展做出正确的决策也都需要学会用政治的眼光去分析和把握现实。正是由于政治是社会发展与个人发展中一项不可或缺的因素，因此我们党历来十分重视对人的思想政治教育，重视人才培养中的政治素质的提高，以又红又专作为人才培养的目标，以德智体美全面发展作为我国的教育方针，以德才兼备作为我党选拔人才的标准。

【资料链接】

青年强则国强，青年立则国立。大学生党员作为广大青年群体中的佼佼者，是先进生产力的主要建设者，是先进文化的主要继承者，是最广大人民利益的坚决维护者，是全面建设小康社会，实现中华民族伟大复兴的一支重要依靠力量。新时代新国情风云变幻也对广大青年党员的教育管理工作提出了更多更高的要求，尤其在培养大学生党员端正行为作风，提高思想觉悟，树立正确的世界观、人生观和价值观等方面，要求进一步激发大学生青春‘正能量’，永葆蓬勃朝气、昂扬锐气、浩然正气与共产党人清正廉洁的政治本色，为努力实现中华民族伟大复兴的‘中国梦’打下坚实而有力的基础。

（资料来源：袁晓轩《激发大学生党员“正能量”，铸就新时代中国梦》，
中国共产党新闻网，2013 年 9 月 16 日）

入党，意味着要比群众多做奉献

争取入党就是要为党和人民的利益无私奉献，因为我们党除了工人阶级和全体人民的利益之外，没有自己的特殊利益。我们必须坚持党和人民的利益高于一切的原则，个人利益要服从党和人民的利益。党员个人利益的实现，包含在党和人民利益的实现之中。

入党，意味着比群众多挑重担

我们党是工人阶级的政党，党的奋斗目标，党的路线、方针和政策，都代表了最广大人民群众的利益和愿望，共产党员只有全心全意为人民服务、多做贡献的义务，而没有牟取私利的权利。共产党员从来都把全心全意为人民服务作为自己的行动准则。

入党，意味着要比群众多做牺牲

争取入党就要具有革命的自我牺牲精神，在战争年代，我们的党在敌人的包围之中，在激烈的阶级斗争中，共产党员随时都可能流血牺牲。是不是勇敢，怕不怕牺牲，这是做一个共产党员最起码的条件。今天，我们虽然处在和平建设时期，但是，革命战争时期的那种为党和人民事业舍生忘死的精神，依然需要。在危急关头经不起考验，畏难退缩的人，有辱于共产党员的光荣称号，根本就没有资格做共产党员。

人的每一项活动都有一定的目的，都是为着实现确定的目标；而目标又使人产生动力，形成为实现这一目标而奋斗的意志，目标与为实现这一目标而奋斗的意志就构成了动机。党员为实现党的目标而奋斗的意志是党的战斗力的来源。入党动机正确与否，关系到党的纯洁性和党组织的战斗力。首先，对于党来说，如果党员的奋斗目标不正确，就意味着他要牟取其他的目标，从而损害党的纯洁性，破坏党的战斗力。如果党员的目标正确，但是意志不坚定，在考验面前就有可能动摇目标，甚至最终背离目标，同样损坏党的战斗力。正因为如此，列宁指出，我们的任务是要保证我们党的巩固性、坚定性和纯洁性。保证党员队伍的纯洁性，在一定意义上讲取决于党员的入党动机。要纯洁党的队伍首先必须把住党员入党这一关，从思想入手，从动机抓起，努力防止投机分子和其他不良分子混进党内，以确保党的队伍在思想上和政治上的纯洁性，确保党的战斗力。其次对于个人来说，如果入党的目标不正确、意志不坚定，即使入了党，也难免会在严峻的考验面前迷失方向，甚至走上错误的道路，不仅给党的事业带来损失，而且毁了自己。正是因为正确的入党动机对于个人成长、对于党的发展具有重要的作用，所以端正入党动机便成为个人争取入党的首要问题，而党也把端正入党动机，从思想上入党作为对每一名党员的要求。

（三）树立正确的入党动机至关重要

入党动机正确与否，不仅关系到要求入党的积极分子能否为创造入党条件产生正确的导向和内在动力，而且关系到要求入党的积极分子能否在入党以后，始终不渝地坚持共产党人的世界观、人生观和价值观，永葆共产党员的本色。

正确的动机，是正确行动的精神力量。只有树立了正确的入党动机，才能有持久不衰的动力，刻苦学习马克思主义理论，更加自觉地贯彻执行党的基本路线，把对共产主义事业的忠诚同执行党的基本路线统一起来，在改革开放和现代化建设中积极做出贡献；才能够在日常工作和生活的各个方向，更加严格地要求自己，努力摆正党和人民的利益同个人利益的关系，逐步培养和树立起甘愿“吃亏”、不怕“吃苦”、为人民无私奉献的人生价值观，才能够正确对待争取入党过程中遇到的一些具体问题。当周围的同志比自己先入党的时候，不会沮丧和急躁，而是加倍努力；当接受考验的时间较长时，不会自暴自弃，怨天尤人，而是找出不足，迎头赶上；当自己要求入党的行动没有被正确理解，甚至受到一些人的曲解、误会时，也能正确对待；当自己在工作、生活中遇到困难和挫折时，也不动摇自己的信念，始终朝着既定的目标前进。

正确的入党动机，指争取入党的内在原因是忠诚地信仰共产主义，把最终实现共产主义作为自己的最高理想，决心为了壮丽的共产主义事业奋斗终身，全心全意为人民服务，并随时准备为党和人民的利益牺牲一切。

【资料链接】

黄萦是一位热爱学习、精力充沛、热情积极的同学，不仅学习成绩好，工作能力也特别强。她积极参加院校的各种活动，并夺得多项荣誉，在全国核心期刊上发表文章，一年下来，她个人所获奖励或荣誉有近20项。优异的表现全体同学有目共睹，可是在年级发展第一批党员时却没有她，原因是在讨论其入党的问题时，同学们一致认为她过于注重个人表现和发展，不大为集体和其他同学考虑，有点功利。她个人所获奖励和荣誉很多，但为所在集体争得的荣誉却很少；她积极投身于各类活动中，但却忽视和同学的交流以及对他们的关心和帮助。

作为培养联系人，我把同学们的意见毫无保留地反馈给她。她听后很着急，并真挚地问我："我一直以为入党要表现优秀，就是能力强学习好，便没有想其他的了，那怎样的入党动机才是纯正的？我该怎样向一名合格的党员靠拢呢？"几次谈话后，她递交了一篇长达5000余字的思想汇报，认真严肃地剖析了自己，尤其是自身的缺点与不足。在思想汇报里她这样写道："刚进大学时，我就给自己确定了许多目标，其中政治上的目标便是加入中国共产党。原来我认为大学生党员就是学生中的精英，于是我追求学习的名列前茅，能力的出类拔萃，至于为同学服务，为集体做贡献思考得比较少，我努力让自己表现优秀却从根本上错误理解了党员的标准，同学们的意见很对，我还没有达到一名党员的要求，以后我要做到如下……"我们在一起一边看，一边讨论，并提出了具体的改进方法，包括怎样在做好学生会干部的同时，兼顾班级利益和积极参加集体活动，做一名融入集体，尤其是班集体的好学生干部，怎样对待老师交给自己的无"好处"的任务。

培养联系人在培养过程中应认真观察其平时的表现，进行深入交谈，弄清楚其是根本的入党动机不纯，还是只是一时"糊涂"。如是前者，这样的同学混进党的队伍，会损害党的形象，破坏党的整体优秀，以后走向社会也会阻碍党的事业的正常发展，这样的同学，在思想没有彻底转变以前，学习成绩再好，能力表现再突出，我们也不应该发展。很多入党积极分子都是表现出后者情况，他们有强烈的入党热情，但基础理论匮乏，思想不成熟，并不真正清楚党员的合格标准，不懂得科学纯正的入党动机。这就有赖于培养联系人的教育了。

黄萦同学的情况就属于后者，她追求个人综合素质的全面发展，将入党作为自己思想政治发展的追求，但却没有弄明白真正的入党条件和科学的入党动机，同时个人发展追求过多，忽视了为同学服务、为集体贡献。针对此类同学，我们应及时帮助其端正入党动机，而端正入党动机是个长期的过程，绝不仅仅是入党前一时的问题，而是入党后长期的事情，一辈子的事情。

树立正确的入党动机需要经过很长时间的努力。入党动机属于思想范畴。根据人的认识和成长规律，人的正确思想是在理论和实践的相互印证、相互促进的不断运动中形成的。

文学家柳青曾经说：“人生的道路虽然漫长，但紧要处常常只有几步，特别是当人年轻的时候。”我们许多同志在确立自己的人生坐标时，选择了信仰共产主义，追随共产党，迈出了人生十分紧要的一步，这是一个十分正确而重要的选择。然而，在有了入党的愿望之后，应该有一种什么样的态度呢？是等待组织来发展自己，或是被动地接受组织的考察，还是以主动、积极、郑重的态度来争取入党，是每一位有入党要求的同志应当认真思考的一个问题。党组织把端正入党动机作为对申请入党的同志的最基本的要求，把考察要求入党同志的入党动机和帮助他们端正入党动机，作为保证新党员质量的一个重要环节和措施。发展新党员，只能把那些入党动机端正，在改革开放和现代化建设中表现出色，确实具备党员条件的人吸收进来；那些动机不纯的人，绝不能吸收入党。清楚地认识到这一点，我们就不会为浮云遮望眼，毫不犹豫跟党走。

二、未进党的门　先做党的人

有志于要求入党的学生，产生了入党的愿望，并确立了正确的入党动机，就要把入党动机体现到自己的实际行动中去，用共产党员的标准严格要求自己，加强党性锻炼，不断提高自己，通过行动来表明自己的愿望，接受党组织的考验，努力做到自重、自省、自警、自励，善于解剖自己，不断地找差距，求进步，图发展，努力培养自己高尚的品格和思想觉悟，以实际行动争取早日入党。

（一）加强修养　坚定信念

下面是一位同学对于加强党员素质和修养的认识：

记得刚入校时，看到许多学生党员佩戴党徽从我身边经过时，望着他们的背影，我好羡慕，心想我什么时候能像他们一样，成为一名光荣的共产党员。于是，我递交了入党申请书，从此，无论是学习、纪律还是劳动我都积极努力，处处走到同学的前面，不久被学校确定为入党积极分子，可是我并没有成为班上第一批发展的党员。后来在老师的帮助下，我才意识到，作为一名党员不仅要自己做好，更重要的是带动周围同学共同进步，不仅要专业学习好，更不能忘记加强自身素质的修养，提高对党的认识，坚持自己的信仰，树立共产主义的世界观、人生观、价值观。还应该树立为民族复兴而奋斗的豪情壮志，为实现共产主义而奋斗的远大理想。

申请入党的同学虽然还未进党的门，但是，应该按照党性原则进行自我教育、自我改造和自我完善，确立实现中华民族伟大复兴的理想和坚定信念，始终保持政治上的清醒和坚定。要自觉地用马克思主义武装自己，牢固树立共产主义世界观、人生观和价值观，正确处理局部利益和全局利益、个人利益和集体利益的关系。要努力增强政治敏锐性和政治鉴别力，时刻警惕各种腐朽思想、价值观念的侵袭。不断加强党性修养。党性修养重在自觉，贵在坚持。入党的同学只有高度自觉，坚持不懈地进行党性修养，才能不断地改造和完善自己，使自己达到党员标准，成为一名合格的共产党员。作为一名积极分子，光是学习上优秀、工作上能干，还是不够的，还必须具有共产主义的觉悟。所以，共产党员不仅应该是学习、工作上的模范，更应是具有共产主义觉悟的先锋战士。

（二）牢记宗旨　勇挑重担

提起某同学的名字，全班没有一个不佩服的。他一入校就递交了入党申请书，并用实际行动验证着自己的追求。同班同学有困难，他热心解决。期末考试大家都在紧张的复习，他跑前跑后为同学们联系购买回家的车票和假期打工事宜。大型勤工俭学活动中，他不仅完成任务一流，而且还义务为大家做好后勤保障。当有人问他，为承担班级工作耗费大量时间值得吗？他笑着说："我觉得能为同学服务是一种幸福。"

作为一名积极申请加入党组织的同志，就应该成为全心全意为人民服务的模范。要时刻牢记党的宗旨，坚持党和人民的利益高于一切，努力为人民谋利益，吃苦在前，享受在后，克己奉公，多做贡献。全心全意为人民服务不是口号。积极要求入党的大学生，在校期间就应从点滴做起，身体力行，把为人民服务的信念化为学习动力，关心广大学生的利益，关心学校的发展，在学习、工作和生活各方面热心地帮助周围的同学，积极主动地参与集体的工作和社会实践，维护学校的改革、发展、稳定，以自己的模范行动影响和带动广大学生成为德智体美劳等全面发展的人才。

（三）乐于助人　甘于奉献

陈野平，曾是湖南师范大学医学院检验专业的一名学生，暑假的一天打完篮球路过水库，听到呼救声，立即冲到水库边，不顾自己水性不好，纵身跳入水中抢救落水少年，当他竭力将 15 岁的梁军托起，推上岸，再去救人时，不幸牺牲。他一向表现突出，是一位品学兼优的好学生，好青年。他年少志高，政治上积极要求进步，进入大学不久，通过多种方式向党组织表达了加入中国共产党的愿望和决心。他怀着报效国家和社会的热情，勤奋学习，刻苦钻研，立志做社会主义的有用之才。他乐于助人，甘于奉献，多次临危不惧，见义勇为。在生死抉择的关头更是奋不顾身，把生的希望留给他人，把死的危险留给自己。他用生命验证了自己的追求，不愧为当代优秀大学生。

入党不是为享乐而来，要有甘于奉献的精神，乐于奉献的勇气，以为集体、为人民群众奉献青春和热情为己任，积极参加党组织的各项实践活动，在实践中提高自己。无私奉献是共产党员的本质特征。大众的物质和精神追求存在着差异性。这就要求党员要勇于牺牲个人利益，把党和人民的利益放在第一位。在当前社会生产力尚不完全发达、社会利益分配还不可能使各社会群体都得到完全满足的条件下，要保持社会进步和发展秩序，必然要求党员干部首先要带头牺牲个人利益，因为一般群众在很大程度上正是通过党员在关键时刻能否主动舍弃个人利益来认识党的先进性的。所以，是党员、就要带头弘扬奉献精神、做无私奉献的榜样。

（四）严以律己　争做模范

入校时某同学是全班 52 名同学中第一个递交了入党申请书的，备受班主任器重，被选为班长。他多了为大家服务的机会，同时也增加了几分压力，原本有些不拘小节的他，变得深沉了些，原本在家备受呵护的独生子，也面临着新的挑战。然而，他并没有让人失望，而是以极大的热情投入到班级工作之中，以身作则，身先士卒，不仅学习努力，工作优秀，而且关心同学，关心集体，很快取得了同学们的信任，同学们一声声"班长"中透着一份对他的敬重。学期末，被确定为入党积极分子。

每个要求入党的同学都应自觉按照党员标准要求自己，认真履行党员义务，在学习、工作和社会生活方面充分发挥党员的先锋模范作用，努力做到理想信念坚定，道德品质高尚，学习成绩优良，工作业绩一流，组织纪律观念坚强，作风良好，履约践诺，知行统一，做自尊、自爱、自省、自律的模范。以自己的模范行动体现党员标准，争取早日加入党组织。

（五）遵守法纪　弘扬正气

李华志是华南师范大学体科院体育教育专业的一名学生，他思想上进，关心集体，富于爱心，多次向贫困生捐款。由于学习认真刻苦，成绩优良，积极参与各种活动，品学兼优的他一直深受老师同学的喜爱。一天晚上，从农村乘公交车返回学校的途中，见有人在众目睽睽之下强抢一名女乘客的手机，他怒不可遏，迅速跳下车，奋力追向歹徒，他孤身追截，面对持刀歹徒，没有一丝犹豫。与五六个歹徒搏斗，被捅成重伤。经过四个多小时的抢救，李华志终于脱离生命危险，当被问道："面对五六个持刀歹徒，你没想到后果吗？"他说："作为一名大学生和普通公民，见义勇为是我的责任。虽然与歹徒搏斗的过程中我受了伤，流了血，但这些都吓不倒我，今后再遇到这样的事，我还是会挺身而出。"

每一位要求入党的大学生都要遵守党纪国法，模范遵守校纪校规，敬廉崇洁，公道正派，敢于并善于同各种违法违纪行为做斗争。在社会生活中带头遵守国家法律、法规，带头维护好社会秩序，勇于同扰乱社会秩序和破坏社会治安、破坏社会主义现代化建设的各种犯罪分子及其他坏人坏事做斗争。同时还要带头提倡共产主义道德，遵守文明道德，用实际行动推进社会主义物质文明和精神文明建设的发展。

【资料链接】

争取入党还要自觉地接受党组织的帮助

一要主动向党组织靠拢，要主动向党组织汇报自己的工作和思想情况。入党积极分子向党组织汇报自己的思想和工作情况，对党组织来说，是培养、教育和考察他们的需要。汇报可以分成三个方面：思想、业务和工作。思想汇报有两种方式：一种是书面汇报，另一种是口头汇报。其次，要积极参加党的活动。坚持经常的、高质量的参加党组织的活动，是考验党员党性强弱，入党积极分子成熟与否的重要载体。一般来说，可以参加学习党章培训班，听党课，参加某些党日活动，讨论积极分子入党的党员大会，先进党支部或优秀党员表彰大会等。最后还要认真接受党组织的培训。党组织的培训，是申请入党同学全面、系统学习党的基本知识，提高自己的政治素质、业务水平和工作能力的极好机会。

二要自觉接受党组织的教育。党组织对要求入党的积极分子的教育的基本内容和基本要求具体来说有以下几点：（1）马克思列宁主义、毛泽东思想和中国特色社会主义理论体系教育；（2）党的基本知识教育；（3）党的基本路线和方针、政策教育；（4）共产主义理想和革命人生观教育。

三要主动接受党组织的考察。对发展对象进行全面的考察，是保证新党员的发展质量的重要环节。考察的主要内容有政治信仰、思想觉悟、工作表现、组织纪律观念、道德诚信、直系亲属、主要社会关系的考察。

四要正确对待党组织的考察。作为发展对象，对党组织的考察，一是要正确对待，二是要积极配合。怎么配合？要摆正心态，明确目标，建立自我的激励机制，遇事果断，有决心，敢担当。

入党必须具备的条件

党章第一条规定：年满十八岁的中国工人、农民、军人、知识分子和其他社会阶层的先进分子，承认党的纲领和章程，愿意参加党的一个组织并在其中积极工作、执行党的决议和按期交纳党费的，可以申请加入中国共产党。

党章第二条规定：中国共产党党员是中国工人阶级的有共产主义觉悟的先锋战士。中国共产党党员必须全心全意为人民服务，不惜牺牲个人的一切，为实现共产主义奋斗终身。中国共产党党员永远是劳动人民的普通一员。除了法律和政策规定范围内的个人利益和工作职权以外，所有共产党员都不得谋求任何私利和特权。

入党的基本程序和手续

1. 本人自愿向党组织提出书面申请

要求入党的同学自愿向所在单位的党支部递交入党申请书。入党申请书的主要内容有：对党的认识和入党动机，本人的成长经历的简要情况，本人家庭主要成员和主要社会关系情况。

2. 由党组织确定为入党积极分子，接受组织教育和考察

党支部接到申请人的入党申请书后，指定党内同志与申请人谈话，肯定申请人的申请行为并指明今后努力的方向，要求申请人定期汇报思想。经过一段时间的培养和考察，党小组推荐、支委会或支部大会讨论同意，可以确定为入党积极分子。对入党积极分子，党支部会通过指定正式党员做培养联系人，组织其学习党的基本知识，邀请其参加党内有关活动。通过这些办法，对入党积极分子进行培养、教育和考察。

3. 确定为发展对象，进行全面培训、考察和政审

入党积极分子经过一定时间的培养教育后，在听取党小组、培养联系人和党内外群众意见的基础上，经党支部委员会或党支部大会讨论同意，可以列为发展对象。党组织对发展对象要进行短期集中培训、政治审查、入党前公示。经过预审，对已具备党员条件、党内外群众无异议的发展对象可履行入党手续。

4. 确定入党介绍人

申请入党者要有两名正式党员做介绍人。入党介绍人一般由培养联系人担任，也可以由发展对象自己约请，或由党支部指定。入党介绍人对发展对象的情况要有全面的了解。

5. 填写《入党志愿书》

申请入党者在党支部负责人或入党介绍人的指导下严肃认真地填写《入党志愿书》。入党介绍人应认真负责、实事求是地在《入党志愿书》上填写自己的意见。

6. 支部委员会审查通过

党支部委员会要严格审查发展对象的《入党志愿书》和有关材料，经党支部委员会集体讨论通过，再提交党支部大会讨论。

7. 党支部大会讨论通过，做出决议

在接收预备党员的支部大会上，申请人要汇报自己对党的认识，入党动机，本人历史和现实表现情况；党支部委员会负责向党支部大会报告对申请人的审查情况，入党介绍人向支部大会负责地介绍申请人的具体情况；全体与会党员对申请人是否具备党员条件进行充分的讨论；由与会正式党员按少数服从多数的原则作出支部大会决议。

8. 报上级党组织审批

党支部及时将《入党志愿书》和有关材料报上级党组织审批。上级党组织将指派专人同发展对象谈话，作进一步的考察。上级党组织对符合党员条件、入党手续完备的申请人，经集体讨论批准其为预备党员，并将审批结果及时通知党支部。党支部将上级党组织审批结果通知本人并在党员大会上宣布。

9. 参加入党宣誓

预备党员必须面对党旗进行入党宣誓。入党宣誓仪式，一般由院（系）党总支或党支部组织进行。

10. 预备党员的教育、考察和转正

在预备期间，党组织将通过听取本人汇报、个别谈心、组织生活、集中培训、分配工作任务、定期进行考察等方式，加强对预备党员的教育和考察。预备期满时，预备党员要主动向党支部递交转正申请书，党支部应当及时讨论其能否转正为正式党员，形成决议并报上级党组织审批。党支部要及时将上级党组织审批结果通知本人并在党员大会上宣布。党员的党龄从预备期满转为正式党员之日算起。

入党流程图

1. 申请人递交入党申请书	2. 党支部派人谈话
年满十八岁的中国工人、农民、军人、知识分子和其他社会阶层的先进分子，承认党的纲领和章程，愿意参加党的一个组织并在其中积极工作、执行党的决议和按期交纳党费的，可以申请加入中国共产党。 申请书的主要内容：（1）为什么要入党，主要是对党的认识和入党的动机；（2）个人的政治信念，成长经历和思想、学习、工作、作风等方面的情况；（3）对待入党的态度和决心	党支部收到入党申请书后，应当在一个月内派人同入党申请人谈话，了解基本情况
3. 确定入党积极分子	4. 确定培养联系人
采取党员推荐、群团组织推优等方式产生人选，由支部委员会（不设支部委员会的由支部大会，下同）研究决定，确定为“入党积极分子”，并报上级党委备案	党支部应当指定一至两名正式党员作入党积极分子的培养联系人。 培养联系人的主要任务是：向入党积极分子介绍党的基本知识；了解入党积极分子的政治觉悟、道德品质、现实表现和家庭情况等，做好培养教育工作，引导入党积极分子端正入党动机；及时向党支部汇报入党积极分子情况；向党支部提出能否将入党积极分子列为发展对象的意见

5. 培养教育考察	6. 确定发展对象
组织入党积极分子听党课、参加党内有关活动，给他们分配一定的社会工作以及集中培训等方法，对入党积极分子进行培养教育。党支部每半年对入党积极分子进行一次考察	对经过一年以上培养教育和考察、基本具备党员条件的入党积极分子，在听取党小组、培养联系人、党员和群众意见、团组织推优的基础上，支部委员会讨论同意并报上级党委备案后，可列为发展对象。发展对象应当有两名正式党员作入党介绍人
7. 进行政治审查	8. 开展集中培训
党支部应对发展对象进行政治审查，主要内容是：对党的理论和路线、方针、政策的态度；政治历史和在重大政治斗争中的表现；遵纪守法和遵守社会公德情况；直系亲属和与本人关系密切的主要社会关系的政治情况。审查情况应当形成结论性材料。凡是未经政治审查或政治审查不合格的，不能发展入党	基层党委应当对发展对象进行短期集中培训，培训时间一般不少于五天（或不少于四十四个学时）。未经培训的，除个别特殊情况外，不能发展入党
9. 支委会严格审查	10. 党支部讨论接收预备党员
支部委员会应当对发展对象进行审查，经集体讨论认为合格后，报具有审批权限的基层党委预审。基层党委对发展对象的条件、培养教育情况等进行审查，根据需要听取相关部门意见。审查结果以书面形式通知党支部	经基层党委预审合格的发展对象，由支部委员会提交支部大会讨论。发展对象汇报对党的认识、入党动机、本人履历、家庭和主要社会关系，以及需向党委织说明的问题；入党介绍人介绍情况，并表明意见；支委会报告对发展对象的审查情况；与会党员进行充分讨论，并采取无记名投票方式进行表决，赞成人数超过应到会有表决权的正式党员的半数，才能通过接收预备党员的决议
11. 党支部公示	12. 党支部报上级党委审批
党支部大会讨论后，报上级党委审批前，由所在党支部将发展对象在一定范围内进行 5～7 天的公示	党支部应及时将支部大会决议填写在《中国共产党入党志愿书》上，连同本人入党申请书、自传、政审材料、培养教育考察材料和公示情况等报上级党委审批
13. 基层党委派人谈话	14. 基层党委审批预备党员
党委审批前，要指派专人同发展对象谈话，作进一步的了解。谈话人应当将谈话情况和自己对发展对象能否入党的意见，如实填写在《中国共产党入党志愿书》上，并向党委汇报	党委审批预备党员，必须集体讨论和表决。党委主要审议发展对象是否具备党员条件、入党手续是否完备。党委审批意见写入《中国共产党入党志愿书》，注明预备期的起止时间，并通知报批的党支部，党支部应当及时通知本人并在党员大会上宣布。对未被批准入党的，应当通知党支部和本人，做好思想工作。党委对党支部上报的接收预备党员的决议，应当在三个月内审批，并报上级党委组织部门备案

15. 预备党员进行入党宣誓	16. 继续教育考察预备党员
预备党员应面对党旗宣誓。入党宣誓仪式，一般由党支部组织进行	党支部应及时将预备党员编入党支部和党小组，通过党的组织生活、听取本人汇报、个别谈心、集中培训、实践锻炼等方式，继续进行教育和考察
17. 预备党员申请转正	18. 党小组和党支部征求意见
预备期（一年）到期的预备党员，应向党支部提出书面转正申请，回顾总结在预备期内的表现，对照党员标准检查自己，找出差距和今后努力方向，表明自己的决心	党小组和党支部征求意见。预备党员递交书面转正申请后，由党小组提出意见，党支部征求党员和群众意见，然后交支委会审查
19. 党支部大会讨论	20. 基层党委审批
支委会审查后，支部大会讨论、表决通过，形成决议。认真履行党员义务、具备党员条件的，按期转为正式党员；需要继续考察和教育的，可延长一次预备期，延长时间不能少于半年，最长不超过一年；不履行党员义务、不具备党员条件的，取消其预备党员资格。预备党员按期转正、延长预备期或取消预备党员资格，应当经支部大会讨论通过并报上级党委织批准	党委对党支部上报的预备党员的转正决议，应在三个月内审批，并将审批结果及时通知党支部。党支部书记应同本人谈话，将审批结果在党员大会上宣布。党员的党龄，从预备期满转为正式党员之日算起
21. 材料归档	
预备党员转正后，党支部应及时将其《中国共产党入党志愿书》、入党和转正申请书、政审材料、培养教育考察材料、吸收预备党员表决汇总表、公示情况、审查表等交党委存入本人人事档案。无人事档案的，建立党员档案，由所在党委组织部门保存	

一个大学生经过上述坚持不懈的努力，成为一名中国共产党党员，这是一件值得高兴的事情。但是必须牢记，一个人在组织上入了党，这只是自己政治生活新的开端，应把入党作为继续前进的新起点，用党员标准更加严格要求自己，努力实现自己的入党誓言，为党旗增辉，为共产党员的光荣称号增添新的光彩。

入党申请书的基本写法

根据《中国共产党章程》的规定，要求入党的同志必须亲自向党组织提出申请。申请可分为口头申请和书面申请两种形式。通常情况下，申请入党的同志写书面申请。

入党申请书的基本书写格式及内容通常如下：

1. 标题。居中写“入党申请书”。

2. 称谓。即申请人对党组织的称呼，一般写“敬爱的党组织”。顶格书写在标题的下一行，后面加冒号。

3. 正文。主要内容包括：(1) 对党的认识、入党动机和对待党的态度，写这部分时应表明自己的入党愿望；(2) 个人在政治、思想、学习、工作等方面的主要表现情况；(3) 今后努力方向以及如何以实际行动争取入党；(4) 个人的履历、家庭成员及主要社会关系的情况。

4. 结尾。申请书的结尾主要表达请党组织考察的心情和愿望，一般用“请党组织审查”或“请党组织看我的实际行动”等作为结束语。

在申请书的最后，要署名和注明申请日期。一般居右书写“申请人：×××”，下一行写上“××××年×月×日”。

在写入党申请书时要注意以下几个问题：

(1) 要认真学习党章，掌握基本精神，加深对党的性质、宗旨、任务、党员的权利和义务等基本知识的理解；

(2) 要联系自己的思想实际谈对党的认识和入党动机，不要以旁观者身份一味评论别人；

(3) 对党忠诚老实，向党组织反映真实思想情况；

(4) 申请书要写得朴实、庄重，对于正文中各部分的内容可根据自己的实际情况确定。

思想汇报的基本写法

要求入党的同志自觉接受党组织的教育、培养的形式很多。其中，经常或定期向党组织和入党介绍人汇报自己的思想，是要求入党的同志主动接受党组织教育最常见的方式，也是党组织了解和掌握要求入党人的思想、入党动机和工作情况的主要途径。要求入党的同志进行思想汇报，可以通过面对面的交谈，也可用书面的形式。用书面形式进行思想交流，具有阶段性和相对完整性，一般是就某一特定时期的思想、学习和工作情况向党组织作汇报。

思想汇报的基本书写格式及内容通常如下：

1. 标题。居中写“思想汇报”。

2. 称谓。即汇报人对党组织的称呼，一般写“敬爱的党组织”。顶格书写在标题的下一行，后面加冒号。

3. 正文。写思想汇报，是结合自己的学习、工作和生活情况，向党组织反映自己的真实思想情况。具体内容根据每个人的不同情况而定。如果对党的基本知识、马克思主义的基本理论的学习有所收获，便可以将学习体会及存在的认识不清的问题向党组织说明；如果对党的路线、方针、政策或一个时期的中心任务有什么看法，可以表明自己的态度，阐明自己的观点；如果参加了重要的活动或学习了某些重要文章，可以把自己受到的教育写给党组织；如果遇到国内外发生重大政治事件时，则要旗帜鲜明地向党组织表明自己的立场；如果在自己的日常生活中遇到了个人利益同集体利益、国家利益产生矛盾的问题，可以把自己的想法，如何对待和处理的情况向党组织汇报。为了使党组织对自己最近的思想情况有所了解，就要把自己的思想状况，有了哪些进步，存在什么问题以及今后提高的打算写清楚，等等。

4. 结尾。思想汇报的结尾可写上自己对党组织的请求和希望。一般用“恳请党组织给予批评、帮助”或“希望党组织加强对自己的培养和教育”等作为结束语。

在思想汇报的最后，要署名和注明汇报日期。一般居右书写

“汇报人：

“××××年×月×日”。

以实际行动争取入党，必须持之以恒。许多要求入党的同志从提出入党申请的那一天起，就矢志不移、孜孜不倦地为党工作，做出了成绩，达到了党员标准。但也有少数人忽冷忽热，起伏较大。这说明这些同志还不够成熟，不具备党员条件。要求入党的同志应当从一点一滴的小事做起，踏踏实实地工作，能经得起各种考验，这样才能早日加入党组织。

争取入党离不开实践，争取入党的过程也主要是实践的过程。刘少奇说过“革命者要改造和提高自己，必须参加革命的实践，绝不能离开革命的实践；同时，也离不开自己在实践中的主观努力，离不开在实践中的自我修养和学习”。当前，全党和全国人民正在为全面建成小康社会，实现中华民族伟大复兴而努力奋斗。这就要求党员身体力行习近平新时代中国特色社会主义思想，为实现两个一百年奋斗目标做出贡献。

入党，是一种赤诚的追求、热切的向往和无私的奉献。从我们向党提出了入党要求这一刻起，就应当自觉地按党员的标准要求自己，积极投身于实现中华民族伟大复兴这场伟大的实践，才能把自己锻炼成为合格的共产党员。

【心灵导航】

大学生在社会主义现代化建设进行中肩负着别人无法替代的历史使命。习近平总书记在2013 年 5 月 4 日同各界优秀青年代表座谈会上说：“展望未来，我国青年一代必将大有可为，也必将大有作为。这是‘长江后浪推前浪’的历史规律，也是‘一代更比一代强’的青春责任。广大青年要勇敢肩负起时代赋予的重任，志存高远，脚踏实地，努力在实现中华民族伟大复兴中国梦的生动实践中放飞青春梦想。”在讲话中，习近平总书记对青年提出了“五个一定要”的希望。这是党和人民对广大青年，特别是青年知识分子和当代大学生的殷切希望，为当代青年知识分子和大学生的健康成长和全面发展指明了正确的方向和道路。青年大学生要牢记习近平总书记的教导，自觉肩负历史重任，积极争取早日入党，发挥先锋模范作用，为实现社会主义现代化建设和中华民族的伟大复兴做出贡献。

※ 活动链接 ※

活动理念和指导思想

1. 入党动机问题是一个实践中的问题，因此，在本专题的教育活动中，通过切身的实践活动感受共产党员的标准与正确的入党动机，在实践中体会“为什么要入党、入党为了什么、如何早日入党”等问题。通过开展社会调研、文献查寻、座谈交流、身体力行等贴近学习生活的活动方式，开展丰富多彩的教育活动。

2. 通过认真思考“为什么要入党？”“入党为了什么？”等问题，树立正确的入党动机，这是入党的前提与保证，同时，通过开展社会调研、理论研讨等方式，并积极投身于学习实践，争取早日加入中国共产党。

活动方案

活动一：为什么入党

1. 活动目的

正视自己的入党动机是否端正。认识端正入党动机的重要性。了解入党的程序，争取早日从思想上和组织上入党。

2. 活动实施

（1）教师和学生一起设计“入党动机调查问卷”。
（2）将全班学生分成若干小组，组成调查小组。
（3）对校园内的学生进行入党动机的抽样调查。
（4）各调查小组分析整理调查数据。
（5）写出调研报告。

3. 活动成果

形成入党动机分析报告，供学校党委组织部参考。

活动二：入党程序知多少

1. 活动目的

通过对入党流程和党员标准的学习，使同学们了解入党的程序，明确奋斗目标。

2. 活动实施

（1）通过集中培训和自我学习等方式组织学习入党流程和党员标准。
（2）设计知识竞赛题目，组织知识竞赛。
（3）统计结果，公布成绩。

3. 活动成果

以赛促学，发现不足，为下一步培养和引导确定方向。

活动三：身体力行党员标准

1. 活动目的

通过活动使同学们了解身边的党员，认识共产党员的优秀品质，并作为自己学习的榜样，树立正确的入党动机，从组织上和思想上入党。

2. 活动实施

（1）参加“双学”和党校培训班学习。
（2）撰写并递交入党申请书。
（3）按党员标准制订自己追求进步的行动计划。

（4）在学习生活、社会实践、社团活动等方面身体力行党员标准，发挥模范带头作用。

（5）党组织帮助指导和考察。

（6）定期递交思想汇报。

3. 活动成果

党组织有计划有步骤地把基本素质好、入党积极性高的优秀团员学生骨干吸收到大学生入党积极分子队伍中来。

主要参考文献

[1] 毛泽东. 毛泽东选集[M]. 北京：人民出版社，1991.
[2] 邓小平. 邓小平文选[M]. 北京：人民出版社，1994.
[3] 习近平. 习近平谈治国理政（第一卷）[M]. 北京：外文出版社，2014.
[4] 习近平. 习近平谈治国理政（第二卷）[M]. 北京：外文出版社，2017.
[5] 马克思，恩格斯. 共产党宣言[M]. 北京：人民出版社，2015.
[6] 本书编写组. 毛泽东思想和中国特色社会主义理论体系概论[M]. 北京：高等教育出版社，2018.
[7] 本书编写组. 中国近现代史纲要[M]. 北京：高等教育出版社，2018.
[8] 盖军. 中国共产党 80 年历史简编[M]. 北京：中共中央党校出版社，2000.
[9] 中共中央党史研究室第三研究部. 中国改革开放 30 年[M]. 沈阳：辽宁人民出版社，2008.
[10] 宋洪远. 大国根基——中国农村改革 40 年[M]. 广州：广东经济出版社，2018.
[11] 中共中央宣传理论局. 新时代面对面[M]. 北京：人民出版社，2018.
[12] 金钊. 党支部工作手册（2018 版）[M]. 北京：红旗出版社，2018.
[13] 任铁缨. 论共产党员标准[M]. 南宁：广西人民出版社，2003.
[14] 陈士军. 沉沦与复兴[M]. 北京：科学出版社，2018.
[15] 吕思勉. 中国近代史[M]. 北京：民主与建设出版社，2015.
[16] 肖祥. “中国梦”与大学生理想信念教育研究[M]. 广州：暨南大学出版社，2017.
[17] 党的十九大报告. 决胜全面建成小康社会 夺取新时代中国特色社会主义伟大胜利[R]. 2017.
[18] 党的十八大报告. 坚定不移沿着中国特色社会主义道路前进 为全面建成小康社会而奋斗[R]. 2012.
[19] 中央办公厅法规局. 中央党内法规和规范性文件汇编[S]. 北京：法律出版社，2017.
[20] 于亚荣. “90”后大学生党员党性自我教育机制研究[J]. 亚太教育，2016（6）.
[21] 叶子犀. 高校大学生党性修养提升途径新探[J]. 现代企业教育，2014（16）.
[22] 冷云飞. 新形势下加强大学生党员党性教育的对策思考[J]. 文史博览（理论），2011（6）.